La collection
THÉORIE ET LITTÉRATURE
est dirigée par
Simon Harel

Dans la même collection

Andrès, Bernard, *Écrire le Québec : de la contrainte à la contrariété. Essai sur la constitution des Lettres*

Bal, Mieke, *Meurtre et différence. Méthodologie sémiotique de textes anciens*

Bettinotti, Julia (dir.), *La corrida de l'amour. Le roman Harlequin*

Castillo Durante, Daniel, *Du stéréotype à la littérature*

Chassay, Jean-François, *L'ambiguïté américaine*

Chitrit, Armelle, *Robert Desnos. Le poème entre temps*

Cliche, Anne Élaine, *Le désir du roman (Hubert Aquin, Réjean Ducharme)*

Cliche, Anne Élaine, *Comédies. L'autre scène de l'écriture*

Duchet, Claude et Stéphane Vachon (dir.), *La recherche littéraire. Objets et méthodes*

Fisette, Jean, *Introduction à la sémiotique de C. S. Peirce*

Harel, Simon, *L'écriture réparatrice. Le défaut autobiographique (Leiris, Crevel, Artaud)*

Harel, Simon (dir.), *L'étranger dans tous ses états. Enjeux culturels et littéraires*

Harel, Simon (dir.), *Antonin Artaud. Figures et portraits vertigineux*

Le Grand, Eva, *Kundera ou La mémoire du désir*

Melançon, Benoît et Pierre Popovic (dir.), *Montréal 1642-1992. Le grand passage*

Purkhardt, Brigitte, *La chasse-galerie, de la légende au mythe. La symbolique du vol magique dans les récits québécois de chasse-galerie*

Robin, Régine, *Le naufrage du siècle* suivi de *Le cheval blanc de Lénine ou l'Histoire autre*

Simon, Sherry (dir.), *Fictions de l'identitaire au Québec*

Vanasse, André, *Le père vaincu, la Méduse et les fils castrés*

Wall, Anthony, *Superposer. Essais sur les métalangages littéraires*

Le récit de soi

Du même auteur

Le voleur de parcours. Identité et cosmopolitisme dans la littérature québécoise contemporaine, préface de René Major, Longueuil, Le Préambule, coll. « L'univers des discours », 1989.

Vies et morts d'Artaud. Le séjour à Rodez, Longueuil, Le Préambule, coll. « L'Univers des discours », 1990.

L'étranger dans tous ses états. Enjeux culturels et littéraires (sous la direction de), Montréal, XYZ éditeur, coll. « Théorie et littérature », 1992.

L'écriture réparatrice. Le défaut *autobiographique (Leiris, Crevel, Artaud)*, Montréal, XYZ éditeur, coll. « Théorie et littérature », 1994.

Antonin Artaud. Figures et portraits vertigineux (sous la direction de), Montréal, XYZ éditeur, coll. « Théorie et littérature », 1995.

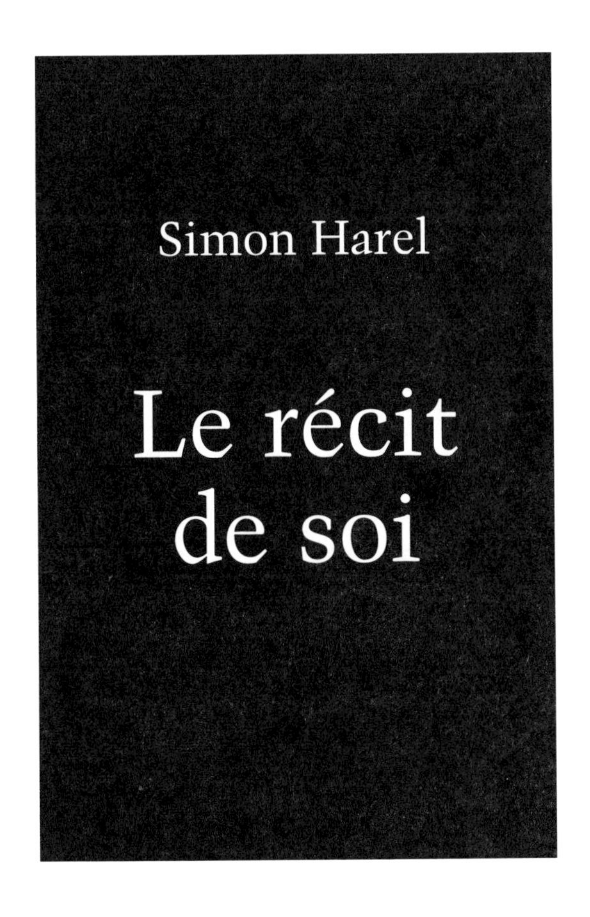

THÉORIE ET LITTÉRATURE

La publication de ce livre a été rendue possible grâce à l'aide financière du ministère des Communications du Canada, du Conseil des Arts du Canada, du ministère de la Culture et des Communications du Québec, de la Société de développement des entreprises culturelles et du Comité d'aide aux publications de l'Université du Québec à Montréal.

1781, rue Saint-Hubert
Montréal (Québec)
H2L 3Z1
Téléphone : 514.525.21.70
Télécopieur : 514.525.75.37

Données de catalogage avant publication
Harel, Simon

Le récit de soi

(Théorie et littérature)

Comprend des réf. bibliogr.

ISBN 2-89261-216-0

1. Moi (Psychologie) dans la littérature. 2. Psychanalyse et littérature. 3. Autobiographie. 4. Identité. 5. Art d'écrire — Aspect psychologique. I. Titre. II. Collection : Collection Théorie et littérature
PN3352 S44H37 1997 809'.93384 C97-941394-X

Dépôt légal : 4e trimestre 1997
Bibliothèque nationale du Canada
Bibliothèque nationale du Québec
ISBN 2-89261-216-0

Distribution en librairie :
Dimedia inc.
539, boulevard Lebeau
Ville Saint-Laurent (Québec)
H4N 1S2
Téléphone : 514.336.39.41
Télécopieur : 514.331.39.16

Conception typographique et montage : Édiscript enr.
Maquette de la couverture : Zirval Design

Table des matières

À la mémoire de Jeanne Côté-Harel

Psycho-analysis itself is just
a stripe on the coat of the tiger.
Ultimately it may meet the Tiger — The Thing Itself — O.

W. R. BION, *A Memoir of the Future*

La poursuite de cette recherche a été grandement facilitée par l'octroi d'une subvention du Conseil de recherches en sciences humaines du Canada (« Psychanalyse et identité narrative. Le récit de soi »). Je désire de plus exprimer mes remerciements envers le Comité des publications et le Décanat des études avancées et de la recherche de l'Université du Québec à Montréal.

Première partie

Naître par le secours de la Lettre

Vivre, pour Freud, fut peut-être avant tout la création passionnée d'un discours — la psychanalyse — qui pouvait vaincre la mortalité. L'écriture de la psychanalyse symbolise le moment de cette découverte qui consiste à redoubler le refoulement originaire de la figure maternelle afin que cette dernière surgisse par l'écriture. Il reste que cette passion énoncée au féminin — après tout il s'agit bien de *la* psychanalyse — est dite et partagée de façon conquérante par cet Auteur qu'est Freud. Ce dernier, face à Schnitzler, mais aussi face à Fliess, ne révèle-t-il pas cependant une passion négative qui montre, à la faveur de la correspondance, la fragilité du « passage à l'écrit » ?

Il y a un aveu faustien chez Freud qui concerne la *passion* de la découverte. Le double imaginaire que représente Schnitzler incarne l'espace autotransférentiel de la littérature. Si Schnitzler qualifie, aux yeux de Freud, le vacillement du Moi que traduit l'acte d'écrire, il n'en demeure pas moins que pour Freud la chose littéraire doit être dominée, offrir une saisie interprétative. À suivre un tel parcours, l'écriture serait un moment secondarisé de l'invention psychanalytique qui caractérise la consolidation de l'identité du sujet. Pourtant, c'est précisément le défaut d'attention de Freud qui crée la psychanalyse. Là où Freud « croit » savoir (c'est l'exemple de la *neurotica*), quelque chose brutalement se défait : une mise à l'écart radicale de toute certitude, un aveuglement qui n'est pas sans profondes relations avec le vacillement du Moi que justifie la littérature. En somme, la figure du jumeau imaginaire que représente Arthur Schnitzler permet de penser les contours psychanalytiques du « littéraire ». Certains trouveront sans doute l'affirmation audacieuse : comment peut-on oser faire de Freud un analysant, le coucher sur le divan ? J'avancerai ceci : la table d'écriture, sur laquelle Freud pouvait composer à loisir son livre égyptien *L'interprétation des rêves*, représenta peut-être ce divan si l'on entend par là un lieu fécond d'associations, de révélations de l'insu.

S'il faut par ailleurs continuer à parler d'un *agir* qu'entretient tout travail d'écriture, c'est à la condition d'ajouter que les métaphores freudiennes de l'arpentage du corps maternel semblent insuffisantes pour décrire un tel processus. Il ne s'agit plus à cette occasion de piétiner la terre-mère lors d'une brutale effraction pulsionnelle qui amène le sujet à jouir de ce « lien » qu'il noue avec la page blanche. Telle est dans un premier temps l'interprétation freudienne : l'écrivain serait au plus près des mots. Mais, paradoxe troublant, ces mots deviendraient autant d'agrégats instaurant la surface perceptive des représentations de choses.

C'est sur cette aporie significative que bute la pensée freudienne, puisque les exigences métapsychologiques du refoulement originaire sont immédiatement transgressées par l'activité scripturale de l'écrivain. On retrouve là un *topos* bien connu de la pensée freudienne. L'écriture, sous son versant maternel, est rencontre de la Chose, de l'affect qui signe par déplacement l'existence de la Chose. Le refoulement originaire, s'il est comme il se doit inaccessible, pourra donner matière à l'hallucination négative de la présence maternelle.

Naître par le secours de la Lettre, n'est-ce pas un fantasme aux conséquences multiples lorsqu'il s'agit de l'acte analytique ? Naître par le secours de la Lettre est en effet ce legs qui correspond à l'autoanalyse ayant nourri l'enfance de la pensée freudienne. Et l'autoanalyse qui a porté l'enfance psychanalytique demeure pour beaucoup d'entre nous cette énigme — véritable césure de la naissance, pour reprendre l'expression de Bion — qui ne cesse de poser la question de la légitimité de l'acte analytique. Non pas seulement de sa constitution institutionnelle eu égard à certains facteurs d'habilitation qui peuvent varier d'un lieu à l'autre. Ni même du statut de la psychanalyse comme thérapeutique dans le cadre d'une société judiciarisée qui accorde de moins en moins de crédit aux formes « profanes », non médicales, de traitement de l'appareil psychique. L'autoanalyse est précisément ce retour littéraire du refoulé qui agit la pensée freudienne, l'oblige à préciser la source de ce transfert identitaire qui, par exemple, empêcha Freud et Schnitzler de se rencontrer. L'autoanalyse chez Freud est la matrice du récit de soi puisque la faculté de contenance que révèle cette première narration est assujettie à un discours dont on peut croire que la mise en forme accompagne la poursuite de l'activité analytique.

Il est d'ailleurs étrange que, face à cette question de l'autoanalyse, un dilemme soit d'emblée créé qui pose la question des commencements et de la terminaison de l'activité psychique. On parlera souvent de l'autoanalyse afin de qualifier un mode de préhension sauvage de l'inconscient qui se fait par le biais d'un soliloque dont la littérature est l'objet revendiqué. Autoanalyse que l'écriture de Leiris à la suite de la cure entreprise avec le docteur Borel ? Autoanalyse que la rupture introduite par Beckett qui lui fait quitter son psychanalyste, sa mère, puis l'Irlande afin d'aller écrire ailleurs dans une langue étrangère ? Autoanalyse que *L'interprétation des rêves*, puisqu'elle se construit à partir d'un objet scriptural qui permet la conquête de l'inconscient à cause d'une oscillation maintenue entre des destinataires autorisés (c'est l'objet de la correspondance, notamment avec Fliess) et le dédicataire paternel introjecté qu'est à sa manière le livre égyptien des rêves ? L'autoanalyse se veut l'objet explicite du récit de soi. Mais ce récit, on en conviendra, n'est pas l'affirmation spontanée de soi, ou encore la tranquille assurance perceptive qui amène le sujet à déclarer véridiques les histoires de vie qu'il se raconte. Parler de soi n'est pas indifférent, à propos de l'autoanalyse, puisqu'une telle affirmation, qui consiste à prétendre inscrire l'identité au cœur de la subjectivité humaine, est assujettie à une contrainte qui fait de l'autre le répondant obligé de ma parole, le gage de ma fidélité énonciative. En somme l'évocation du récit de soi, qui instruit chez Freud l'espace autoanalytique, annonce l'impossibilité d'en fournir une explication cohérente dans une perspective métapsychologique.

N'est-ce pas cependant cette imprécision conceptuelle qui caractérise la richesse paradoxale d'une expression ne s'insérant pas avec aisance dans le cadre du glossaire psychanalytique ? N'est-ce pas enfin la définition psychanalytique du *self* qui souffre de nombreuses imprécisions ? Helmut Thomae mentionne à ce sujet, faisant référence à l'attitude analytique, la disjonction forte instituée entre le Soi professionnel et l'identité. Le Soi professionnel correspondrait à l'identification bien tempérée du corpus freudien. Thomae pose la question avec simplicité et pertinence :

> S'il n'y a pas de définition brève, qu'est-ce alors l'identité psychanalytique ? L'œuvre complète de Freud représente-t-elle cette masse de connaissance que nous incorporons pour constituer notre identité psychanalytique et préserver ainsi la psychanalyse [1] ?

L'importance de la figure de l'incorporation est patente puisqu'elle désigne, afin de définir une éventuelle identité psychanalytique, la cohésion d'un corpus dont Thomae souligne qu'il doit par ailleurs être démembré. L'étude minutieuse des textes, nous dit Thomae, suppose un travail de partage qui constitue les pourtours du savoir psychanalytique. Ce travail tente de déterminer « l'essentiel » de la psychanalyse en segmentant ce qui est considéré comme spéculatif, marginal ou encore inactuel. On peut ajouter, à la suite de Thomae, que la question de l'identité psychanalytique, au delà des justifications institutionnelles de circonstance, suppose la prédominance d'une référentialité

1. Helmut Thomae, « Les dimensions conceptuelles de l'identité des psychanalystes », Edward D. Joseph et Daniel Widlöcher (dir.), *L'identité du psychanalyste*, Paris, Presses universitaires de France, coll. « Monographies de l'Association psychanalytique internationale », 1979, p. 124.

omnipotente et problématique. L'identité psychanalytique se construirait par la mise en scène d'une filiation. En témoigne l'invite du Livre freudien, qui dessine la cartographie du champ psychanalytique, qui dessine aussi les pourtours épistolaires et fictionnels d'une rencontre avec la culture. L'évocation de Schnitzler, à la faveur de la correspondance de Freud, est l'aveu d'une intrusion qui traduit un interdit de penser la chose littéraire :

> Je vais vous faire un aveu que vous aurez la bonté de garder pour vous par égard pour moi et de ne partager avec aucun ami ni aucun étranger. Une question me tourmente : pourquoi, en vérité, durant toutes ces années, n'ai-je jamais cherché à vous fréquenter et à avoir avec vous une conversation ? (question posée naturellement en négligeant de considérer si un tel rapprochement vous aurait agréé)[2].

Freud devant Schnitzler est à la fois ravi et frappé d'effroi devant la puissance d'une inspiration qui concerne au premier chef la labilité des frontières du Moi. La rencontre de ce double imaginaire, ainsi que l'envisage Freud, n'est pas sans rappeler les pourtours de l'inquiétante étrangeté : un livre, peut-on imaginer, est cette matérialité, traduite sous la forme d'un objet qui est soupesé, qui accueille le nom de l'auteur. Quant à la signature du livre, n'est-elle pas l'emblème narcissique d'une identité circonscrite sous la forme de l'appropriation ? Écrire, mais tout aussi bien lire sont des actes qui traduisent un protocole identitaire singulier. Manger le livre freudien, n'est-ce pas espérer qu'à la faveur d'un mouvement d'incorporation, un père dévorateur accueille le sujet psychanalyste, qu'il en fasse sa proie ? On peut ici penser que la fidélité psychanalytique se construit à partir de la préciosité du Nom propre « Freud », dont il est espéré que les fils recueillent les reliques afin de mieux les vénérer : c'est l'extrême jouissance que favorise ici la présentation théorique de ce que nous appelons l'objet partiel, un reste problématique qui incarne pour chacun d'entre nous l'idéalité psychanalytique.

Cette filiation singulière se situe donc du côté d'une lecture fidèle de l'œuvre de Freud qui a pour complément, mais aussi comme manifestation d'extrême inhibition, la réserve, sinon l'effroi envers tout ce qui pourrait prendre la forme d'effets d'écriture où Freud s'avérerait écrivain. Freud, c'est ce qui désigne véritablement la portée fondatrice de son œuvre, ne s'est d'ailleurs pas trompé sur ce meurtre de la littérature et de l'Auteur qui représente le possesseur envié d'une vérité cryptophorique. La correspondance de Freud avec Schnitzler, attestée par cet évitement soigneusement entretenu qui est la forme même de la rencontre hystérique, présente le corps de Schnitzler comme un

2. Sigmund Freud, *Correspondance 1873-1939*, Paris, Gallimard, coll. « NRF », 1979, p. 370.

véritable fantôme du Moi de Freud, qui ne sait comment se défaire de cette emprise passionnelle que représente la chose littéraire. Freud écrit somme toute, c'est là un aveu de taille qu'il nous faut méditer, que la littérature est cette présence de l'objet à travers la fluidité d'un signifiant qui favorise une rencontre d'inconscient à inconscient.

L'aveu n'est pas banal puisqu'une telle déclaration range la littérature aux côtés de la mystique, cette autoperception du Ça, qui se joue de la contrainte incarnée par le souterrain travail de la résistance. Plus encore, la littérature, et c'est là que l'aveu de Freud possède toute son importance, ne se caractérise pas par son aspect éphémère. Un tel point de vue situe en effet la culture comme une scène perceptive dont l'endeuillement favorise la continuité d'une identité personnelle qui permet au sujet de dire le monde, et surtout de se « redire[3] » à travers ce jeu de la disparition de l'objet et de son émouvante réapparition. La littérature est contaminée par la fugacité. Avancer une telle proposition reviendrait à dire que la littérature est mortelle comme la vie. Et Freud rejette absolument cette finitude qui est attribuée à l'art pour mieux lui opposer les figures d'Éros et de l'infantilité. La littérature serait-elle alors ce récit qui se constitue grâce à la figure de l'Auteur que représente pour Freud la spontanéité imaginative de la création littéraire ?

C'est ce que la réflexion freudienne peut nous laisser entendre, car Schnitzler est ce personnage mort-vivant dont l'immatérialité, qui est le fruit chez Freud d'un long et patient évitement, trace une filiation sans objet. Reprenons l'argument de cette correspondance, ce qui nous permettra de définir plus avant cette question de la passion psychanalytique, lorsqu'elle recourt à la littérature. Freud fait part de son admiration pour Arthur Schnitzler à l'occasion de l'anniversaire de ce dernier : l'étrange synchronie que représente ici une adresse, en l'occurrence des félicitations qui célèbrent un anniversaire de naissance, ne doit pas cacher l'intense rivalité envers ce double imaginaire qui est à la fois nécessaire et encombrant. La célébration de la vie que représente pour Freud la spontanéité imaginative de la création littéraire est accompagnée d'une commémoration qui fait jouer la singularité d'un récit posthume.

La littérature, c'est ce que nous propose Freud, présuppose la mort de l'Auteur pour mieux sanctifier l'œuvre sous la forme d'un récit qui affirme sa pérennité. Le Livre freudien n'est pas le lacis romanesque et théâtral de l'univers décrit par Schnitzler. Le premier fait de la littérature un bien immortel : victoire sur l'éphémère et aussi, ce qui constitue le caractère paradoxal d'une telle proposition, consécration de

3. La notion de « redire » est développée par Roy Schafer, notamment dans *Retelling a Life : Narration and Dialogue in Psychoanalysis*, New York, Basic Books, 1992.

l'éphémère sous l'aspect d'un manque-à-dire qui n'épuise pas le réel. L'Auteur est un sujet qui, par son statut privilégié d'interprétant, nomme le monde, lui donne un sens et fait du livre l'objet même de la narration du monde. Le phénomène se complique cependant, si nous revenons au statut de la narratique freudienne, en prenant comme point d'appui l'échange épistolaire entre Freud et Schnitzler. Rappelons-nous la formulation de cette étrange correspondance: Freud écrit à Schnitzler, à l'occasion d'un anniversaire de naissance, pour lui adresser ses vœux, mais aussi, ce qui n'est pas négligeable, pour lui signifier la nature singulière d'un envoûtement littéraire dont il ne peut se détacher. Freud écrit à Schnitzler afin de devenir un patient étendu sur cette table d'écriture que représente la littérature.

S'agit-il d'un des premiers témoignages de la fiction analytique, « nourrie » par la littérature, dont nous retrouverions de multiples exemples contemporains ? De Mannoni à Leclaire — sans négliger Didier Anzieu, qui représente, eu égard à ce corpus, un « personnage » dont la filiation littéraire et psychanalytique complexifie la question de l'autoanalyse —, c'est cette volonté de « dire » l'inconscient, sans pour autant s'enfermer dans la prison métapsychologique, qui caractérise la revendication forcenée du geste littéraire. Quant à l'œuvre de Julien Bigras, celle-ci tente désespérément de donner corps à l'inconscient en proposant une communication primitive qui rejoint, dans une perspective d'investigation clinique, le travail au quotidien avec les psychotiques.

À l'occasion de cette rencontre épistolaire avec Schnitzler, lequel représenta un fort idéal littéraire, la Lettre est convoquée, non pas afin de témoigner des impasses structurantes de l'Œdipe, des figures majeures de la transgression que sont infanticide et parricide, mais pour instaurer l'absence de narration. Il s'agit bien ici de la question renouvelée de l'identité psychanalytique en ce qu'elle détermine les *topos* à partir desquels un récit de soi peut être proposé. Freud face à Schnitzler est des plus circonspects: il voit dans la littérature ce qui pourrait lui échapper et qui existerait seul, à l'exemple du rêve qui ne sollicite d'autre forme que la source perceptive qui lui donne naissance. « Il voit dans la littérature », tel pourrait être aussi l'impératif mimétique qui tenaille l'expression langagière, qui l'oblige à être fidèle à un énoncé dont l'inconscient assurerait la diction préalable. De ce point de vue, Freud s'adressant à Schnitzler n'est pas loin de faire de l'inconscient une structure préformée qui obéit aux diktats du refoulement. L'écriture, forme suprême de l'autoanalyse, serait ce matériau langagier des plus suspects puisqu'elle est à la fois définie (c'est l'organisation même de sa syntaxe narrative qui détermine l'événement fictionnel raconté) et indéterminée (on ne sait, à l'instar de l'inconscient, d'où l'écriture provient: elle n'est pas une substance, ne peut être localisée).

En somme, Freud se trouve encore, avec Schnitzler, sur la scène que représente l'expression théâtrale. Ce monde, riche en coulisses et autres dérobades spatiales, est l'incarnation de l'artifice langagier, de la parade sociale, de la surenchère que produit le symptôme, acharné à déclarer la jouissance et à en proposer la représentation. Le monde de Schnitzler, tout comme celui de Freud, jouit encore de l'image comme mode de présentation de la Vérité inconsciente du sujet. La psychanalyse rencontre cette aporie à travers la scène hystérique et l'histoire de cas — en témoigne Dora —, qui est le protocole préformé d'une narration acharnée à déceler une symptomatologie défaillante. La littérature s'y retrouve à travers la narration d'un monde fracturé par l'irruption souveraine de l'inconscient et la description des imagos parentales qui forment un portrait de famille désormais dévasté.

C'est le propos de nombreux écrits de Schnitzler : *La pénombre des âmes*, *Madame Béate et son fils*, ou encore *Thérèse*. Autant de récits qui mettent en scène le dévoilement de soi pour mieux décrire l'inanité du cogito. Chez Freud, le récit de soi — reliquat de l'autoanalyse — est repris sous l'aspect d'une question littéraire adressée à Schnitzler. Le travail créateur prendrait la forme d'un ressourcement individuel qui qualifie l'exemplarité narcissique de l'artiste. Le génie serait l'émanation d'un pouvoir tout-puissant. En ce sens, il échapperait, par la force qu'il instaure, au destin pulsionnel qui habite le commun des mortels. Sublimer, tel que l'entend Freud, c'est d'abord transmuter une certaine quantité d'énergie psychique dans un matériau plus noble, plus élevé. Ainsi la question du « génie » recoupe chez Freud la mise en scène d'un matériau névrotique qui est enjolivé, revêtu de parures qui lui donnent une qualité affective. Mais sublimer n'est pas seulement cette affectation narcissique du créateur qui mêle, toujours selon Freud, la réalité d'une contrainte névrotique et son dépassement. L'acte sublimatoire figure une métaphore théâtrale qui lie parure, travestissement identitaire et dévoilement. En somme, la sublimation qualifie une réalité pulsionnelle qui dépasse l'entendement.

Voilà ce que Freud découvre chez Schnitzler et à un moindre degré chez Zweig. Le premier est la source d'une phobie radicale, car Freud élabore de manière très nette un interdit de rencontre. La brève correspondance entre Freud et Schnitzler est l'aveu, pour le psychanalyste, d'une étrange coïncidence épistolaire avec une imago littéraire qu'il ne souhaite pas voir apparaître sur la scène du réel. L'échange épistolaire figure une attestation de soi, évoquée par la réception de la Lettre, qui est pour Freud une façon de s'identifier comme sujet épris de littérature, littéralement fasciné par cette Lettre qu'il ne peut dérober. Il semble que Schnitzler évoque, aux yeux de Freud, le statut singulier d'une narratique qui pose la question de la transmission et de la réception du « récit analytique ». Freud en somme manifeste son désarroi face au pouvoir tout-puissant de la Lettre que détient Schnitzler. L'attitude freudienne en ce domaine est particulièrement instructive. On peut de même évoquer Bion, qui reçut le jeune Beckett en analyse. Faut-il s'étonner qu'il ait été capté par le pouvoir de la Lettre, ce qui l'amena à interroger les frontières du modèle métapsychologique pour mieux recourir à l'écriture autofictionnelle que représente *A Memoir of the Future* ? Faut-il s'étonner enfin que Didier Anzieu, lui aussi fasciné par la Lettre et le corps de la pensée, ait poursuivi cette fécondation autoanalytique dont fait état son ouvrage le plus personnel, *Beckett et le psychanalyste* ? Didier Anzieu n'aura-t-il pas été « saisi » à cette occasion par la pensée d'un Bion écoutant Beckett, d'un Beckett écrivant Bion, en somme d'un analyste qui fut éprouvé par un contre-transfert littéraire qui le poursuivit sans relâche ? Anzieu, à l'instar de Bion, n'aura-t-il pas tenté de retourner à cette source perceptive du travail analytique qu'incarne le « devenir O » ? Une telle posture analytique ne supposait-elle pas dès lors la nécessaire rencontre avec le matériau littéraire ? Qu'on pense à Julien Bigras, dont la posture hétérodoxe reprend avec ambivalence la fascination freudienne pour le corps-écrit de la littérature.

La passion du malentendu

Devenir un Auteur, si l'on prend cette expression au pied de la lettre, c'est alors souscrire au protocole identificatoire mis en place par la troublante et évanescente relation nouée entre Freud et Schnitzler. Plus encore, devenir un Auteur, à la suite de Freud, suppose que les psychanalystes éprouvent ce saisissement créateur qui rencontre le fantôme de Schnitzler. Devenir un Auteur et accueillir sa sanction : la dérobade de la Lettre, seul témoignage d'une autoanalyse littéraire aussitôt frappée d'interdit, c'est combler le deuil et le sommeil freudien face à la littérature, rompre la fascination envers un signifiant incarné qui dévoile toutes les promesses de séduction face à une autoanalyse archaïque dont le premier modèle aurait été la relation de Freud envers ses écrits.

Freud, face à Schnitzler, est séduit par la Lettre tout comme il sera séduit par le symptôme hystérique. Les deux inscriptions offrent la trace d'une présence qui octroie soutien et réconfort puisque l'intervention thérapeutique ou créative ne bute pas sur le silence ou le vide, mais rencontre un surcroît de significations qu'il est possible de contraindre et de dominer. Dominer l'hystérie pour en comprendre la structure, telle est cette première narratique qui accompagne par ailleurs l'abandon de la *neurotica*.

La Lettre ne peut être sous la seule emprise du Réel, voilà en somme ce que nous dit Freud lorsqu'il abandonne le corps à corps avec l'hystérie et liquide les restes de sa propre autoanalyse. Quant à la littérature, dont Freud affirme la toute-puissance pour mieux dévaluer ses géniteurs en les condamnant à la régression narcissique, ne demeure-t-elle pas, pour lui, une façon de s'affecter de l'étrangeté qu'elle suscite ? La Lettre ne peut être sous la seule emprise du Réel, voilà aussi ce que nous déclare Freud à propos de l'intertextuation du littéraire et de la psychanalyse. La Lettre n'est pas Schnitzler, ce dernier n'est tout au plus qu'un répondant de la Lettre qui l'interpelle et à laquelle il doit accuser réception. Et Freud perçoit bien cette puissance de la littérature dont le désir, porté par le scripteur qui en est l'instrument, condamne à l'anonymat.

Arthur Schnitzler est bien sûr, aux yeux de Freud, un modèle littéraire prestigieux. Mais Schnitzler, tout comme Freud d'ailleurs, sait bien que l'imago littéraire n'est que le masque commode d'un anonymat radical. Freud pouvait reconnaître chez Schnitzler cette solitude-là. Si la Lettre n'est pas Schnitzler, Freud devra donc prendre la plume pour écrire à l'auteur, le prétexte offert est un anniversaire riche de pressentiments envieux et amoureux dont Freud est le célébrant nuancé. Freud écrit à Schnitzler qu'il est la contrepartie du désir freudien face à la littérature, que ce désir échappe à Freud parce qu'il n'arrive pas à le nommer autrement que sous la forme d'une contrainte narcissique. Le rôle ambigu que Schnitzler tient par défaut dans toute cette histoire n'est pas le fait du malentendu qu'inaugure l'orageuse relation entre Freud et Fliess. Quelque chose de très différent joue ici, qui s'éloigne des relations conflictuelles avec Jung, Ferenczi et autres collègues qui peuvent voler une parcelle du savoir du Maître. Freud écrit à Schnitzler pour mieux reconnaître que la littérature est l'aveu sanctifié de la personne qu'est l'Auteur. Mais Freud reconnaît au même moment que le meurtre de l'imago est la condition même du désaisissement créateur qu'inaugure la psychanalyse, et à sa manière la littérature.

Voilà qui peut contribuer à la réévaluation des épousailles difficiles entre littérature et psychanalyse. Celle-là est souvent présentée comme un discours libertaire qui échappe à l'emprise du Moi du créateur. Que la littérature, ainsi que le proclamait Freud, valorise l'autosuffisance narcissique, un puissant désir de reconnaissance et de célébrité contredit par ailleurs, c'est la figure de Schnitzler, l'affirmation d'une inconscience foncière du narrateur de fictions qui ignore ce qu'il doit dire, encore plus ce qu'il doit écrire. Conséquence de ce paradoxe, l'Auteur serait un Narcisse ignorant le désir de reconnaissance qui fonde pourtant cette estime de soi qui le fait devenir un écrivain. L'acte d'écriture supposerait le maintien paradoxal de ce désir de reconnaissance pour autant qu'il se masque sous les oripeaux narcissiques de la conscience de soi. L'écrivain serait ce sujet qui s'affecte d'une toute-puissance créatrice, dont il ne peut situer l'Origine; sauf que l'inspiration coule de source, qu'elle participe d'une érogénéité primordiale à laquelle contribue le Moi de l'auteur. La toute-puissance narcissique serait alors la revendication éperdue et amoureuse d'une parcelle de l'idéalité paternelle. Et le narcissisme de l'écrivain, attesté par la perception freudienne de Schnitzler, se mesurerait à cette toute-puissance qui est faite de langage, même si ce dernier est dit avec le caractère massif, si ce n'est monumental, de l'idéalité.

L'acte d'écriture suppose en somme le recel d'une jouissance partielle qui appartient au corps paternel. Cette jouissance indique de plus la dimension souveraine de ce corps paternel, qui acquiert le statut de contenant de pensées et qui suscite ainsi la mise en œuvre toute-puissante d'une narration. Cette dernière est chez Freud, pour ce qui est de la relation avec Schnitzler et si l'on considère la forme épistolaire comme la matérialisation dialogique d'une narration, l'aveu trouble d'une rencontre avec une imago paternelle qui module les figures de l'étrangeté et de l'effroi. Si Schnitzler ne peut être rencontré, Freud devra dire les méfaits de cet évitement. Il faudrait plutôt dire que Freud écrit de quelle manière cette absence est la source d'une passion vécue sous les formes de l'effroi et de la jouissance.

L'euphorie de la conquête est ainsi encore une fois associée à ses dérivés contra-phobiques que sont l'effroi et la défaillance. L'effroi désigne ici cette pétrification essentielle de l'identité : forme extrême d'un narcissisme négatif tout entier contenu par la nécessité de garder à l'intérieur du sujet un soi-objet qui tient lieu de signifiant d'angoisse. Freud a été ainsi tenaillé lors des événements charnières et traumatiques que sont, par exemple, l'abandon de la *neurotica* ou le sentiment d'une faute commise au cours de l'épisode de l'opération d'Irma. Dans les cas précités, l'identité, qui ne correspond pas à la forme psychosociale du narcissisme, ne tolère pas de contestation. Elle incarne de façon plus tragique un affrontement qui rappelle la scène du mythe et l'interdit qui anime sa représentation.

Qu'on se rappelle *Madame Béate et son fils* pour comprendre de quelle manière, chez Schnitzler, la structure du mythe est générée par la transgression des tabous, qui apparaissent inéluctables sur la scène du réel. Le mythe d'Œdipe n'est pas l'affirmation tranquille d'un savoir dont les conséquences sont clairement exposées et qui fait du sujet tragique un acteur informé de l'effroi qui le surprendra à son corps défendant. La puissance du refoulement, ainsi que le démontre Schnitzler dans *Madame Béate et son fils*, est certes un interdit à prendre à la lettre. Si la jouissance suscitée par la reconnaissance inconsciente de cet interdit justifie le passage à l'acte sur la scène du réel, ne négligeons pas pour autant la force de l'effroi. Freud fut ce sujet en proie à la mort, à l'effraction souveraine dont témoigne l'immortalité de la scène du rêve.

L'effroi serait-il alors la forme magnifiée d'une jouissance qui affirme sa contemporanéité à l'encontre de toute narration ? Serait-ce cette impossible tentative de contenir l'insu devant la jouissance parentale ? Traduirait-il l'absence de narration, si ce n'est dans un mouvement d'après-coup qui instaure l'identité de l'*infans* face au code maternel dont il est espéré réponse, sinon savoir, quant aux modalités de cette jouissance ? Voilà ce que rencontre Freud sous la forme de l'emprise du négatif, dont le narcissisme est l'indication d'un récit de soi. Freud face à Irma est effrayé. Il est foudroyé par la puissance imaginative de la sexualité féminine, dont la défaillance est saisie à bras le corps chez un narrateur impuissant à constater la démesure de sa faute.

Freud est soumis à cet effroi spectaculaire qui lui fait rencontrer, lors de la lente et tortueuse découverte de la science psychanalytique, la matrice perceptive de l'hystérique. Cet effroi est accompagné d'une vision alors d'autant plus insoutenable qu'elle doit être maintenue, puisque le psychanalyste est le sujet qui soutient le regard afin de cerner cette symptomatologie qui lui échapperait. Avant l'invention de la couche de transfert, le psychanalyste est ce sujet qui s'aveugle à vouloir reconnaître le mal caché de ses malades. Sinon, la défaillance signerait l'abolition du sujet, sa relégation, ou pire encore sa pétrification. Il y a là matière à réflexion si l'on considère que cet effroi devant le pouvoir séducteur de l'image traduit la posture défensive du corps freudien face à la littérature. L'effroi est ce maintien qui se manifeste de façon archaïque, cette perception du corps qui bute sur une altérité sans nom.

Le corps d'Irma est bien sûr un « lieu » où l'effroi cherche à se loger. Tout comme le corps du père, dans la théorie de la *neurotica*, est ce « lieu » traumatique qui accepte la folie de la séduction. Mais l'effroi, à l'instar de l'angoisse, ne se représente pas. Tout au plus s'éprouve-t-il à partir d'une extraterritorialité qui dessine les formes d'un récit non spécularisable. Il reste que, devant l'effroi, le sujet ne peut demeurer indéfiniment désarmé. L'expression ici n'est pas gratuite puisqu'elle fait référence à la constitution d'un appendice — phallique — à partir duquel il est possible de maîtriser le monde externe, source apparente d'angoisse, à moins qu'il s'agisse de contrôler ce monde dont la signification est énigmatique.

Il s'agit d'une histoire somme toute banale puisque la psychanalyse est façonnée par l'inéluctabilité du corps à corps — c'est l'épisode Breuer — puis la mise à l'écart d'une stimulation perceptive puissante qui ferait appel à la pénétration d'un regard foudroyant. Et la naissance de la psychanalyse est l'aménagement nécessaire de cet effroi afin qu'il devienne découverte scientifique. C'est la création d'un enfant imaginaire, en attente d'un Nom qui lui octroie une identité reconnue par la communauté des chercheurs, dont le regard peut être soutenu avec une réelle assurance. La naissance de la psychanalyse correspond à ce moment précis où l'effroi, qui est logé dans le corps d'Irma, n'est plus subi sous la forme d'une identification traumatique faisant de Freud un témoin pétrifié. Tout se passe comme s'il fallait disséquer l'effroi originaire que portait l'autoanalyse. Et la littérature, mise à l'épreuve par l'effroi, permet de structurer le monde des signes et de constituer un récit qui rende compte de cette aventure sur le mode salvateur d'un effroi qui trouve matière à narration.

Se situer à la place du Père, par l'heureuse fécondation de l'enfant imaginaire qui se nomma Psycho-analyse, restituait à Freud la dimension enchanteresse de l'autoanalyse. Celle-ci, conforme à la *neurotica*, cessait d'être le ressassement persécuteur d'une séduction qui aurait été agie et écrite sur le corps torturé du sujet. L'autoanalyse restituait au récit de soi son pouvoir évocateur. Elle permettait à Freud de devenir, à travers les scénarios hautement figuratifs du rêve, un sujet vivant, capable d'éprouver doutes et défaillances. Elle faisait de Freud un sujet pouvant se mouvoir, sans culpabilité excessive, à travers l'autoérotisme du récit de soi ; un sujet qui pouvait dès lors rencontrer la geste de l'hystérique sans être épris de la folie de l'autre. Freud fut foudroyé par la contemplation du corps d'Irma, mais il put faire de cette contemplation un récit acquérant valeur de transmission. La psychanalyse se trouvait instituée comme savoir qui pouvait être communiqué à la suite du partage d'un méfait. La psychanalyse permettait surtout d'entrevoir la défaillance du caractère magistral de l'auteur.

Dans ses rapports avec Schnitzler, Freud reprendra à son compte le motif du parricide, à cette différence que le Père est déclaré Maître et possesseur de la Lettre. Il s'agit bien, c'est l'enjeu de *Totem et tabou*, du parricide qui se caractérise par l'éviction du Père et la mise à mort de sa toute-puissance, l'éviscération du Symbolique et le rejet de toute descendance. La formation de l'ordre symbolique que revendique Freud dans *Totem et tabou* fait appel à une toute-puissance socialisée. Ainsi, la possession des femmes et la jouissance agénérationnelle du Père offrent aux Fils confondus le rituel d'un abandon pour lequel il ne saurait y avoir de descendance qu'impure. Le propos freudien, tel qu'il est adressé à Schnitzler, répète cette sanctification de la Mort du Père et la perpétuation de son inachèvement.

Nous retrouvons ici un *topos* majeur de la narratique freudienne. Qu'il s'agisse de la « *mémoire du langage*[4] » chez l'analyste ou de la

4. Pierre Fédida, *Crise et contre-transfert*, Paris, Presses universitaires de France, coll. « Psychopathologie », 1992, p. 15.

défaillance interprétative qui caractérise la théorie des impasses contre-transférentielles, il est question de l'actualité d'un discours qui fait appel au décès de la figure paternelle. Ce décès, chez Freud, est perçu comme l'horizon négatif de la culture, le constat d'une perte de sens qui ne pourrait d'aucune manière être colmatée. La consolidation du narcissisme de l'Auteur serait alors une façon, parmi d'autres, de pallier cette meurtralité du Père, de faire jouer les résonances culturelles du parricide à travers une narratique qui se plaît à opposer les figures du meurtre et de la renaissance. Cette narratique aborderait la création à partir de l'organe phallicisé qu'est le stylet : signifiant de pénétration pour le psychanalyste qui cherche, dans l'œuvre à créer, une préconception qui donne naissance à la pensée. Voilà pourquoi Freud ne rencontre pas Schnitzler, ce qui est une façon de maintenir, au cœur de cette narratique du parricide et de la renaissance du Fils, une illusion de toute-puissance qui consolide l'idéalité à partir de l'exclusion du féminin.

L'écriture et la narration, qui en est le support, seraient alors autant de rappels de cette déchéance du Père n'ayant pas réussi à loger un signifiant vitalisé au cœur de cette matrice scripturale, signe d'un effroi renouvelé face à la jouissance féminine. Mais Freud put entendre et voir Irma ; il put défaillir et ne pas mourir. De même, Freud put abandonner la théorie de la *neurotica* sans que cette défaite détruise l'Idéal héroïque dont la source paternelle était nécessaire et vivifiante. La meurtralité de l'analyste fut chez Freud ce moment fécond qui lui permit de trépasser pour accueillir un nouvel entendement. C'est à cette meurtralité de l'analyste que je fais allusion lorsqu'il est question de l'archaïque du transfert, qui est si souvent nié pour mieux favoriser une théorie transactionnelle et communicationnelle de l'inconscient. Il y a en effet, concernant l'effroi et son caractère asymbolique, un signifiant qui ne se transige pas, qui ne souscrit pas à une économie du manque et de la perte. Il y a bien, à propos de l'archaïque du transfert, un signifiant qui se dérobe sans cesse à l'emprise de la connaissance, un signifiant éperdu d'impouvoir.

L'emprise de la psychose, parce qu'elle se construit à partir de ce vide qui échappe temporairement à la pensée, témoigne d'un savoir disjoint. Si l'on a mis l'accent, notamment depuis Lacan, sur l'opération de forclusion qui éjecte de soi tout élément symboligène qui permettrait au sujet psychotique de se faire une histoire et non pas de se raconter des « histoires », dont il ne serait plus l'Auteur, c'est que l'archaïque du transfert ne trouve plus, dans de telles circonstances, de destinataire-allocutaire. Que ce dernier soit, toujours pour Fédida, une personne qui incarne les enjeux que requiert la réception du transfert, cela n'est pas contestable si l'on se situe à l'intérieur d'une métapsychologie de la communication, qui génère cependant des impasses majeures dans le champ psychanalytique. Nuançons donc ce propos qui fait abstraction de la charge de réalité portée par la clinique psychanalytique. Le destinataire-allocutaire, aussi embarrassant soit-il, est néanmoins sollicité avec force afin d'éviter que l'emprise de la psychose soit si terrifiante qu'elle ne laisse au sujet que l'impensé de sa mort psychique. Mais le destinataire-allocutaire n'est plus à cette occasion un Maître-thérapeute laissant entendre son savoir pour mieux ignorer ce qui, dans l'emprise de la psychose, l'effraie. Le destinataire-allocutaire est à sa manière un passeur qui met un terme à l'opération de forclusion, qui restitue au réel sa densité fantasmatique sans que celle-ci se transforme en délire.

Un tel propos, au sujet du lien entre psychanalyse et littérature, me semble d'actualité si l'on envisage de nouveau les relations problématiques entre Freud et Schnitzler. Freud constate l'inéluctabilité de l'effroi et sa dimension symboligène. Il perçoit de plus, en témoigne l'épisode « Irma », que la défaite thérapeutique n'est pas la mort du sujet, qu'elle permet au contraire d'éprouver, à travers de multiples soubresauts identificatoires, la renaissance d'un sujet qui peut défaillir sans pour autant signifier la fin de toute narration.

Ainsi, pénétrer à l'intérieur de ce corps creux phallique qu'est l'écriture, ce serait retourner à la source du parricide qui incarne la croyance en un enfantement par le Père et fait de la toute-puissance du Père la source d'une procréation se soumettant violemment à l'ordre symbolique. « Être né du Père », ce n'est plus alors se situer à l'intérieur d'une structure que l'on pourrait qualifier de psychotique. Il faut plutôt évoquer cette puissance du malentendu et de l'accusation plagiaire que recèle le monde paranoïde.

Voilà où loge Freud lorsqu'il tente d'éviter Schnitzler. Il habite à l'intérieur de ce corps caverneux qu'est la psychanalyse : puissance paternelle qui lui a été déléguée à la suite d'un parcours agénérationnel, que représente l'autoanalyse, et qui l'autorise, étrange phénomène, à « féminiser » les créateurs, pour lesquels l'illusion de toute-puissance n'est pas si différente, croit-il, du narcissisme féminin. Reste Schnitzler et son silence. Demeure Schnitzler et la chronologie épistolaire que cette correspondance ratée instaure. Saluer un anniversaire, comme le fait Freud, peut devenir une façon de déjouer la naissance d'un rival. Saluer un anniversaire, ce peut aussi être une façon de rendre hommage à un adversaire. Et quand cet adversaire ne combat pas sur le terrain partagé de la chose psychanalytique, la paternité n'est pas vécue comme l'affirmation d'une unicité qu'il serait vain de contester. Saluer un adversaire, en témoigne la correspondance de Freud avec Schnitzler, c'est reconnaître dans le destinataire un témoin embarrassant, amant de la littérature, alors que l'autoanalyse condamne à la plus sévère des solitudes.

Schnitzler fut sans doute, à suivre le modèle freudien, le père de son œuvre. Tout comme Freud peut être considéré comme le père de la science psychanalytique. Mais la littérature, cette surface perceptive qui offre matière et contenance à tous les débordements pulsionnels, n'en demeure pas moins énigmatique. On ne sait trop quelle était l'étendue des connaissances psychanalytiques de Schnitzler. On sait par contre que Freud ne voulait rien « savoir » de l'œuvre de Schnitzler. Il s'agit bien, de la part de Freud, d'un effroi phobique. Ne pas rencontrer Schnitzler, pour mieux lui écrire, c'était revendiquer un envoûtement littéraire dont la figure paternelle représentait l'acteur privilégié.

Mais être son propre père, momifié dans une perpétuelle affectation, qui amène le sujet à devenir son géniteur, n'est-ce pas, du côté de la scène psychanalytique, ce qui guette certains thérapeutes lorsqu'ils abordent l'inconscient des autres à partir de la singularité dite ineffable de leur contre-transfert ? N'est-ce pas de plus le même leurre narcissique qui fait de l'autoanalyse un cocon imaginaire d'autant plus protégé qu'il devient la manifestation d'une identité narrative qui trouve sens dans le ressassement ? En somme, là où le « je » peut advenir, l'identité s'affirme plénière, riche de détails et de subtilités. Ce que l'on a coutume d'appeler le contre-transfert n'est-il pas alors l'aveu d'une fausse sollicitude interprétative qui ignore cette passivité onirique à la source de toute écoute ? Le contre-transfert ne représente-t-il pas cette tentative éperdue de donner sens à une histoire défaite dont le narrateur-analyste est tout au plus le passeur d'inconscient ? Devenir un passeur d'inconscient, n'est-ce pas accepter d'investir un contre-transfert dont n'est pas exclue la diction poétique qui introduit aux mondes du rêve et de la littérature ?

On sait que Freud évitera soigneusement de rencontrer Schnitzler. Cet interdit, présenté de façon nette, recoupe un tabou scripturaire dont l'enjeu est déterminant pour l'histoire de la psychanalyse et le souci de réception ou de rejet de ses pourtours interdisciplinaires. Revenons à la singulière relation qui prend forme entre Freud et Schnitzler. L'effroi psychanalytique face au pouvoir tout-puissant de la Lettre correspond à la nécessité d'aménager un cadre qui situe à l'écart l'effraction visuelle des représentations de choses. Ce pouvoir de la Lettre, révélé par l'hystérie, est perçu par Freud comme décisif puisque la symbolisation qui peut rendre compte de ce processus emprunte au destin de l'image.

À cette occasion, l'effroi est contenu par le recours à la Lettre — et à la correspondance — qui tisse un discours tenant lieu de parure protectrice. Ce n'est donc pas seulement du côté de la féminité que l'artifice fait valoir la nécessité du camouflage. Qu'on se rappelle les réflexions de Freud à propos du tissage et de la fonction compensatoire d'un tel projet qui aurait pour but de masquer les organes génitaux féminins, de masquer la perception de l'absence de pénis. Il est remarquable que l'évitement, qui fut pourtant tissé grâce à la relation épistolaire nouée entre Freud et Schnitzler, reprenne cette figure culturelle du voilement.

Tout écrivain n'était-il pas dès lors condamné à une perpétuelle autoanalyse, dont l'effraction visuelle se fait impérieuse ? Ainsi Arthur Schnitzler ne cesse de revendiquer l'esthétique de la mondanité viennoise, qui joue de l'inter-dit, du pacte conversationnel et de ses ratés, pour mieux situer une scène pulsionnelle dite plus archaïque. C'est le cas de *Madame Béate et son fils*, qui prête au corps la faculté de dire le réel, et qui assigne à l'image un pouvoir de dissimulation d'autant plus grand que le travestissement peut être mis à jour et finalement dévoilé. L'inceste mère-fils est cet abrégé de récit qui est nommé grâce au corps de Madame Béate. Chez Schnitzler, la puissance interdictrice des ténèbres et du refoulement cède devant la perception d'une source visuelle dont témoigne le corps à corps fatidique entre Madame Béate et Hugo.

Voilà ce qui caractérise la narratique freudienne telle que « saisie » par la littérature : Madame Béate est bien sûr un objet de désir tel que Freud, à peu près à la même époque, le perçoit avec la Lettre hystérique dont la surface, parfaitement imagée, est la promesse d'un récit fabuleux qui traite d'une érotique du corps. Le corps-panorama de Madame Béate suscite la convoitise des regards, qui désirent s'approprier une jouissance associée chez Schnitzler à l'indicible. Arthur Schnitzler énonce somme toute à Freud qu'il faut faire appel à la Lettre, à sa présence intangible, pour nommer ce qui échappe à la vision, ce qui n'obéit plus au registre de l'entendement, ce qui ne caractérise plus le règne plénier de la beauté. Madame Béate a beau se dévoiler, proposer son corps comme objet de désir aux hommes et aux femmes, qui tentent de circonscrire une scène perceptive correspondant à l'horizon de leurs *phantaisies*, il demeure que ce corps échappe à toute saisie interprétative. *Madame Béate et son fils* de Schnitzler pose avec une grande acuité la question de l'identification narcissique et de sa relation avec la jouissance féminine.

Plus encore, Schnitzler, au lieu de nous narrer le sempiternel récit de l'obéissance à la Loi du Nom-du-Père, nous offre une interrogation sur la genèse narcissique de cette jouissance. C'est donc la question de la « personne » qui parcourt ce récit de Schnitzler, si l'on ajoute que la femme, comme sujet, est Maître d'une narration qui dévoile la non-satisfaction du désir face à l'imago puissante (Ferdinand) qui incarne la fusion du couple père-amant. S'agit-il, ainsi que le réclamait Freud, de cet accès, plus que difficile, à la féminité à travers les dédales d'un parcours œdipien qui soumet Béate à l'incorporation d'une figure omnipuissante que représente Ferdinand ? À suivre une première lecture de ce récit de Schnitzler, l'on serait tenté d'y voir en effet, et ce en conformité avec les hypothèses de la psychanalyse appliquée, une réduplication de la Loi du Nom-du-Père, qui échoue à imposer le fondement d'un ordre symbolique rappelant le modèle œdipien. Mais la mondanité viennoise, telle que décrite par Schnitzler, avoue d'emblée son caractère artificiel, et la beauté n'est montrée au regard d'autrui que pour receler cette puissance des ténèbres que l'on peut bien nommer ici l'inconscient.

La conclusion du récit est à cet égard éloquente puisqu'elle situe le destin de Madame Béate selon les lois immuables d'une chronologie à laquelle elle ne saurait échapper. Madame Béate est l'objet d'une description impersonnelle dans ce récit de Schnitzler, ce qui laisse supposer la forclusion de son statut de sujet au cœur de la trame narrative. Madame Béate est ce personnage dont la singularité mérite d'être racontée, à la faveur de nombreuses descriptions, par un sujet qui fait office de Maître-narrateur. Le discours freudien pouvait se reconnaître dans un tel projet narratif qui valorisait la puissance du récit. Schnitzler complexifiait bien sûr cet ordre narratif par de nombreuses digressions et ruptures qui contribuaient à ruiner cette esthétique de la mondanité instaurant le « paraître » comme mode social de présentation de soi. À sa manière, Schnitzler introduisait au cœur du récit la figure magistrale de l'Auteur, dont l'omnipotence était cependant contestée avec force. Ferdinand est le mari de Béate et le père de Hugo, avec lequel Béate vivra cette expérience extrême de régression que caractérise l'inceste. Mais Ferdinand, qui conjugue de façon ambivalente les figures du père et de l'amant, introduit au cœur du récit un vacillement de l'ordre chronologique, une mise à l'épreuve du code générationnel qui prête forme à l'identité personnelle de Madame Béate.

On invoquera peut-être que ce vacillement n'est pas étonnant puisqu'il introduit la narration au cœur du dédale œdipien et crée les traits identificatoires qui sont associés à un tel parcours. De ce point de vue, *Madame Béate et son fils* ne ferait que reproduire le méfait d'Œdipe et la méconnaissance de la Loi du Nom-du-Père qui sanctionne un parricide sans lequel la rencontre avec Jocaste serait vaine. Le récit de Schnitzler adopte volontiers cette forme primaire que représente le discours mythique. On peut penser que Freud a pu y voir une densité interprétative qui rappelait l'interdiscours psychanalytique. Mais le propos de Schnitzler est plus radical que cette narratique œdipienne, somme toute très conventionnelle, le laisse entendre au premier abord. Ferdinand incarne la figure à la fois morte et vivante d'un récit qui cherche à assurer une transmission narrative. Ce personnage qui hante Béate rappelle l'imago persécutrice d'un objet mort-vivant qui condamne Béate à perpétuer un récit énoncé sous la forme de la plainte, du ressentiment et de la violence. Cet autre que soi, qu'incarne Ferdinand, offre la fantasmatisation d'une sexualité débordante qui fait rupture. La rencontre de Hugo, si l'on s'en tient à cette analyse, « embaume » la figure paternelle sous le prétexte de cette brutale révélation de la figure du fils. Hugo est condamné à partager l'effusion d'une jouissance féminine qui valorise un retour à l'origine, le simulacre d'une mêmeté qui abolit, par la puissance du narcissisme primaire et de la figure de l'engloutissement, le signifiant paternel. Le fils est tout au plus l'appendice phallique d'une mère désormais comblée par cette asymbolie générationnelle.

En somme, la mélancolie se trouve exemplifiée dans l'écriture de Schnitzler. *Madame Béate et son fils* peut être lu, à la suite des propositions freudiennes, comme la mise en scène d'un protocole identificatoire faillible, soumis à l'indécidabilité du désir. Mais ce récit témoigne aussi de la fragilité de la Loi du Nom-du-Père, qui impose son destin à travers les figures du passage à l'acte : l'inceste, dans *Madame Béate et son fils*, n'est-il pas la forme extrême d'un ravissement qui se joue à la suite de la mort de Ferdinand ? La mort, si elle demeure chez Schnitzler cet artifice théâtral, qui confond fiction et vérité, n'en reste pas moins cette vérité ultime qui donne sens au récit, et qui forme la puissance cohésive d'un « dernier » argument.

Revenons encore à la figure de Schnitzler afin de mieux comprendre ce que la psychanalyse emprunte, à l'intérieur du régime freudien, à ce double imaginaire qui incarne tous les mirages de la défaillance scripturale, tous les éblouissements d'une communication d'inconscient à inconscient. Freud ne veut pas rencontrer Schnitzler, ce qui est une façon de dire qu'il le connaît déjà pour avoir éprouvé la densité du corps de la Lettre. On peut ajouter que Freud ne veut pas rencontrer Schnitzler parce qu'une telle authentification perceptive buterait immanquablement sur le corps de l'auteur. En d'autres termes, quel avantage y a-t-il à rencontrer le corps vivant de Schnitzler lorsque son œuvre est peut-être l'impensé littéraire de la narratique freudienne, qu'elle montre le somptueux masque mortuaire d'une écriture qui affirme sa défaillance parce qu'elle étreint avec violence l'inconscient ? Le statut problématique de l'écriture accompagne l'interrogation freudienne quant aux registres qui qualifient ce qui distingue les métiers d'analyste et d'écrivain. Ne pas rencontrer Schnitzler, c'était peut-être éviter un face à face intenable qui aurait révélé ce qui échappe à la psychanalyse, ce qu'elle ne peut contenir et qui appartient de plein droit au monde de la fiction. Qu'un « autre » puisse l'écrire, tel Schnitzler, et en faire son métier, voilà ce qui devenait intolérable et plaçait le psychanalyste sous l'égide d'une mauvaise mère : la psychanalyse, écrira Freud à Schnitzler, ne permet pas de se faire aimer.

Laisser chuter

C'est la rançon de la psychanalyse que de se constituer à partir d'un anonymat pour lequel l'analysant est le « signe » d'un oubli à venir. La psychanalyse condamne à l'oubli et fait de l'anonymat la sanction d'une narration dont on peut proposer qu'elle énonce la réalité psychanalytique à partir d'une conclusion qui a la simple valeur d'un inachèvement temporel. Voilà sans doute pourquoi le discours psychanalytique demeure ambivalent lorsqu'il est question de passage à l'écrit. La littérature tiendrait lieu d'empreinte : table d'écriture, ou encore parchemin grâce auquel le scribe pourrait tracer l'emprise de sa propre vie. Cet acte essentiel, qui trace les confins du récit de soi, Freud en retrouve la forme chez Schnitzler. En somme, cette rencontre épistolaire laisse lire un accusé de réception que le psychanalyste demande à l'écrivain.

Le premier est en effet un sujet solitaire. Il n'exerce son métier qu'à laisser parler une voix qui choit, qui lui échappe, qui déploie la trame complexe d'un laisser-dire qui est avant tout l'accentuation d'un laisser-écouter. Une telle entreprise, qui caractérise la poursuite renouvelée de l'analyse, a quelque chose de troublant puisque l'écoute demeure rétive à toute mise en récit. En somme, l'écoute rejette tout ce qui pourrait contraindre sa fluidité ; l'écoute refuse d'être cet agglomérat d'énoncés dont le caractère interchangeable appartiendrait à la narration. On ne saurait nier pourtant à quel point cette méfiance envers l'écriture est nourrie d'ambivalence. La psychanalyse, qu'on pense à Freud, est fascinée par l'homme de lettres qui connaît la structure du récit et sait trouver une fin qui correspond aux impératifs d'une intrigue bien ordonnée. D'où l'amour freudien pour cet art narratif de la présentation qui stimule, non pas une représentation de la réalité, ce qui serait une façon de dire les choses à travers le masque de la narration, mais une gestuelle dont le récit se nourrit pour mieux retourner à sa source orale. Freud perçoit, lors de cet entretien épistolaire avec Schnitzler, le pouvoir de la Lettre qui est investie de l'amour du lecteur. En somme, Freud est lui aussi fasciné par ce transport amoureux qu'incarne la naissance de la Lettre. Freud, à l'occasion de cette correspondance avec Schnitzler, est aux prises avec cette posture jalouse qui rappelle à certains égards la singulière relation avec Fliess.

Mais Fliess, au contraire de Schnitzler, ne crée pas de livres qui peuvent contenir cette formidable puissance démiurgique que requiert, toujours dans l'esprit de Freud, la création. Fliess est tout entier requis par cette posture du laisser-dire qui se transforme, c'est la place du proto-analyste qu'il incarne, en laisser-écouter. Fliess, au contraire de Freud, n'est pas soutenu par une œuvre héroïque qu'il se doit de fonder. Il sera à son insu soumis — on peut y voir la genèse d'un contre-transfert à prendre à la lettre — à l'empreinte de la pensée freudienne. « Tu es fidèle à mes pensées » peut s'entendre, c'est la plainte de Fliess, au delà de l'accusation de plagiat, comme une douloureuse demande amoureuse qui exprime la symétrie d'un transfert passionnel.

Pourquoi alors cette fidélité à Freud, et l'exigence scripturale qu'une telle fidélité impliquait de la part de Fliess, fut-elle entendue uniquement sous la forme d'une sanction externe qui trouvait prétexte dans le vol d'une idée ? Fliess fut perçu avec une certaine mauvaise foi comme un destinataire méfiant, coupable d'avoir levé l'accusation de plagiat autour de la paternité de la notion de bisexualité. De même qu'il démontrait à son corps défendant que l'espace privé n'était pas aussi étanche, quant à la pratique psychanalytique, que Freud le laissait entendre. Fliess fut peut-être, pour ce qui concerne l'histoire de la psychanalyse, le véritable précurseur d'une entrée dans le monde du contre-transfert que Freud reçut avec une certaine indifférence.

Il importait peu que la colère de Fliess se manifeste avec puissance et véhémence puisque ce dernier demeurait un destinataire de circonstance avec lequel le bavardage analytique, tributaire de l'autoanalyse, prenait fin. La colère de Fliess était la mesure de l'indifférence freudienne. L'accusation de plagiat signait l'aveu de la fidélité psychanalytique de Fliess. Ce dernier, patient avant la lettre de la science psychanalytique, se trouvait dans la position inconfortable d'avoir été requis par l'imaginaire freudien au plus près d'une structure discursive qui faisait de la psychanalyse un instrument bivocal. La figure d'un dialogisme archaïque peut ici être évoquée si l'on ajoute que l'autoanalyse freudienne, avant tout source de solitude et d'émois personnels, trouvait une solide source perceptive — et un destinataire ! — dans les appuis et les encouragements de Fliess. Ce qui justifie à sa manière que l'implosion du legs freudien, sans doute la première source des désaccords qui contribuèrent à la fondation de l'Internationale, se construisit à la suite du rejet de Fliess : personnage inopportun puisqu'il instruisait, sous le mode d'une demande éperdue de justification identitaire, la reconnaissance de son statut d'auteur.

Cet épisode passionnel de l'histoire psychanalytique témoigne peut-être, si l'on prend la peine de penser au formidable impact de la correspondance entre Freud et Schnitzler, d'un temps antérieur de l'identité psychanalytique. Il est commun de dire que la psychanalyse se soutient du nom de Freud, que la fidélité psychanalytique trouve prétexte dans cet arrimage au Nom propre de Freud. En somme, que toute archéologie de la science psychanalytique ne peut oublier le moment héroïque qui consacra Freud, héraut de son autoaffirmation, comme psychanalyste. Un tel point de vue n'est pas seulement conservateur parce qu'il fonde une histoire qui valorise la consécration d'une origine qui ferait de la psychanalyse un discours indivis. Plus encore, un tel discours méconnaît la flexibilité de la narration qui inaugure le régime freudien.

Tout n'a pas commencé, ainsi qu'on se plaît si souvent à l'affirmer, avec la *talking cure* que dévoile Anna O., et qui surprend tout aussi bien Breuer que Freud. Pas plus que le rêve n'acquiert sa portée instauratrice avec ce moment argumentatif que représenta l'épisode Irma dans *L'interprétation des rêves*. Rêver d'une origine de la psychanalyse, qui sanctifierait Freud à titre de personnage fondateur, c'est confondre deux chronologies qui ne peuvent prétendre posséder le même statut. Qu'il s'agisse de l'histoire d'Anna O. ou encore du rêve de « L'injection faite à Irma », nous lisons un après-coup argumentatif que fournit le cadre d'un livre, c'est-à-dire une somme théorique qui prend à bras le corps le rêve pour en faire la matière d'une réflexion, tout comme la parole d'Anna est investie pour définir ce que sera le champ d'action de la psychanalyse.

Que Freud ait été le savant et le téméraire inventeur de la psychanalyse, cela tombe sous l'évidence. Mais encore faut-il comprendre que cette découverte participe d'une chronologie événementielle qui fixe les dates déterminantes de l'invention psychanalytique, et définit la prédictibilité du parcours freudien selon les traces que sont pour nous les objets-livres qu'il composa tout au long de sa vie et qui ont acquis le statut de corps-écrit. Chaque analyste, s'il s'intéresse vraiment aux conditions de la transmission de la psychanalyse, et surtout à la violence passionnelle que cette transmission requiert, doit interroger la narratique postfreudienne qui oblige, c'est le lot de folie que porte toute narration, de connaître l'inanalysé que Freud lui-même ignorait.

Le souci démonstratif est souvent ce que nous retenons de Freud, comme si l'affirmation didactique était la pierre angulaire de la psychanalyse. Il est vrai que ce malentendu a pu nourrir, autour de la question de la formation psychanalytique et de ses modalités, l'acharnement à lire Freud comme si son écriture était l'empreinte d'une théorie préconçue. Pour certains, l'inconscient n'est pas autre chose que cette préconception narratique. Il suffirait d'avoir bien lu, comme d'autres diraient qu'il suffit d'avoir bien mangé, pour ingérer le corps freudien. Mais s'agit-il, à poursuivre une telle entreprise cannibalique qui nourrit ce rituel incorporant au cœur de l'identité psychanalytique, de dévorer la peau, les entrailles ou encore le squelette du corps freudien ? À moins qu'il faille rêver, c'est sans doute la folie de ce processus mélancolique qui nourrit l'identité psychanalytique, d'une incorporation qui ne laisse aucune trace...

Il demeure facile de dire que la psychanalyse est née de la solitude d'un interlocuteur qui, à travers la poursuite de l'autoanalyse, s'est découvert le destinataire privilégié de l'inconscient. Et de poursuivre en faisant valoir l'unicité d'une telle découverte qui transformait Freud en Auteur ambigu : interlocuteur singulier d'une réalité psychique qui lui était offerte grâce aux charmes enchanteurs de l'autoanalyse ; mais tout aussi bien énonciateur de cette parole qu'il avait pour fonction de transmettre. À suivre un tel parcours, c'est le personnage de Moïse qui surgit, accompagné de la violence qu'une telle transmission instruit puissamment. Freud, Auteur de la psychanalyse ? Freud, Auteur de l'inconscient ? Un tel propos, qui souscrit à cette narratique livresque que façonne le spectre des œuvres complètes de Freud, suppose que le livre soit le témoignage d'une pensée qui ne peut être que répétée, ou encore d'une pensée qui ne gagne au change que dans l'extrême glose, la patiente exégèse des psychanalystes, tous adeptes de freudisme, tous passionnés par ce corps-écrit.

Y a-t-il un psychanalyste qui n'ait pas rêvé un jour d'être « entendu » de Freud ? Jouent à cette occasion les traits identificatoires d'une transmission qui fait intervenir la certitude que « mon » psychanalyste aurait été un fils ou une fille digne de Freud, qu'il ou elle en aurait mérité l'attention et l'écoute, de la même manière qu'analysant je pouvais revendiquer l'unicité du lien narratif qui m'unissait à l'Auteur que fut mon analyste. J'indique bien « que fut *mon* analyste » afin de souligner ce qu'une telle posture, empreinte d'idéalité et de soumission à la toute-puissance du Moi, construit de toutes pièces : une filiation qui se transmettrait d'enfant unique à enfant unique.

Cette filiation ferait appel au corps de parole de Freud, pour être ensuite digérée puis expulsée par mon analyste qui m'instituerait à mon tour légataire d'une parole digne de ce nom. Le modèle que je décris ici à grands traits appartient au passé, car l'idéalité représente cette soumission à un Maître-thérapeute dont l'exemplarité peut être reprise sans modifications notables. En somme, ce modèle narratif favorise la restitution légendaire d'un préentendu qui me ferait partager la certitude d'être l'enfant unique de Freud. On fera sans doute valoir qu'un tel fantasme doit sa valeur à une analyse vécue sous le signe de l'exclusivité et de la rançon surmoïque payée grâce au respect à l'analyste réel qui nous reçut. On fera peut-être aussi valoir que cette unicité est le lot de toute analyse et qu'elle permet au patient de trouver crédit, par sa parole, grâce à l'idéalité de l'interprétation qu'il entend, que cette dernière soit énoncée sous la forme de mots ou qu'elle s'en tienne au silence évocateur d'une présence.

Il n'en reste pas moins qu'un tel partage de l'unicité, s'il se noue autour des enjeux représentés par la formation psychanalytique, peut devenir dévastateur puisque l'analyste tout autant que l'analysant se soutiendront du leurre imaginaire que recèle leur croyance en un pouvoir investi de la parole première de Freud. La fidélité psychanalytique qualifierait alors l'extrême obéissance à cette parole fondatrice, qui est introjectée dans l'espace de séance sous l'aspect singulier d'un signifiant vitalisé qui autorise tous les phénomènes de dédoublement et de délégation identitaire. Ce signifiant vitalisé permet, l'espace d'un moment, de croire que Freud fut « notre » psychanalyste. Cette posture délirante consacre de plus l'analyste fils unique, ultime récipiendaire de la Lettre freudienne. Un tel propos, lorsqu'il joue de l'énamoration transférentielle sous la forme d'une consécration filiale, fait l'économie de ce Père symbolique que fut l'analyste réel qui nous reçut pendant de longues années...

La meurtralité de l'analyste serait alors évitée grâce à une idéalisation massive faisant de Freud la source de toute « la » pensée psychanalytique. Cette idée est folle puisqu'elle suppose que le monde du langage devint dicible à partir de l'archaïque du transfert que représenta Freud. En somme, toute analyse ultérieure aurait été condamnée par la suite à répéter sempiternellement une première cure, une première relation d'objet, une première liquidation du transfert... Certains feront peut-être valoir, à la suite de cette idéalisation massive de l'analyste, que l'institution analytique et le cursus qu'elle ordonne, ainsi que la distinction faite entre les contrôles et l'analyse dite didactique, favorisent cette rupture avec la figure d'un analyste premier, qui incarnerait toutes les vertus de la sapience et la rigueur de la science freudienne. La rupture de cette unicité permettrait d'échapper à la relation fusionnelle unissant l'analyste et l'analysant au profit d'une intégration à la communauté des citoyens psychanalystes. En somme, l'institution psychanalytique serait garante d'une désubjectivation qui permettrait, dans le meilleur des cas, de juger son analyste à l'aune de son style, de ses imperfections, mais aussi de son « rôle » hors du strict cadre privé de la pratique analytique.

Sans doute est-ce une pensée perspicace lorsqu'une communauté d'analystes peut se structurer sans désigner en son for interne des sous-groupes qui acquièrent, selon une dynamique qui peut appartenir soit à l'âge, soit à l'orientation théorique, soit à la conception pédagogique ou sociale de la psychanalyse, le statut d'éléments hétérodoxes. Cela est possible quand une communauté d'analystes peut se structurer sans désigner une extraterritorialité qui sera d'autant plus troublante qu'elle suscitera la passion de la pureté et le rejet de la différence qui, semble-t-il, est menaçante. La communauté, si l'on s'en tient ici à la figure de la transmission, n'est absolument pas garante de l'identité psychanalytique. Elle peut caractériser, comme toute institution qui permet à chacun, selon les choix qui lui ont été offerts ou encore ceux qui lui ont été dérobés, la consolidation générationnelle de cette identité.

Prévaudra alors la mise en place d'un univers familial qui situe le sujet dans un rituel où prédomine le respect dû aux aînés, ou encore qui tolère la dissidence et le caractère impulsif des plus jeunes. L'identité psychanalytique peut alors devenir cette narratique familiale qui a pour fonction de suturer la dette impayable que représente, pour tout candidat-analyste, l'analyse personnelle, puisque celle-ci ne se dérobe pas à la mémoire, peu importent les formes ultérieures, souvent plus conventionnelles, de l'enseignement de la psychanalyse. Je voudrais en somme souligner que l'identité psychanalytique, lorsqu'elle se pense à partir de l'institution-citoyenne, ne peut faire abstraction de cet effet-sujet qui recoupe une préoccupation mondaine : c'est-à-dire, dans sa perspective la plus stricte, un mode social de circulation de l'objet.

Rien qui ne soit là surprenant si l'on perçoit la psychanalyse comme une forme parmi d'autres de l'inscription institutionnelle. Mais ce discours consensuel, qui recourt à la narratique familiale, me semble discutable lorsqu'il valorise le compagnonnage psychanalytique : sorte de rencontre plus ou moins diffuse d'intérêts qui se cristallisent autour d'une même cause à défendre. Il s'agit, on l'aura compris, du « freudisme » institutionnel et de ses dérivés. L'analyste qui tient un tel discours, évoquant sa fidélité à une communauté qui l'a accueilli, ne fait que reprendre la parole de Freud pour l'introjecter puissamment au sein du discours de ses collègues, qui eux aussi sont réputés avoir été analysés, pour avoir été reçus fils et filles de Freud.

Freud, de son côté, soumis à cette narratique dont il devint le personnage somptuaire, ne pouvait que défaillir. Tout d'abord, lors de l'épisode « Irma » ; puis face à Jung, qui lui révélait l'énigme de la paternité et la puissante rivalité qui accompagnait cette confrontation. Freud est cet homme foudroyé qui constate, à travers la démesure d'une faute qu'il attribue d'abord à Fliess, que le « réel » s'impose sous la forme d'un corps à corps qui ne tolère aucune dérogation. L'abandon de la théorie de la *neurotica*, à la faveur d'un échange épistolaire à fortes qualités passionnelles avec Fliess, n'est pas étranger à notre propos. Il s'agit encore ici de la forme domestiquée de l'effroi qui donne naissance à une théorie que Freud délaisse, à l'instar de cet enfant-revenant qui parcourt les pages de *L'interprétation des rêves*. Ce n'est plus la mère qui s'impose à cette occasion. Tout comme l'insu de la jouissance féminine cesse de prêter forme à l'effroi. Nous retrouvons plutôt la figure du Commandeur, statue à laquelle s'adressait Don Juan et représentée par le Père qu'est Jakob, qui destituerait la différence des générations, détruisant à sa source toute filiation qui ne serait pas vécue sous les auspices de la séduction. L'effroi traduit la dimension traumatique de cette séduction insensée à laquelle Freud ne cesse de croire, sans pour autant lui attribuer ce crédit scientifique qui détruirait la psychanalyse, condamnée à répéter sur la scène du réel le caractère inéluctable d'un corps à corps avec le père.

La psychanalyse naîtrait-elle alors de cet enfant imaginaire que représenta l'affrontement avec les frères rivaux ? Et ces confrontations violentes ne furent-elles pas des tentatives d'instaurer le parricide pour mieux en refouler l'actualité ? La correspondance avec Fliess, complice inopportun de Freud lors de l'épisode d'Irma, est un témoignage probant puisqu'elle fait de Fliess un témoin qui ne peut être éliminé malgré la gêne et l'embarras qu'il provoque chez Freud. À défaut de tuer le père, il restait à construire une théorie de la séduction infantile. À défaut de séduire le Père, par identification à l'agresseur, restait comme possibilité la communication avec un autre que soi : dédoublement narcissique qui faisait du destinataire officiel, Fliess, le répondant autorisé de cette meurtralité. À défaut de tuer le Père et l'idéalité qu'il représentait puissamment, demeurait la construction de la théorie psychanalytique, qui favorisait une rupture salutaire avec un passé traumatique dont la remémoration était insupportable.

Se remémorer l'actualité du trauma est non seulement une activité impossible, mais un interdit fondamental. L'abandon de la *neurotica* était ainsi une façon de répondre à cet effroi en laissant chuter ce « réel » traumatique qui ne trouvait pas matière à symbolisation. Cet abandon, qui situait à sa manière l'archaïque du transfert psychanalytique, était aussi une façon de répondre au Père, sans recourir à un face à face destructeur. Il fallait donc construire une nouvelle théorie grâce à cet archaïque du transfert dont Fliess et tous les fils qui suivirent constituèrent les commodes répondants.

Car Freud ne pouvait que défaillir face à cette narratique omnipotente qui le transformait en personnage de récit. Voilà pourquoi la littérature demeura pour Freud un leurre imaginaire qui figurait les artifices du Moi (c'est ce que Freud déclare à Schnitzler), de même qu'il ne cessa de piétiner le monde des signes, acharné à découvrir, sous la révélation scintillante du langage, l'énigme de l'inconscient.

On peut comprendre ainsi la fascination de Freud pour la composition hiéroglyphique, la statuaire antique, l'épigraphie : autant de contenus préformés qui celaient un secret, dont la particularité était de résister à la passion du déchiffrement. Freud-psychanalyste fut lui aussi éprouvé par ce parcours qui lui imposait la Lettre comme élément singulier de l'interprétation psychanalytique. Que signifia alors le refus de rencontrer Schnitzler ? Que signifia le maintien d'une différence spatiale bien sentie, condition même de la « distance » ? Simmel écrivait, sensiblement à la même époque[5], que la mondanité était l'aveu d'une indifférence sensorielle qui permettait d'éviter un afflux trop violent

5. Georg Simmel, « Métropoles et mentalités », *L'école de Chicago : Naissance de l'écologie urbaine* (textes traduits et présentés par Yves Grafmeyer et Isaac Joseph), Paris, Éditions du Champ Urbain, coll. « Essais », 1979, p. 61-77.

d'excitations. Mais Simmel ne se contentait pas de reprendre à son compte le stéréotype de la névrose, conséquence de cette surstimulation, pas plus qu'il ne recourait aux figures de la déchéance et de la perte d'identité. Il inaugurait surtout avec cette figure du passeur, que l'on retrouve évoquée dans « Digressions sur l'étranger[6] », l'idée d'une circulation de cet afflux sensoriel dont l'acteur « étranger » devenait le représentant privilégié. Ce dernier prend la forme, chez Simmel, du commerçant vivant dans un cadre urbain. Il ne s'agit pas seulement d'un sujet condamné à l'extraterritorialité, pas plus que l'étranger ne détermine une différence ethnique ou linguistique qui le situe en marge de la communauté d'accueil. Au contraire, l'étranger est ce sujet qui introduit du mouvement au cœur d'un monde autrefois clos. Le décentrement spatial, figuré par l'étranger, est la source d'un échange perceptif qui associe distance et proximité.

Freud, face à Schnitzler, aura été à sa manière au cœur de ce paramètre exotopique. Il aura saisi, pas étonnant d'ailleurs que cette « histoire » se passe à Vienne, que le destin de toute rencontre porte son envers, sa trace négative. Freud aura saisi que l'affirmation épistolaire, sous la forme d'un récit de soi, ne pouvait que buter sur un destinataire incarnant toutes les figures de l'idéalisation. Rencontrer Schnitzler, c'était pour Freud retourner à la source de l'autoanalyse et s'éprendre d'un écrivain qui ne faisait pas la sourde oreille au désenchantement de Freud. La psychanalyse, écrivait Freud, n'est pas faite pour se faire aimer. Si l'écrivain, selon Freud, offre la chatoyante surface de l'écrit qui prête forme au désir de donner corps à la Lettre, le psychanalyste, c'est son destin singulier, est condamné à l'abandon de la Lettre, à ce laisser-chuter qui incarne les figures de l'oralité.

Pour le psychanalyste, la parole ne peut faire l'objet d'une convocation. Elle ne situe pas, pour revenir aux figures de la narration, un énoncé qui doit être validé par sa plausibilité en regard de la réalité externe. La psychanalyse n'est pas une convocation, puisque le sujet n'est pas soumis à la diction d'un mensonge, d'une falsification qu'il serait possible de réparer. Le langage y est plutôt mis à disposition, dans la fragilité de ses énoncés ou encore dans la dureté de ses assertions. Mais il ne saurait échapper à ce règne extraterritorial qui fait que les mots manquent et que la narration est un fil conducteur, trop souvent façonné avec assurance par l'analyste ou l'analysant — fil qui mérite d'être perdu, quitte à ce que sa trace soit exhumée au détour d'une autre séquence de l'analyse.

Voilà pourquoi Freud n'ose pas rencontrer Schnitzler et avoue, avec une humilité certaine qui le caractérise, que ce face à face serait

---

6. *Id.*, « Digressions sur l'étranger » (1908), *ibid.*, p. 53-60.

particulièrement troublant. Se pencher sur la Lettre ainsi que le fait Freud, c'est avouer que les enfants de la création, que sont les livres, sont plus importants que leurs géniteurs. C'est aussi avancer, mais là nous retrouvons l'épisode Freud-Fliess, que la correspondance ou encore l'écriture de romans suscitent une immédiate reconnaissance de soi que le psychanalyste peut envier ou rêver, mais ne saurait en tous les cas incarner sous l'aspect magistral de la figure de l'Auteur. Lire un Auteur, ou mieux encore refuser de le lire tout en sachant que son œuvre existe et qu'elle entretient des relations particulièrement étroites avec la pensée psychanalytique, c'est peut-être avouer son effroi devant un visage que l'on reconnaîtrait sien.

La littérature, Freud en témoigne, susciterait cette passion éperdue de reconnaissance. Et la narration, qui accompagne le dire romanesque, serait ce témoignage de l'Auteur qui, pour Freud, demeure un Prince des Ténèbres. Ne pas lire Schnitzler aura été une façon d'éviter son regard. On peut évoquer, pour mieux soutenir ce propos, l'image d'une vision intolérable que la littérature alimente et que la défaillance de l'analyste, redoutant de voir son double, symbolise sous la forme d'une fin de non-recevoir qui est l'incarnation même de la demande passionnelle d'amour de la Lettre. C'est que l'Auteur est magistral : il est un passeur négociant avec une extrême dextérité la transition de l'espace privé à l'espace public. Pour tout dire, il sait mieux que personne ce qui appartient à l'espace onirique, au monde de la nuit, mais il sait aussi en transmettre le versant vertigineux.

Un vol de pensées

On sait que Freud ne voulait pas rencontrer Schnitzler. On sait de plus que cet interdit, tel que Freud le manifesta, fut défini comme la hantise du discours plagiaire, un infléchissement de la pensée qui pouvait se trouver modifiée au contact d'un autre écrit. Il s'agit ici de la crainte d'un vol des pensées : rapt d'inconscient à inconscient dont la violence serait telle qu'elle détruirait la figure idéalisée de l'Auteur. L'hypothèse du rapt plagiaire ne traduit pas simplement le fait de se faire « voler » une idée, mais plus encore celle d'être emporté par une pensée autre qui vous dessaisit de manière radicale de toute identité. Ainsi, c'est Fliess qui accuse Freud, et qui porte à la scène publique le contenu du plagiat pour mieux affirmer qu'une idée lui a été volée.

L'accusation, telle que Fliess la formule avec véhémence, est claire et ne laisse aucun doute. Freud dans ce domaine ne peut évoquer que la coïncidence des pensées qui, sur la scène publique, sont l'objet d'un partage, même si cet emprunt de Freud se fait au prix d'une certaine liberté qui consiste à laisser s'exprimer l'espace de la scène analytique et son contenu. Il est vrai que se faire voler une idée par son analysant, lorsque l'analyste, Freud en l'occurrence, prétend au statut d'auteur, n'est pas chose facile. À cet égard Fliess aura bien été la figure du proto-analyste, qui écoutait et lisait chez Freud un patient trop bavard. Il demeure que ce silence affiché par Fliess, ou du moins cette distance qu'il entretenait à l'égard de l'exploration freudienne, le mettait quelque peu à l'écart d'une découverte que nous avons coutume d'appeler aujourd'hui l'autoanalyse. Cette mise à l'écart laissa place à la passion, au moment précis où quelque chose d'essentiel, qui avait pour nom bisexualité, fut touché : partage des sexes, tout aussi bien que mise en valeur d'une identité se présentant comme unisexuée ; valorisation de la différence tout autant que retour symbiotique à une Origine qui posséderait une valeur fondatrice.

Faut-il s'étonner que la sanction plagiaire, affichée à ciel ouvert, ait eu comme prétexte ce déni de la différence qui s'accompagne, c'est là le paradoxe, d'une ouverture à la scansion de la sexualité qui ne peut déterminer son « genre » ? Fliess, sur cette question de la bisexualité, protestait vivement pour avoir été le proto-analyste, sans doute trop silencieux, qui fut happé par le contre-transfert de la Lettre freudienne, et qui n'échappa pas aux enchantements de ce discours et à la puissance hystérique qu'il mettait en scène chez Freud. Sans doute Fliess voyait-il avec une certaine acuité, dont on ne peut négliger qu'elle fut violemment inconsciente, que cette question de la différence, à la fois entretenue et désavouée, recoupait l'invention de la psychanalyse et le dispositif bivocal que celle-ci met en place.

Fliess écoutait le long délire élaboratif de Freud. Il était fidèle à la puissance de l'autoanalyse et témoignait, à titre de destinataire de la Lettre freudienne, d'une écoute soutenue. Il était facile pour Freud, au nom de la création d'une science, de jeter ce proto-analyste par-dessus bord et d'invalider ainsi la naissance de la psychanalyse, dont on a vu qu'elle prenait la forme d'un lien narcissique très intense entre deux hommes. Le rejet était d'autant plus facile que la personne même de Fliess devenait l'incarnation du plagiat : être accusé de rapt introduisait, du côté de Freud devenu analyste, cette souveraine indifférence à l'égard de Fliess. En somme, la question du plagiat s'ordonnait chez Fliess à partir d'une accusation précise demandant que réparation soit faite, que le méfait trouve un entendeur qui déclare l'importance de la faute. Un tel discours suppose qu'un personnage, sur la scène publique, soit propriétaire de ses pensées, que son identité soit attestée par la locution dont il est l'énonciateur.

Mais Fliess ne se retrouvait pas uniquement sur cette scène publique, où les paroles obéissent à un échange transactionnel qui fait de l'énonciateur un sujet digne de ses énoncés, qui requiert une puissance que sa parole lui octroie. Fliess se retrouvait inféodé au récit psychanalytique que Freud constituait patiemment au fil de lettres et de manuscrits. Fliess se trouvait investi du pouvoir de la Lettre et de ses redoutables conséquences. Il devenait un destinataire-allocutaire qui pensait recevoir l'essentiel de la pensée freudienne, alors qu'il n'en était que le passeur, peut-être très proche en ce sens d'une réflexion précoce sur les avatars du contre-transfert. Mais ce contre-transfert, Fliess ne sut l'entendre, lui le proto-analyste, que sous le mode de l'accusation véhémente. Et Freud, satisfait d'une telle accusation, emprisonna Fliess au cœur de ce contre-transfert qui était agi brutalement avec pour seul prétexte le vol d'une Lettre.

L'Auteur est un Maître lorsqu'il prétend que sa paternité est incontestable. C'est ce que Freud ne put affirmer face à Fliess dès les fondements de la psychanalyse. Il y avait en Fliess une altérité indélogeable, qui le transformait en allocutaire commode parce que relativement silencieux. Voilà qui permettait à Freud de poursuivre son autoanalyse, de s'affecter de la correspondance par le truchement d'une écriture de soi. Cette affectation situe bien l'aporie de l'entreprise autoanalytique puisqu'elle fait de la correspondance entre Freud et Fliess la matrice d'écriture à partir de laquelle Freud put passer de la posture d'analysant à celle d'analyste. Tout entier hanté par le contenu de ses investigations théoriques, par le caractère énigmatique de ses rêves, Freud ne cessa de parler, par la voix de l'écrit, à Fliess. Il aura fallu le rapt plagiaire, revendiqué avec puissance par Fliess, pour que Freud soit lui aussi silencieux, qu'il comprenne, à son corps défendant, ce que le contre-transfert empruntait au royaume des ténèbres. Il n'en fut pas de même pour Freud face à Schnitzler. La figure de l'Auteur ne pouvait plus donner prise au rapt plagiaire, mais tout au plus à l'évitement. Schnitzler y tenait le rôle d'un Père dont la nombreuse progéniture, sous forme d'écrits, renvoyait Freud à la solitude de l'analyste qui ne peut faire de ses patients autant de copies conformes de sa propre analyse. Schnitzler n'existait, aux yeux de Freud, que par la puissance extrême d'un dessaisissement que faisait jouer la littérature

Le constat de la défaillance de l'Auteur noue cette relation complexe entre littérature et psychanalyse. C'est ce que comprend Freud lorsqu'il fait valoir que l'absence d'amour caractérise une expérience analytique dont l'ascétisme est un moment fort. Nous sommes loin ici de cette idylle que le créateur invente afin de revendiquer le témoignage amoureux de son public. Freud souhaite bien sûr cette reconnaissance. En témoignent les lettres de jeunesse à Emma, le fantasme du personnage-conquérant que représentent tour à tour Goethe et Charcot. L'imago de l'écrivain est celle du guerrier, ou du conquérant qui n'abandonne pas sa prise, qui refuse de laisser la psychanalyse au moindre passant qui en revendiquerait la possession. La psychanalyse sera l'affaire du seul Freud : les textes autobiographiques, notamment celui de 1925, indiquent ce souci d'affirmation autoréférentiel qui consiste à présenter la psychanalyse comme une histoire dont le sujet Freud est à la fois l'objet et le narrateur. Ce couplage, que favorise la passation autobiographique, est bien l'enjeu d'une narratique qui affirme et désavoue tout à la fois son statut discursif.

Freud est en effet appelé à témoigner in *præsentia*, au nom de la psychanalyse, dont il se réclame par ailleurs le père fondateur. Que l'insistance autoréférentielle, qui consiste à se déclarer Père de ses œuvres, se caractérise chez Freud par la validation historiographique du mouvement psychanalytique, voilà qui circonscrit une impasse quant à la genèse de cette narratique. L'auteur-écrivain dont Freud construit patiemment l'imago n'est pas soumis à semblable piège. Il n'est pas assujetti à la Loi référentielle qu'instaure la narratique. En somme, l'auteur-écrivain n'a pas à rendre compte, en témoigne la dimension problématique de l'histoire de cas chez Freud, d'un entendu qui deviendrait « matériau » d'écriture, pour tout dire, tombeau d'une parole assourdie de l'analysant que dissèque l'écrit. L'écrivain, figure magnifiée de l'auteur, n'a pas à rendre compte d'une fidélité à l'histoire psychanalytique, tout comme il n'a pas à justifier sa fidélité envers un micro-récit que représente l'histoire de cas du patient.

Le discours psychanalytique est ici contraint par la liaison transférentielle qui soumet un interdit de dire et qui envisage avec suspicion le passage à l'écrit. L'interdit de dire traduit l'interrogation que Freud ne cesse de maintenir face à la transposition/traduction de l'histoire de cas qui est l'assise du projet psychanalytique. Faut-il parler des patients en couchant la parole par écrit pour qu'elle obtienne ainsi une puissance didactique ? Freud ne cesse de ressasser cette interrogation qui lui fait éprouver un violent contre-transfert littéraire. Il en va de même pour l'écriture puisque Freud s'y affirme, malgré la détestation dont il affublait l'acte autobiographique, le narrateur légitime de sa propre histoire. Cette dernière acquiert une visée exemplaire puisqu'elle a pour rôle de rendre compte d'un fantasme d'autoengendrement qui rappelle étrangement le parcours de l'autoanalyse. Parler, pour mieux coucher par écrit cette parole, serait un acte de trahison. Mais cette trahison est déclarée nécessaire puisqu'elle justifie l'histoire du mouvement psychanalytique.

Le legs freudien

Schnitzler représente bien cette figure de l'Ancêtre psychanalytique dont Freud revendique avec force le témoignage. Être un Auteur, si l'on s'en tient à la posture qu'adopte Freud, permettrait d'accompagner le métier de psychanalyste. La correspondance, ce bref échange épistolaire que nouent Freud et Schnitzler, doit être contextualisée à plusieurs égards. Freud écrit à Schnitzler alors que l'existence du mouvement analytique n'est plus contestable. Nous n'en sommes plus à l'époque héroïque de la fondation du corps freudien. Cette précision a son importance puisque le fantôme de Schnitzler est convoqué sous un mode commémoratif. Freud, à l'occasion de ce bref échange dont il est l'initiateur, célèbre un anniversaire de naissance afin de mieux ponctuer le temps de sa vie.

L'échange épistolaire est ici une façon de se rappeler la puissance de l'éphémérité. De plus, l'échange épistolaire permet de convoquer ces fantômes si encombrants qui accompagnent la naissance de la psychanalyse. À l'encontre de Fliess, qui demeura ce rival fraternel justifiant la création passionnée de la psychanalyse, Arthur Schnitzler représentait un homme de lettres dont la puissance imaginative prenait la forme d'écrits. En somme, Schnitzler apparaissait de manière radicale aux yeux de Freud comme cet écrivain sachant transmettre un récit et tout à fait capable d'énoncer la singularité de l'inconscient. L'acte d'écrire à Schnitzler révélait un enjeu de taille puisque Freud se présentait à cette occasion comme un scientifique besogneux, sorte de détective ou d'archéologue à la recherche des indices du passé. Il y avait dans cette lettre offerte à Schnitzler une prise de parole fort paradoxale. Freud voyait dans la littérature cette évocation lumineuse de la vie inconsciente. De plus, l'évocation euphorique de la création littéraire laisse entendre, chez Freud, une envie à peine tempérée par l'exigence du métier de psychanalyste.

Ce n'est pas seulement que Schnitzler sait écrire, qu'il maîtrise plus que tout autre l'art du récit. Dans ce domaine, Freud n'est pas un sujet désarmé. Ce que j'appelle le spectre des œuvres complètes de Freud représente bien le pouvoir et la puissance d'une pensée acharnée à favoriser la transmission de son savoir. Il reste que l'écriture, ainsi que Freud l'envisage, est la source d'un paradoxe dont nous n'avons pas fini de mesurer les effets. Écrire, la passion freudienne pour une pensée qui peut être saisie par la Lettre le démontre, c'est d'une part rendre compte de l'expérience de soi. Mais l'acte d'écrire suppose de plus un truchement obligé que représente la figure idéalisée du destinataire. Fliess, tout autant que Schnitzler, fut le destinataire de la Lettre freudienne. Si l'échange épistolaire avec Fliess prit la forme tumultueuse d'une passion qui donnait corps à la psychanalyse, c'est qu'il était rêvé par Freud que cette dernière trouve sa « voix ». Le récit de cette découverte supposait, de la part de Freud, le « don » de manuscrits qui tentaient de saisir au vol le déploiement d'une pensée fulgurante obéissant de plein droit aux exigences souveraines du processus primaire. Faut-il s'étonner que la correspondance avec Fliess, par la précipitation angoissée qu'elle laisse entendre à tout moment, tente de reproduire l'immatérialité de la voix ? À l'encontre de l'écriture, qu'elle soit patiente élaboration théorique ou mise en jeu de la fiction, la voix ne connaît pas de destinataire autorisé. C'est sans doute la seule certitude dont la psychanalyse peut s'autoriser.

Si Fliess incarne à son corps défendant la figure d'un proto-analyste soumis aux charmes du contre-transfert, il n'en va pas de même avec la figure d'Arthur Schnitzler. L'écrivain serait le détenteur d'un redoutable trésor qui échappe à l'emprise du psychanalyste. La source imaginative que favorise la création littéraire est cette pure fulgurance de la Lettre qui désigne à qui veut l'entendre la paternité du scripteur. Freud, nous avons eu l'occasion de le constater, reste désarmé devant ce prodige qu'évoque la chose littéraire. Il y a en effet une différence notable entre l'écoute renouvelée de la parole des patientes hystériques et l'inscription de la Lettre du corps sous la forme d'un livre. Freud envie ce talent à Schnitzler. Il ne peut ni le voler ni même l'imiter, alors que cette tentation inconsciente caractérise, entre autres, l'enjeu de la correspondance entre Freud et Fliess.

Freud ne peut somme toute que rêver un récit incarné par la puissance de la Lettre hystérique. Il s'agit bien du temps de la jeunesse de Freud, de cette croyance en une réelle vertu thérapeutique que la cure pourrait favoriser. Ce temps de la jeunesse est de plus l'occasion d'un parcours héroïque qu'il nous est possible de contempler lors du bref échange épistolaire avec Schnitzler. Vieillir est, semble-t-il, le prétexte d'une saisie commémorative qui permet à Freud d'instituer la puissance du récit. Ce dernier représente en effet une armature narrative qui peut attribuer une valeur de symbolisation au temps. En somme, l'énonciation que requiert le discours romanesque est à la fois consécration de l'éphémérité et pétrification de la temporalité.

Écrire, l'œuvre de Schnitzler telle que la perçoit Freud en est un exemple, c'est avouer cette durabilité de la littérature, qui ne s'efface pas aux yeux du sujet énonciateur. L'éphémérité, pour le psychanalyste vieillissant qu'est Freud, et qui s'adresse à cet Ancêtre autoanalytique que figure Schnitzler, peut être magnifiée par l'écriture et le récit qui en trace les pourtours. Il reste que cette question du récit ne cesse de tenailler Freud dès les premiers moments de la création de la science psychanalytique. C'est que le récit souscrit à un protocole discursif qui attribue au langage une valence réparatrice. La diégèse est de façon très précise ce truchement qui permet de créer une temporalité seconde grâce à laquelle l'éphémérité peut être énoncée. C'est ce que perçoit Freud lors de sa brève correspondance avec Schnitzler.

Mais si nous revenons aux temps premiers de la psychanalyse, force est de constater que la mise en scène du récit n'obéit pas à cette implacable logique. Freud, tout comme Breuer, perçoit dans l'hystérie cette intrusion d'un récit manifeste dont l'érogénéité est patente puisqu'elle camoufle avec rigueur un contenu refoulé. Nous retrouvons ici une perception conservatrice du projet narratif puisqu'il s'agit de lever l'impasse qui accompagne ce refoulé. En somme, le récit de l'hystérique représente de façon idéale cette matrice signifiante à partir de laquelle le psychanalyste pourra intervenir. Rompre la puissance interdictrice du refoulement, telle est alors la fonction de cette « narration dépuratoire[7] » qui possède un rôle quasi cathartique. Mais Freud perçoit avec une acuité remarquable que le récit n'est pas la contenance incarnée magiquement par ce destinataire qu'est l'analysant.

Si la patiente hystérique prête son corps à la diction narrative du thérapeute, c'est qu'elle perçoit dans une telle mise en scène l'aveu imprudent d'une séduction. Ce que l'on nomme les équivoques du contre-transfert trouve ici sa véritable signification. L'hystérique, on le verra plus loin de façon détaillée, est la contrepartie du désir de l'analyste lorsque ce dernier se fait bavard. Le récit partagé par le thérapeute et sa patiente devient l'aveu à peine différé d'un corps à corps pour lequel la « narration dépuratoire » est un exercice commode. Il faudra en somme expulser la charge érogène — et traumatique — qui entrave la fonctionnalité du récit afin d'obéir à cet impératif cathartique que revendiquent Breuer et Freud. Si l'hystérique se love amoureusement dans les plis du récit qu'elle se plaît à créer, c'est qu'elle fait du thérapeute cet investigateur acharné à retrouver les traces et les indices d'un inconscient dont le dévoilement serait souhaité.

Ne faut-il pas envisager, à l'encontre de cette conception canonique de l'identité narrative, une perspective plus radicale ? Le récit ne serait plus le contenant d'une vérité pulsionnelle dont il s'agirait de favoriser l'énonciation. Pas plus qu'il ne représenterait cette médiation nécessaire permettant de dire l'inconscient et justifiant la nécessaire cohabitation de l'analyste et de l'analysant. Comme on le constatera au cours des pages suivantes, cette cohabitation est funeste puisqu'elle fait du récit un socle identitaire qui fonde l'énonciation de la cure. Breuer, en ce domaine, fut certes imprudent. Et Freud, tout entier consacré à la passion de sa découverte, sut mieux voir qu'entendre.

C'est que le récit de l'analyse n'est pas un témoignage, pas plus qu'il n'a pour fonction d'identifier un destinataire, ou encore un allocutaire qui serait le porte-parole de la voix de l'inconscient. Le récit, dès lors que l'analyste se met à écrire, n'est pas le témoignage d'un manque-à-dire qui obéit à un exercice comptable. Pour le formuler autrement, la tâche de l'analyste n'est pas de répertorier, puis de classifier patiemment ce qui appartient au monde nocturne de l'oubli.

7. Sigmund Freud et Joseph Breuer (1895), *Études sur l'hystérie*, Paris, Presses universitaires de France, coll. « Bibliothèque de psychanalyse et de psychologie clinique », 1971, p. 25.

Voilà pourquoi l'enveloppe du récit de soi ne laisse paraître que le derme cicatriciel de blessures passées. Celles-ci sont autant de témoignages, de scénarios, de traumatismes, de cauchemars qui ont pu être dits et acquérir le statut d'inscription signifiante. Mais le récit de soi, s'il n'est pas, pour l'analyste, cette comptabilité du manque-à-dire, n'est pas non plus, chez l'analysant, cette jouissance du manque-à-dire qui se transforme en péroraison narcissique.

Voilà pourquoi la question du récit, abordée de manière directe dès les fameuses *Études sur l'hystérie*, est au cœur du propos analytique. Freud aura saisi qu'il n'était pas possible de faire référence à l'histoire du traitement psychanalytique sans envisager du même coup l'introduction de la narration. Il aura saisi que la description symptomatique prônée par un Janet ou encore un Charcot obéissait à un ordre purement descriptif qui rappelait l'histoire de cas, mais qui faisait appel à l'insu de la fiction sous un mode ambivalent.

L'écriture chez Freud ne fut pas, au contraire de l'affirmation déconstructiviste, cet abandon total de la référentialité canonique de l'histoire de cas. Il y a chez Freud un legs narratif, fort bien analysé par Roy Schafer, qui prend naissance dans cette volonté de rapporter le discours de l'Autre et de lui attribuer une référentialité soucieuse de la singularité de la reconstruction analytique. On pourrait parler à cet égard d'un véritable attachement narratif à l'objet-patient, dont il s'agit d'épouser au plus près la structure psychique. Si Freud, dans les *Études sur l'hystérie*, avoua l'importance des ressources imaginatives du créateur afin de mieux cerner la description de l'étiologie de l'hystérie, c'est bien parce qu'il se trouvait aux prises avec une narratique désuète dont il lui fallait éprouver le trépassement. Le recours avoué à la forme romanesque ne correspondait pas seulement au désir de métamorphoser le corps de Fraülein Elisabeth von R. ou de Dora. Le projet freudien était d'une plus grande ampleur : il s'agissait d'abandonner une description synchronique de la psychopathologie, d'atténuer l'importance quantitative qui consistait à décrire les symptômes de la maladie, de relativiser le facteur traumatique afin d'envisager la dimension dynamique de la structure psychopathologique.

Freud aura fait appel à la fiction, dans le contexte précis que représentait la modernité européenne de la fin du XIXe siècle, parce qu'il voyait dans la référentialité neuropathologique un masque commode qui camouflait l'inconscient. Cette exigence de traduction, et cette « infidélité » que ne cesse de nourrir l'emploi de la narration psychanalytique, revient sans cesse chez Freud. Il s'agit de trouver un biais grâce auquel l'analyste pourra parler des patients sans trahir l'analyse. Cette dernière inscrit une narrativité dont la dimension fictionnelle est patente puisqu'il est bien difficile de définir ce qui différencie le vrai du faux, le vraisemblable du persuasif, la reconstruction de la simple transposition. Freud aura saisi que la reproduction analytique n'a pas la fidélité d'une impression photographique et que toute tentative de restauration de l'objet psychique est impossible. La métaphore archéologique qui accompagnait l'investigation de Freud était aussi, ne l'oublions pas, une métaphore. Le récit n'est pas d'emblée l'objet d'une matérialisation textuelle. Il n'existe pas, pour ce qui concerne l'exercice analytique, d'archives permettant de lire le Livre sacré de l'inconscient. Toute narration est pour cette raison condamnée à l'incomplétude et à l'indicible. Ce manque-à-dire auquel je faisais référence un peu plus tôt peut être colmaté — et comblé — par la puissance organisatrice du récit. L'analyste n'y échappe pas quoi qu'il en dise puisque la parole crée les pourtours d'une temporalité grâce à laquelle il pourra se faire entendre.

Que le silence soit au cœur du processus analytique ne change rien à cette temporalité que la voix inaugure. À moins de préciser que la voix, témoignage vivant d'une oralité qui échappe à l'organisation séquentielle du récit, est le matériau premier de l'analyse. Freud écrit à Schnitzler pour faire part de son vif désenchantement envers la littérature, dont il espère qu'elle soit un objet d'amour. Mais la psychanalyse tout comme le récit qui soutient précieusement le secret de « l'inspiration » littéraire sont avant tout la source d'un patient labeur. Écouter la voix de l'inconscient, ce n'est pas succomber au vertige d'une révélation enchanteresse. La psychanalyse n'est pas ce miroitement narcissique de la connaissance de soi. Il faudra que Freud rencontre Schnitzler afin que l'amour de la Lettre se traduise par une brutale fin de non-recevoir. Il n'en est pas de même à l'occasion de l'écriture des *Études sur l'hystérie.*

L'écriture de l'analyste est-elle ce mouvement singulier qui traduit une double entrave dont la narration demeure la forme problématique ? Cette appropriation narrative, qui caractérise l'émergence du récit de l'analyse, est d'abord la marque d'un Grand Récit tel qu'a pu le concevoir Lyotard. La science psychanalytique, c'est le cas des *Études sur l'hystérie,* se construit à partir de l'aveu d'une narration dont les failles et les cassures peuvent être entendues. En somme, la « narration dépuratoire » qui inaugure l'entendement se veut magique, pour tout dire performative.

À cet égard, le récit de cure correspond à un protocole sémiologique dont le patient est la figure rétive mais toutefois discernable. La censure, si elle s'exerce, trouve matière à expression grâce à la formidable résistance qu'exprime le patient. On peut d'ailleurs interroger le leurre imaginaire qu'introduit cette fabuleuse résistance à partir de laquelle il serait possible de fonder un récit de cure. Le patient est ici un Idéal puisqu'il offre au maître-thérapeute le fil rouge des associations qu'il faut transcrire. Ce moment singulier que représente la

« naissance de la psychanalyse », et dont les *Études sur l'hystérie* indiquent le parcours, ordonne une interprétation dont la violence est patente. Il s'agit de quérir la parole de l'analysant pour en extraire une signification qui est garante de l'identité narrative de l'analyste.

L'écriture, à l'instar du récit de cure, est donc soumise à l'ordre du discours qui impose un constant remaniement des paramètres de la narration, surtout lorsqu'il s'agit de définir le passage de « l'oralité » à « l'écriture ». Que la parole en analyse soit un discours dont la scansion n'est pas soumise à l'écrit, nul ne le contestera. Mais faut-il penser que cette parole échappe à une « mise en récit » qui détermine la singularité du discours analytique ? Freud, dans les *Études sur l'hystérie*, considère que la parole de l'analysant est un récit. Faut-il alors continuer à affirmer que le régime de la parole en analyse est cet espace hors-discours que violenterait toute intrusion narrative ? N'est-elle pas singulière cette censure qui envisage avec circonspection l'idée que l'analyste soit à sa manière un énonciateur soumis aux lois d'un régime narratif qui caractérise, de façon bien différente évidemment, l'intervention thérapeutique et l'acte d'écriture ? La pensée psychanalytique n'est-elle pas aussi une narration qui décrit de façon explicite les émois et symptômes des patients analysés ? Cette narration est une table d'écriture qui offre au regard une symptomatologie pour mieux en déceler le sens caché. Comment dès lors penser ce régime narratif qui recourt à la fiction d'un narrateur omnipotent pour mieux instaurer la rigidité d'un personnage autoritaire : maître-thérapeute dont la sanction serait décisive ? Freud, notamment dans les *Études sur l'hystérie*, fait intervenir cette manipulation ambiguë de l'écriture. L'analyste est ce scripteur qui peut défaire la trame inconsciente du récit offert par l'hystérique. L'interprétation traduit, chez Freud, une véritable performance qui consiste à donner « voix » au symptôme.

Si l'on s'en tient à cette perspective, l'écriture représente une performance orale qui fait l'objet d'une transcription sous la forme du récit de cure. L'écriture figure un pli externe grâce auquel la narration se déploie. Mais il n'est pas si sûr que la saisie de l'objet psychanalytique corresponde à cet enjeu déclaré. L'écriture doit en effet incarner le pouvoir tout-puissant de la raison, affranchir l'inconscient de sa prétention déraisonnable à oublier les sédiments qui en forment la géologie. La censure psychanalytique ordonne la « mise en récit » : il est présupposé que « l'oralité » de la cure permet une juxtaposition du sujet de l'énoncé et du sujet de l'énonciation. Cette posture caractérise un discours qui fonde l'énonciation de « l'intime » (ce « secret » oral est offert à l'analyste) pour mieux éloigner la contamination de l'écriture. En somme, l'oralité de la cure suppose une malléabilité de la parole. Que celle-ci soit un formidable lieu de résistance, ainsi les *Études sur l'hystérie*, auxquelles je reviendrai un peu plus loin, il n'en reste pas moins que le leurre imaginaire que cette idéalisation de la cure favorise se constitue au détriment de l'écrit. Qu'a-t-on pu médire et redire au sujet de l'écrit (surtout celui de l'analysant...) lorsqu'il est fait référence à l'objet psychanalytique... L'écriture serait d'abord, du point de vue théorico-clinique, un empêchement, ou un redoublement (une copie) de la parole qui rappelle à tous égards ce que l'on a convenu d'appeler, il y a déjà longtemps, « la » psychanalyse appliquée. Qu'ils seraient gênants ou embêtants, ces analysants qui se mêlent d'écrire à propos de leur cure, avec cette satisfaction affichée qui est l'aveu d'un défi jeté à l'analyste ! Celui-ci peut bien demeurer silencieux afin d'ignorer cette scène d'écriture, il n'en reste pas moins qu'il sera contraint par ce récit que le psychanalyste préférera considérer comme un résidu impur de la réalité externe.

Je suggère ici que la psychanalyse se constitue parfois dans un véritable mouvement phobique qui vise à domestiquer la Lettre en la restreignant à ce « hors-cure » dont la psychanalyse appliquée est la commode figure. La censure psychanalytique qualifie-t-elle cet évitement du récit qui caractérise aussi bien le régime de la cure que sa représentation culturelle ? L'expérience analytique n'est certes pas un récit si l'on entend par là la reconstitution fidèle d'un « préentendu » dont le narrateur-analysant serait l'énonciateur privilégié. Il est vain en effet de s'imaginer que la narration de l'expérience analytique s'autorise tout naturellement à parler d'un récit de soi. Il y a là un fantasme dont le caractère grandiose recoupe la mise à l'écart de l'analyste, qui apparaîtra dès lors comme un personnage « de trop ». S'écrire serait en somme l'équivalent de s'analyser en l'absence d'un Autre dont l'inutilité définirait la posture de l'analyste. Ce dernier ne peut cependant se concevoir comme le récipiendaire autorisé d'un récit qui lui serait destiné, à moins de devenir un destinataire complaisant, un témoin convoqué afin de valider un assourdissement interprétatif dont il est l'agent indiscret. L'expérience analytique est plutôt ce récit qui défait les liens trop bien noués d'une histoire dont l'énonciateur s'est absenté. Entre la conduite de la cure, qui refuse toute forme de pétrification narrative, et le récit, qui trame son écriture rétrospective, il faut donc concevoir un « imaginaire » de la narration psychanalytique.

Si le transfert est la source chez l'analysant d'une étrangéité interne, ne faut-il pas ajouter l'existence d'un contre-texte à partir duquel le corpus freudien est lu et interprété ? Quelle est alors la signification de ce contre-texte qui rencontre la Lettre de l'écrit : le processus analytique est-il si différent de la scansion qu'introduit cette Lettre ? En somme, faut-il continuer à percevoir l'analyste comme un interprétant qui reçoit un discours pour mieux en dévoiler la signification cachée ?

C'est une fiction herméneutique bien commode qui affirme que l'analyste trie un matériau psychique dont la richesse suscite la passion interprétative. Le contre-transfert est au contraire cette contestation de l'interprétance. Face au texte, il n'est de réponse qui tienne que dans l'anonymat radical qu'impose la lecture. Face à l'analysant, il n'est de silence qui vaille que pour une temporalité qui ignore le pacte conversationnel qui fonde le passage des jours. Quant au contre-texte, ne s'oppose-t-il pas au silence obstiné des institutions analytiques lorsqu'elles refusent le pouvoir de la Lettre ? Freud, à sa manière, n'aura pas échappé à ce dilemme. Les *Études sur l'hystérie*, qui déterminent ce pouvoir curatif de l'écriture et qui discernent « l'objet de l'inconscient », en font foi. Il est étrange par ailleurs de se référer à « l'objet de l'inconscient » comme s'il était possible d'attribuer à ce dernier un champ d'application, un panorama qui suscite l'investigation. Freud, c'est ce qui le sépare de Breuer, aura été à la fois séduit et terrifié par ce pouvoir de la Lettre. La « narration dépuratoire », revendiquée par Breuer dans les *Études sur l'hystérie*, rend compte de la force pulsionnelle que sous-entend l'écriture.

Demeure cette censure originaire qui nourrit et interdit le corpus psychanalytique pour mieux poser un legs, un successeur problématique. L'énoncé de cette censure pourrait être : « Tu n'écriras point. Tu n'écriras point à la suite du Père dont le dogme — sous forme de croyance — impose d'incorporer un savoir et non pas de l'expérimenter au vif de la clinique. » Un tel propos présuppose que la clinique n'est pas un objet culturel, sa signification matérialisée sous la forme de « réalisations » qui prêtent à l'inter-dit et au « travail » analytique. J'envisagerai donc le contre-texte comme une mise à l'épreuve du silence obstiné qui reprend le corpus freudien, le répète, le sanctifie. Est-il étonnant que l'écriture de l'analyste, en somme son récit, se défasse si difficilement de l'idéal héroïque freudien ? Va encore pour l'écriture théorique qui aime follement la Lettre freudienne et qui s'amène armée de l'arsenal métapsychologique qui donne assurance. Mais qu'arrive-t-il lorsque le scripteur-analyste abandonne cette posture maniaque qui lui impose de maîtriser l'objet théorique ? L'écriture n'est-elle pas ce processus discursif où le contre-texte est toujours violemment éprouvé ?

Il ne faut pas s'étonner que la psychanalyse suscite une telle emprise passionnelle dans les communautés psychanalytiques qui se déclarent légataires du corps-écrit freudien. A-t-on oublié que la psychanalyse fut d'abord l'affaire d'un seul ? Autoanalyse, a-t-on souvent rappelé à propos de l'anamnèse freudienne. L'imaginaire de la théorie psychanalytique est né de ce fantasme héroïque : Goethe, Charcot symbolisent autant de figures qui justifiaient chez Freud un violent désir de conquête afin de soumettre l'insu à la force persuasive du

« réel ». Pour ces raisons, l'Autre ne pouvait qu'être malvenu, sinon malmené : Fliess, Tausk, Jung, Ferenczi... L'histoire de la pensée freudienne est riche de ces malentendus qui se constituent par le recours à une scène d'écriture dont le partage demeure problématique. Pourtant, la théorie psychanalytique s'est construite comme la mise en scène soutenue d'un entendement.

Que l'autoanalyse freudienne se soit poursuivie à travers la trame d'une intense correspondance, notamment avec Fliess, voilà qui est riche de conséquences si l'on adopte le « modèle », soumis à titre d'hypothèse, d'une analyse poursuivie par l'écriture. À moins de préciser que l'autoanalyse, chez Freud, se devait d'être « fictionnalisée » par l'écriture. Cette hypothèse, qui fait éclore la *phantaisie* d'une « théorie » psychanalytique échappant au pouvoir de la rationalité, suppose que l'écriture est un processus. En somme, l'écriture freudienne permit de construire l'investigation psychanalytique au prix d'une fiction théorique dont nous sous-estimons encore les effets. Méditons cet étrange paradoxe : Freud fonde la psychanalyse alors même qu'il est « saisi » par une écriture théorique qu'accompagne la correspondance. Cette dernière est pour Freud le lieu privilégié d'une rencontre avec la Lettre. Freud écrit bien sûr à Fliess. Mais la relative stabilité des destinataires qui donnent matière à la correspondance camoufle peut-être ce double dont la figure emblématique est l'inquiétante étrangeté. La littérature serait-elle cette proto-analyse dont Freud aurait été le patient privilégié ? On retrouve encore une fois cette figure du « double » qu'incarna Arthur Schnitzler et qui trace les contours psychanalytiques du « littéraire ».

Certains trouveront l'affirmation radicale. Comment peut-on oser faire de Freud un analysant, le coucher sur le divan de la Lettre ! La table d'écriture sur laquelle Freud pouvait composer à loisir son livre égyptien *L'interprétation des rêves* représenta peut-être ce divan : un lieu fécond d'associations, de révélations de l'insu. L'idéal faustien chez Freud concerne la passion « écrite » de la découverte. Faust représente ici la figure d'un narcissisme positif, soumis à la passion de la vérité. Méphistophélès méconnaît ce savoir puisque le pacte qu'il échafaude échappe à l'entendement des mortels et interrompt la durée qui fonde l'avènement du discours. La psychanalyse, parce qu'elle est une « science » de la signification non advenue, est à la fois fascinée et anéantie par l'ampleur de ce pacte. Le statut ambigu de la *neurotica* en témoigne : affirmation d'un Originaire qui échappait à la dégradation temporelle par l'aveu d'une séduction archaïque. Mais Freud abandonna la *neurotica*... Nous rencontrons ici le mythe de la Crise, de la répétition de la fin qui agit avec violence le discours culturel contemporain. Freud, fidèle disciple de l'*Aufklärung*, ne pouvait accepter cette défaite de la pensée. Si la *neurotica* ne pouvait être prouvée, ou encore, si sa certitude était trop évidente, il fallait l'abandonner...

Il fallait en somme détruire l'objet de l'adoration théorique pour mieux écrire le Livre de la science psychanalytique. Cette pérennité de la « connaissance psychanalytique » est lourde de conséquences. En ces parages, je ne suis pas sûr que la référence faustienne soit adéquate. Il ne s'agit plus seulement de reconnaître le désir de connaissance qui crée l'imaginaire théorique du projet psychanalytique. L'abandon de la *neurotica* instaure une brutalité à peine camouflée comme si le poids du « réel » devait être abréagi sur la scène théorique. Si Freud croit retrouver chez ses patientes l'exercice d'une séduction paternelle, l'abandon de la *neurotica* suppose un violent déracinement de la scène d'écriture. Il a souvent été écrit que l'emprise de la *neurotica* encapsulait la croyance en un réel traumatique pour mieux négliger la labilité du fantasme. La psychanalyse naît alors que le « réel » traumatique est contesté au profit d'une fictionnalisation qui rappelle à certains égards la littérature. Osons dire les choses de façon plus radicale. Si la psychanalyse existe, c'est au prix de cette insoutenable torsion qui l'amène à piéger le récit là où il croit se constituer. Il n'y a pas plus de « récit de la psychanalyse » que de « psychanalyse appliquée » si l'on évoque la construction d'une convention narrative dont l'énonciation de soi pourrait se proclamer garante. N'est-ce pas un des impensés de la psychanalyse que d'ignorer parfois cet effet-récit qui prétend offrir une compréhension spontanée de l'inconscient ? La découverte, je devrais dire le moment de la découverte psychanalytique advient lorsque l'enveloppement du récit fait défaut.

La Lettre sur le divan

Que le récit dévore l'analyste, qu'il anéantisse le sujet-scripteur, à moins qu'il ne devienne précisément ce qui séduit l'analyste, ce qui l'oblige à prendre à la lettre le « sens » de la cure pour mieux déterminer un discours, voilà ce qui est si radicalement intenable dans le travail littéraire qui prétend transmettre l'expérience psychanalytique. Tout se passe comme si la fiction, ou très précisément l'impossibilité du passage à la fiction, était énoncée au prix d'un extrême malaise. Le secret de la cure n'est posé que pour être transgressé ; le cadre de séance n'est instauré que pour être brutalement rompu. De façon assez paradoxale, l'analyse fonde à cette occasion un récit qui acquiert la forme d'un *agir* magiquement colmaté grâce à l'écriture.

Voilà donc un fantasme de taille aux manifestations diverses lorsqu'il s'agit d'envisager les pourtours du récit de l'analyse. L'*agir* devient l'objet de l'écriture, sa scansion interne. Et l'étrange aveuglement qui parcourt l'écriture, dès qu'il s'agit de transcrire discursivement l'expérience de l'analyse, méconnaît l'élaboration culturelle qui crée le récit. Ainsi, Freud, lorsqu'il « raconte » le « cas Dora », à moins qu'il ne s'agisse de l'Homme aux rats, ne peut éviter « d'entendre » à son corps défendant les failles du récit qui énoncent *in absentia* la « réalité » de la cure. Nous rencontrons alors une exigence récitative d'autant plus insistante qu'elle prétend rendre compte de « l'objet » de la séance. En fait, cette incomplétude du récit, Freud ne cessera de l'étudier pour mieux préciser les points de rencontre entre l'inconscient et sa représentation. Des *Études sur l'hystérie* à *L'interprétation des rêves*, un projet narratif s'élabore qui donne « voix » à l'inconscient. Alors que les *Études sur l'hystérie* obéissent encore à un protocole qui relève de l'investigation dite médicale, l'autoanalyse, que Freud élabore dans *L'interprétation des rêves*, fonde un tout autre projet. Il s'agit bien, ainsi que je le proposerai lors de l'étude du rêve « Père, ne vois-tu donc pas que je brûle ? », de la création d'un récit posthume, car la narration ne prétend plus cerner l'histoire de la maladie des patientes que Freud accueillait au moment de la rédaction des *Études sur l'hystérie*. Au contraire de cette perception vitaliste du récit de cure, qui obéit de façon mimétique au protocole hystérique, le rêve « Père, ne vois-tu donc pas que je brûle ? » témoigne d'un impossible retour sur soi que le travail d'écriture condamne à l'échec. Voilà sans doute le premier paradoxe qui caractérise l'écriture freudienne et structure l'un des tabous les plus scrupuleusement observés dans le champ analytique : il est interdit d'altérer l'espace de séance par une écriture qui en corromprait « l'aura » au prix d'un passage à l'acte qui justifierait un discours tenant lieu de « parole » rapportée.

Interrogeons à nouveau ce vacillement de l'identité narrative qui prend la forme d'un étrange *agir* littéraire. Chez Freud, un projet discursif est à l'œuvre qui hystérise la parole féminine pour mieux en faire l'objet d'un récit. Freud propose un protocole énonciatif lorsqu'il doit définir le rôle de la *Krankengeschichte*. Ces « histoires de vie » décrivent un événement dont le témoignage analytique est l'argument fondateur. S'agit-il alors d'être le scribe-analyste d'une parole qui serait, sans l'intervention d'une table d'écriture, condamnée à l'effacement ? Un tel projet identificatoire tenaille le récit freudien et avoue son caractère symptomatique. Le récit de cure obéit à une logique mimétique, reproductive. Le patient existe par la symptomatologie qu'il contribue à mettre en scène, et l'analyste est présent pour accueillir cette parole sinon condamnée à l'oubli. L'identité narrative qui est au cœur de la découverte freudienne n'oppose-t-elle pas l'hystérisation de la parole féminine à la parole héroïque du scientifique ?

On a mis en relief chez Freud ce fantasme héroïque qui l'institue conquérant, explorateur selon la ligne de partage qui distingue l'inconscient de la réalité externe. Pourtant, on sait aussi l'importance du fils-revenant dans *L'interprétation des rêves*. La supplication « Père, ne vois-tu donc pas que je brûle ? » peut à cet égard être entendue comme l'expression de cette faillite de la fonction paternelle, qui ne peut instaurer un récit. Si, du côté des femmes, l'écriture se déploie sans cesse, si le roman freudien de l'hystérique donne jouissance au scripteur qui peut phalliciser la vérité thérapeutique et l'introduire au cœur du récit, il en va autrement du récit posthume, qui bute sur cette étrange rupture de la filiation représentée par l'absence de père. Le motif manifeste de *L'interprétation des rêves* interroge en effet le travail du deuil, qui amène Freud à instaurer un fantasme héroïque qui rejoue la mort de Jakob. Il n'y a de ce point de vue d'autre solution, à l'instar du fragment « Un trouble de mémoire sur l'Acropole », pour rêver ce qui échappe à l'entendement : la mort du père. N'est-il pas étrange que l'imploration « Père, ne vois-tu donc pas que je brûle ? » instaure, sous le prétexte du décès du fils, une scène perceptive particulièrement riche où la « disparition » du père inconsolable prend tout son sens ? Pourtant une certaine « sévérité » freudienne rejette la séduction de l'image (le *Moïse*) pour mieux faire des pouvoirs du langage — et du renoncement aux pulsions — la condition essentielle de « l'entrée » dans la culture. Mais le fantôme du Père mort — ou sa contrepartie qu'est l'infanticide — ne cesse de revenir dans l'écriture de Freud sous la forme d'un *agir* scripturaire dont il me semble nécessaire d'interroger la constitution.

Sous la figure commode du Père mort, ne retrouvons-nous pas encore une fois l'aveu d'une superstition : voir le père mourir, être prié de fermer les yeux/un œil, n'est-ce pas contempler, avec l'effroi que l'on imagine chez Freud, la sanction non différée de sa propre mort ? Écrire *L'interprétation des rêves*, n'était-ce pas justement l'impossible tentative de perlaboration d'un travail du deuil ? À moins d'y voir l'aveu d'une indulgence reconnue. Le rêve « On est prié de fermer les yeux/un œil » permet de reconnaître une dette impayable. Un tel parcours instaure, à travers les dédales de la sanction œdipienne, les défaillances du père et du fils. Faut-il reconnaître, au delà de la figure du Père mort, un refoulé « féminin » agi dans l'écriture ? Qu'il s'agisse de la *matrem nudam* chez Freud, des mariages successifs de Jakob, qui se trouvait moins en position de père que de légataire du signifiant parental, le motif de la féminité traverse l'œuvre freudienne.

On le constate : la métaphore archéologique freudienne qui décrit l'exhumation de l'inconscient est insuffisante. Certes, la Lettre freudienne ne saurait tolérer aucun ensevelissement. Mais *L'interprétation des rêves* n'obéit pas à une telle logique. Il n'y est pas question du recel de la Lettre, de son masquage protecteur à la suite d'une opération d'enfouissement qui rappellerait quelque forme de magie incorporante. Si le hiéroglyphe égyptien est le témoignage d'un passé révolu, il ne perd pas pour autant sa pertinence discursive. En somme, le signifiant du rêve n'est pas caché au sujet qui s'affaisse nuitamment dans la contemplation de son univers onirique : cette Lettre, au contraire, scintille de son plus vif éclat. Que l'intertexte freudien ait cependant fait jouer avec insistance ce tressage de la découverte et de son enfouissement, voilà qui nécessite par ailleurs une remarque complémentaire. À l'instar des propositions de « Construction dans l'analyse », le désir de restauration de l'objet culturel ne peut être prétendu authentique. Nous sommes ici dans l'obligation de retourner à Freud cette sorte de spontanéité souveraine qu'il attribuait à l'artiste. Si ce dernier, tel que le perçoit Freud, n'ignore pas la faculté de jouer et valorise ainsi la fonction du Moi-plaisir, il faut ajouter que la trace laissée par le scripteur (sa signature) n'est pas condamnée à l'effacement. Un tel projet ne correspond pas, on s'en doute, au modèle de « l'ardoise magique », dont de nombreux théoriciens ont pu faire l'*exemplum* de la table d'écriture psychanalytique. Voilà en effet le rêve essentiel de la psychanalyse, un rêve rationnel empreint de conquête métapsychologique. L'écriture, trace d'un frayage mnésique, est le représentant d'une représentation. À privilégier un tel parcours, le « passage à l'écrit » devient la conversion signifiante d'un inconscient inscrit spontanément dans le champ discursif. Que l'expression de l'inconscient soit un leurre qui introduit brutalement la figure d'un sujet vitalisé, voilà encore un présupposé de taille dont il faut se prémunir. Mais faut-il pour autant se contenter d'affirmer la primauté de la Lettre et sanctifier une énonciation impersonnelle ? À tenir ce discours, l'analyste interpréterait à partir d'une étrangéité interne le destituant comme sujet.

De façon assez semblable, le scripteur de l'inconscient serait innocent de ce qui le promeut soudainement sujet face à une table d'écriture. L'écriture n'est donc pas seulement cette déperdition essentielle que Pontalis rencontre chez Perec. Pontalis écrit à ce sujet :

> Mais comme elle est proche cette mémoire, du *Je me souviens* de Georges Perec, ce patient scripteur de l'effacé, cet inlassable chercheur des traces de l'absence qui s'astreint à composer tout un livre sans utiliser la lettre la plus indispensable, la moins *interchangeable* de notre alphabet. (Quand je pense que nos critiques les plus avisés n'ont vu dans ce livre de la mère disparue qu'un exploit, qu'un exercice de style [8] !)

Certes, l'attrait de la disparition, de l'effacement, n'est pas négligeable chez Perec, mais ne faut-il pas de plus souligner l'incroyable acharnement scripturaire qui donne source à l'écrit ?

On comprend que, face à cet acharnement scripturaire, le psychanalyste soit surpris. Comment peut-il en être autrement alors que son

---

8. J.-B. Pontalis, *La force d'attraction*, Paris, Seuil, coll. « La librairie du XXe siècle », 1990, p. 98.

analyse puis sa formation l'ont amené à entendre d'une oreille sourcilleuse tout ce qui est sédimentation d'un avant-discours rationnel, d'une intentionnalité discursive ? Sans qu'il le désire nécessairement, le psychanalyste — c'est sans doute sa seule pertinence contemporaine — est placé dans la position mythologique du conteur. Entendons-nous sur la signification attribuée à un tel mot : il ne s'agit pas de percevoir dans le parcours du conte la mise en scène d'un dessein essentiellement répétitif. Je préfère imaginer que le conteur ne « sait » pas ce qu'il dit, aveuglé par une parole dont la répétition l'amène à méconnaître ce qu'il y a de « déjà entendu » dans son énonciation.

Faut-il alors supposer que l'énonciation du conteur a valeur d'enseignement ? Ce serait à mon avis attribuer une valeur aléthique à son discours. Imaginons plutôt que le conteur ne sait pas ce qu'il dit puisqu'il est littéralement porté par une parole dont il ne maîtrise pas les effets. Serait-il alors sacrilège d'entrevoir, l'espace d'un instant, une analogie entre le « travail » du conteur et le « travail » de l'analyste ? Je ne le pense pas si l'on ajoute les nuances suivantes. Le conteur, qui est avant tout un écrivain de « l'oralité », se meut dans un espace protégé : l'univers du discours au sein duquel il loge, vêtu d'une parole qui lui donne consistance. À répéter les mythes de fondation, ce n'est pas seulement un avant-discours que le conteur (re)joue sous nos yeux. Plus radicalement, le conteur actualise la portée déictique de tout discours qui structure l'expérience culturelle. Mais le conteur est-il pour autant protégé de toute violence contemporaine ? Le mythe qu'il énonce est-il ce discours préformé qui ignore la temporalité de l'inconscient ?

Ici intervient le psychanalyste qui reprend à son compte l'*incipit* créant le temps de raconter : « Il était une fois... » Cette insertion de l'immatérialité narrative au sein du discours, on peut la saisir de diverses manières. S'agit-il de l'aveu d'une temporalité cyclique ? Dans une telle perspective, le temps narré par le conte favoriserait une répétition rappelant étrangement ce que Freud énonce à propos de « l'ardoise magique ». J'irais même jusqu'à proposer que le temps immémorial du conte, à la différence de « l'ardoise magique », intègre en son sein les singularités perceptive et représentative que Freud cherche à définir lorsqu'il fait référence à l'inconscient. Le bloc de cire porte en effet maladroitement l'empreinte du stylet. C'est là, aux yeux de Freud, son principal défaut puisqu'à la différence du système perception-conscience, qui est représenté par la feuille de papier ciré, l'inconscient, s'il demeure une surface réceptrice, ne peut cependant être considéré comme une table d'écriture reproduisant les traces mnésiques. Voilà toute l'ambivalence qui caractérise l'écriture métapsychologique freudienne et qui ne cesse de se répéter dans la *phantaisie* d'écriture à l'œuvre chez les analystes. Faut-il rêver, ainsi que semble le revendiquer Freud, mais cette fois, à propos de l'inconscient, d'une écriture qui échappe à l'emprise de la représentation ? Faut-il continuer à rêver de cette écriture paradoxale dont l'emprise de la Lettre signerait néanmoins la transmission anonyme ? Il semble bien qu'une telle *phantaisie* freudienne, qui contribue à former l'étayage de l'appareillage métapsychologique, ait privilégié le règne de la Lettre pour mieux en nier l'avènement. Est-ce pour cette raison que le travail de l'analyse, ainsi que le « passage à l'écrit » qu'il représente pour certains qui veulent en rendre compte, s'élabore à la suite de ce frayage de la Lettre dont il est entendu qu'on ne pourra tout dire ? Pontalis y décèle ce qui caractérise l'échec de l'écriture de l'analysant. Rendre compte d'une analyse serait privilégier une instrumentation narrative qui néglige l'affect, la corporéité, l'émoi transférentiel.

L'écrit ne peut donc rendre compte du projet analytique si le scripteur se laisse séduire par la trame qu'il met en scène. Faut-il s'étonner à cet égard que les *Études sur l'hystérie* valorisent la répétition « d'histoires de cas » dont la valeur récitative est sans cesse affirmée ? C'est Freud qui souligne chez Breuer l'ignorance de la motilité transférentielle à propos de la grossesse idéogène d'Anna O. Breuer mentionne de son côté dans les *Études sur l'hystérie* : « Il arriva ici ce qui s'observait chaque fois qu'un symptôme se trouvait éliminé au moyen de la parole : son intensité s'accroissait pendant le récit. C'est ainsi que, pendant l'analyse de sa surdité, elle devenait si sourde que j'étais obligé de me faire, en partie, comprendre d'elle par écrit[9]. »

L'assourdissement interprétatif

On ne saurait mieux dire en effet que le désir thérapeutique emprunte massivement à cette résistance faisant appel au langage : surface d'inscription d'une vérité que la narration des symptômes pourrait subitement révéler. Reprenons ce passage des *Études sur l'hystérie*. Breuer mentionne, d'une part, une diminution de la charge pulsionnelle lors de l'énonciation du symptôme. Il s'agit ici de la formulation de la « méthode » cathartique dont Freud et Breuer espèrent utiliser les bienfaits pour le traitement des patientes hystériques. Breuer ira plus loin en faisant référence, d'autre part, à une « narration dépuratoire » qui libérerait le patient d'une charge pulsionnelle violemment accumulée. Purger le corps féminin d'un corps étranger, telle est aussi l'entreprise freudienne dont le rêve « L'injection faite à Irma » tient lieu d'exemple radical. La parole, ainsi que Freud l'envisage dans

9. Sigmund Freud et Joseph Breuer, *Études sur l'hystérie*, Paris, Presses universitaires de France, coll. « Bibliothèque de psychanalyse et de psychologie clinique », 1971 [1895], p. 27.

les *Études sur l'hystérie*, traduirait une expulsion vocale, sorte de catharsis énoncée par la patiente. Mais Freud souligne de plus le rôle d'une structure chiasmatique qui fait alterner les valeurs opératoires de la narration et du récit. Si la « narration » libère, le récit, de son côté, accroît le refoulement. Si la narration peut être, selon l'expression même de Breuer, dépuratoire, le récit devient un formidable tissu de résistances. Faut-il pour autant attribuer crédit à la Lettre de la parole hystérique pour mieux situer la préhistoire du mouvement analytique ? Freud découvre certes au moment des *Études sur l'hystérie* que l'écoute thérapeutique méconnaît fondamentalement la structure et la force des identifications imaginaires qui fondent la parole du patient. Que Freud soit d'ailleurs capté par cette identification imaginaire qui soutient le récit hystérique, voilà qui nous amène à interroger le statut du récit même de la psychanalyse. Freud écrit, toujours dans les *Études sur l'hystérie* :

> La virulence de ce symptôme (disons d'une tendance au vomissement) croît à mesure que l'on pénètre plus profondément dans l'un des souvenirs à action pathogène, atteint son point culminant peu avant la narration de ceux-ci et s'atténue tout à coup, voire disparaît tout à fait, pendant un temps, une fois le récit achevé. Quand une résistance empêche longtemps le malade de parler, la poussée de la sensation, de la nausée, devient intolérable et s'il est impossible d'obtenir que le patient parle, le vomissement se produit effectivement. On a alors nettement l'impression que le vomissement remplace un acte psychique (ici la narration)[10].

Le propos freudien est explicite. La narration correspond à l'inscription somato-psychique de la parole hystérique, qui possède de plus le privilège absolu de lier le symptôme et le refoulement. En somme, la narration est cette mise en scène de la parole à la faveur d'une discursivité qui avoue son inachèvement. Freud n'indique-t-il pas que la virulence du symptôme — et son action pathogène — s'accroît et culmine peu avant la narration des souvenirs ? Logique cathartique, tel est bien le sens premier de cette narration. Mais il serait insuffisant d'en rester à cette perspective. La narration figure le caractère spectaculaire de la parole hystérique. Le récit, au contraire, traduit dans la pensée de Freud l'instauration d'une temporalité close qui ramasse et contraint le processus primaire. En somme, le récit, tel que Freud le perçoit à cette époque, justifie une logique thérapeutique qui permet de fonder une identité narrative créant son complément somato-psychique. Ainsi le formule Freud :

> Quand une résistance empêche longtemps le malade de parler, la poussée de la sensation, de la nausée devient intolérable [...]. On a

10. *Ibid.*, p. 240.

alors nettement l'impression que le vomissement remplace un acte psychique (ici la narration[11]).

Le récit n'est-il pas, à l'aube de la découverte freudienne, la matrice de la psychanalyse ? À l'encontre d'une perspective théorique qui disjoint l'espace de la parole — et l'investissement « oral » que celle-ci suppose — de la composition scripturale, la psychanalyse, « éprouvée » par la Lettre, ne peut se concevoir qu'appliquée. J'en veux pour preuve ce passage des *Études sur l'hystérie*. Au contraire de la valeur purement interprétative qui est attribuée au récit, Breuer ne réussit pas à se faire « entendre » : « C'est ainsi que pendant l'analyse de sa surdité, elle devenait si sourde que j'étais obligé de me faire, en partie, comprendre d'elle par écrit. » En somme, le récit traduit une défaillance primordiale lorsqu'il recourt à la permanence de la voix. Sans doute y a-t-il dans cette défaillance auditive la métaphore d'un assourdissement interprétatif dont Freud ne fut pas exempt lui non plus lors de la découverte de la psychanalyse. L'hystérique ne devenait-elle pas à cette occasion le véritable porte-voix des interprétations spectaculaires du psychanalyste ? On sait que la naissance de la psychanalyse se trama à la suite du constat de la grossesse nerveuse d'Anna O., dont Freud raconta, dans une lettre à Stefan Zweig, qu'il dévoilait le manque d'héroïsme faustien de Breuer. Mais cette méconnaissance du désir de l'Autre était facilement perceptible par Freud : la figure de l'Aîné, incarnée par Breuer, justifiant l'affirmation d'une rivalité. Relever la défaillance de Breuer (la non-reconnaissance par ce dernier de sa paternité contre-transférentielle) transformait alors Freud en enfant prodigue de la psychanalyse.

Cette interrogation est intimement liée à la temporalité fondatrice de l'invention psychanalytique. Qu'en est-il à cet égard du fantasme de l'autoanalyse lorsqu'il privilégie les figures de la fondation et de l'exclusion ? La figure de Fliess est ici déterminante puisque ce dernier est convié à partager les agapes théoriques jusqu'au moment où le double imaginaire devient rival persécuteur. À moins que ce double imaginaire, à l'instar de Schnitzler, appartienne à l'espace autotransférentiel de la littérature. La « fiction » avouée du littéraire — et du récit qui « fonde » littéralement son énonciation — correspond au projet freudien. Le récit, chez Schnitzler mais aussi chez Zweig, traduit cette inscription d'un projet littéraire que Freud ne peut combattre, mais tout au plus négocier, faire passer au filtre d'une interprétation psychanalytique qui en reconnaît le *défaut* pour mieux l'ignorer. Sur ce point précis, le projet freudien rappelle l'hystérisation spectaculaire que Breuer découvre chez Anna O. : on ne soigne pas la surdité par la parole, voilà en somme ce que pressent Freud. J'ajouterai que l'on ne

11. *Ibid.*

soigne pas en privilégiant l'assourdissement de la parole, surtout si cette dernière est construite au prix d'une surdétermination défensive qui fonde le récit de la psychanalyse. Cela Breuer ne le voit pas, ne l'entend pas, tout au plus est-il en mesure de l'écrire.

Prêtons à cette brusque invalidation de la parole toute l'attention requise. Le récit des symptômes d'Anna O. la rend sourde. Il s'agit donc de cerner au cœur du dispositif thérapeutique ce récit non spécularisable, littéralement indicible, que Breuer tente naïvement de communiquer par le recours à l'écrit. S'agit-il d'une matrice perceptive dont le « contenu » fortement érogène et hystérisé doit être gardé secret ? Freud aura-t-il cru lui aussi à ce secret au point d'être « trompé » en voulant reconstituer un récit dont la dimension spectaculaire lui était offerte à titre de matériau manifeste ? Car l'hystérique, qui est bien ce proto-patient donnant naissance à la découverte psychanalytique, feint la dérobade de la jouissance pour mieux la statufier à titre de signifiant. De même, le récit hystérique demeure un objet fascinant qui offre au regard une scène de séduction dont l'analyste représente la figure souveraine. C'est d'ailleurs ce que Breuer méconnaît magistralement lorsque, prétendant faire appel au « récit » afin de soigner sa patiente, il l'enferre dans un dispositif narratif dont la dimension non spécularisable est constamment désavouée. C'est là aussi, je crois, l'une des équivoques de la psychanalyse lorsqu'elle *croit* au récit de l'analysant, lorsqu'elle érige l'identité du récit en dogme interprétatif. L'inconscient est-il dicible ? Certes si l'on s'en tient à un protocole discursif qui fait du langage l'interprétant naturel d'une « scène » dite latente. La narration offrirait alors, qu'il s'agisse de l'analyste ou de l'analysant, l'alibi d'une relance interprétative, sans que soit pris en compte ce récit non spécularisable qui constitue l'avers du discours.

On trouvera sans doute étrange l'imprudence de la psychanalyse qui prétend concrétiser l'événement psychique sous la forme d'un récit qui en préciserait la structure. Mais cette imprudence est peut-être avant tout significative de l'assourdissement thérapeutique qui méconnaît la fonction de l'écriture. À moins qu'on doive comprendre le geste de Breuer (faire entendre par l'écriture ce qui ne peut être vu mais doit être lu) comme l'enjeu d'une ambivalence qui façonne encore aujourd'hui, *in absentia*, l'objet psychanalytique. L'intervention du code scriptural donnerait alors forme et consistance à l'interprétation et échapperait à l'écho d'une voix proférée dont l'hystérique retiendrait avant tout la dimension séductrice. Ce propos théorique sera d'ailleurs repris par Freud puisque l'écriture de « l'ardoise magique » ordonne la motilité de l'énergie psychique. Transmettre une interprétation par l'écriture, ce serait alors accepter d'introduire la Lettre au cœur du langage. Mais plus encore que ce pouvoir attribué à la Lettre, qui recèle le fantasme d'une présentation spectaculaire de la jouissance chez l'hystérique, Freud instaure le récit au cœur de l'expérience analytique. En somme, l'assourdissement peut devenir interprétation à la condition que l'écriture cesse d'être une violence imposée à la psyché de l'Autre.

Qui parle de récit, Freud nous le rappelle dans les *Études sur l'hystérie*, fait référence à la parole et à la narration. La première est cette oralité primordiale qui donna naissance à la psychanalyse, et qui lui offrit somme toute un « cadre » habillant le symptôme de mots pour laisser surgir l'interprétation. Cette oralité plénière n'est-elle pas le refoulé originaire de la pulsion épistémophilique freudienne ? Habiller le corps de mots, c'est bien sûr le vêtir. Et l'on peut imaginer que le récit freudien, en témoigne la naissance de la psychanalyse et la correspondance avec Fliess, fut tout entier « contenu » par cette angoisse éprouvée devant une possible défaillance du « corps » freudien. Cette oralité primordiale démontre aussi chez Freud une transmission révélée par la « voix » hystérique qui possède la faculté singulière de choisir son interprétant. La « voix » spectaculaire de l'hystérique qu'entend Freud est un récit métissé puisqu'elle révèle la permanence d'un regard. En ce domaine, la psychanalyse recourt au modèle du « lien » entre l'*infans* et la mère. Lorsque Bion et par la suite Meltzer font référence à cette pérennité de la psyché maternelle, c'est afin d'inscrire la voix humaine, d'emblée nourrie par un « sein », à la source de l'enveloppe narrative de l'*infans*. Cette première relation d'objet, à moins qu'il faille évoquer une anté-relation d'objet, est au cœur du champ psychanalytique. À preuve que la transmission narrative, lors de l'espace de séance, fait du psychanalyste, non pas l'archéologue, mais l'énonciateur d'une voix « autre » : mal entendue, ou encore trop bien métabolisée sous la forme d'un interdit, d'une permission, dans tous les cas d'un projet identificatoire qui transforme la parole en narration. En somme, Freud, lorsqu'il souscrit au protocole de l'identification hystérique, oppose la voix au regard. Nombreux sont les critiques qui ont fait valoir cette rupture traumatique qui anime l'expérience psychanalytique. N'est-ce pas la voix qui anime le transfert en psychanalyse ? N'est-ce pas la capacité d'entendre une voix « autre » qui détermine la signature de la cure analytique ? S'agit-il alors de ce récit non spécularisable auquel je faisais mention un peu plus tôt ? Qu'en est-il en effet d'un récit qui ne peut attester sa présence, qui laisse en suspens la question de sa signification ? Qu'en est-il d'un récit qui abandonnerait l'image au profit de la voix, forme singulière d'une transmission narrative qui animerait l'expérience psychanalytique ?

Revenons à Freud et à l'énonciation des « histoires de malades » qui constitue le protocole des *Études sur l'hystérie*. Freud évoque l'existence d'un pacte singulier : le récit proposé par l'hystérique est la contrepartie d'une action. Celle-ci est l'équivalent d'une poussée pulsionnelle qui recourt au langage afin de métaboliser le symptôme. Mais le récit de l'hystérique, tel que Freud nous en offre l'interprétation, est sans failles. La transmission du « secret » hystérique est impérative, la rapidité de la décharge énergétique crée de toutes pièces une cristallisation narrative à partir de laquelle le thérapeute interprète les « dires » de ses patientes. En témoigne le scénario étrange que nouent Breuer et Anna O. Lorsque la parole est assourdie, que la patiente n'entend plus Breuer, celui-ci recourt au récit afin de forcer l'interprétation par l'intrusion d'un sens manifeste. Anna O. montre ici de façon exemplaire un *défaut* de communication que Breuer tente d'oblitérer. Il s'agira alors de structurer un récit qui s'épuise à ne pouvoir nommer la Chose qui le hante. Le récit hystérique, que je définis comme protocole discursif qui « fonde » l'histoire de la cure analytique, peut donc être perçu de deux manières. Le récit de l'hystérique prend forme grâce au signe corporel qu'est le symptôme puisqu'il est présupposé que le récit peut métaboliser « l'action » du symptôme et le faire « magiquement » disparaître une fois que sa force pathogène est circonscrite par l'énonciation qui en nomme la complexité. Par contre, si ce processus de métabolisation spectaculaire qui caractérise le récit hystérique « manque de mots », on verra alors apparaître le langage d'organe qui « agit » le récit pour mieux interdire son élaboration discursive.

Voilà en somme pourquoi la patiente hystérique instaure un récit afin de mieux situer l'artifice narratif qui lui permet littéralement de se vêtir. J'ai souligné plus tôt que le récit de l'analyse prenait « naissance » au moment de l'effroi ressenti par Breuer face à sa patiente, qui lui démontrait l'enfant illégitime de la psychanalyse. Il est vrai que le récit de cette grossesse nerveuse, telle que Freud nous la présente, est empreint de séduction, précédant en quelque sorte la « demande » du thérapeute qui veut loger son interprétation. Le récit de l'hystérique est trop beau pour être vrai : si la vérité du symptôme est la condition inaugurale de l'énonciation hystérique, l'interprète-analyste est alors condamné à adopter un protocole fantasmatique préconstruit. On ne s'étonnera donc pas que les équivoques du contre-transfert aient fait jouer avec force l'analyse du cas Dora. L'échec de la cure, à moins qu'il faille évoquer sa résolution trop rapide, ne serait-il pas à mettre au compte de cette fascination dévoilée par le récit que l'hystérique provoque ? Par ses lacis narratifs, une narration séductrice serait reçue par l'analyste, c'est du moins l'exemple de Freud, de façon particulièrement ambivalente.

On a pu constater que la reconstitution des « histoires de malades » attestée par les *Études sur l'hystérie* souffre de cette emphase figurative qui justifie la métaphore d'un trop-plein énergétique que l'écriture arrive à grand peine à cerner. Car le symptôme ne se caractérise pas uniquement par sa positivité opératoire. Il est aussi ce qui résiste obstinément et prend la forme singulière d'un désir d'écriture. Breuer, lorsqu'il soigne Anna O., écrit pour transmettre un désir de guérison. On peut même avancer que ce souci d'écriture est, sur ce point, d'autant marqué, volontaire, qu'il se traduit par le savoir préalable d'une censure thérapeutique. En marquant l'*audition* d'un défaut pour lui substituer l'écriture, Breuer accroît l'érogénéité de la cure puisque celle-ci devient véritablement un langage d'organe. Si l'oreille est sourde à la parole du maître-thérapeute, faut-il en conclure que l'œil échappe, par la relative abstraction du code qu'il « lit », à cette effraction érogène de l'interprétation ?

Le récit posthume

La question de l'écriture analytique gagne à être perçue grâce au processus onirique. Si le souci d'écriture marque avec insistance l'attitude de Breuer, c'est que le scripteur-thérapeute tente maladroitement de cerner les pourtours de la cure. Le présupposé est tenace puisque l'écriture acquiert le statut de signifiant de démarcation, et que l'acte narratif prétend, avec une certaine suffisance, redire les diverses configurations qui façonnent l'histoire de vie de l'analysant. Il s'agit bien, l'expression ici n'est pas fortuite, d'une « histoire de vie » puisque l'empirisme traduit un pouvoir qui est naïvement attribué à l'acte narratif. Or, le rêve, tel que Freud en promeut l'écoute, conteste vivement cette linéarité du « dit » qui serait attribuée d'emblée à un narrateur omnipotent.

Le rêve est peut-être cette forme anté-narrative qui paie tribut nocturne au processus primaire. C'est pour cette raison, ainsi que j'aurai l'occasion de le préciser, que le rêve est un récit posthume qui cerne au plus près la porosité des représentants inconscients. Parler de récit posthume ne signifie pas par ailleurs la consécration du deuil — ou de ses correspondances mélancoliques — afin de mieux certifier la mort de l'Auteur. À l'encontre de la perspective critique déployée lors de la correspondance avec Schnitzler, laquelle valorise la toute-puissance de l'Auteur, ce dernier apparaît dans « Père, ne vois-tu donc pas que je brûle ? » sous l'aspect d'un sujet fragile, dépossédé de sa filiation.

La remarque est d'importance puisque le motif de ce rêve, tel qu'il est mis en scène dans *L'interprétation des rêves*, caractérise une modification majeure de la narratique freudienne. Il ne s'agit plus en effet de se souvenir afin de mieux évoquer la force puissante du refoulement. Le rêve « Père, ne vois-tu donc pas que je brûle ? », au contraire, fait appel à la force agissante de la disparition du fils afin de mettre en scène la défaillance du père. Si ce dernier témoigne à sa manière de la persistance incarnée par un narrateur omnipotent, il faut ajouter que l'impasse de la transmission mise en scène est riche de conséquences. La notion de réparation, qui correspond à un enjeu fondamental du discours kleinien, me semble à-propos si l'on veut cerner les contours de ce rêve. C'est que le processus réparateur prétend combler la source pulsionnelle du rêve. Le désir infanticide est en somme réparé par l'endormissement du père, qui aura l'espace d'un instant rêvé la survie de son fils.

Faut-il en conclure, au prix d'une certaine naïveté, à la pertinence du processus réparateur ? « Père, ne vois-tu donc pas que je brûle ? » témoigne au contraire de la défaite du processus narratif et de la sanction perlaborative qui impose d'en mener la course d'une main assurée. Le décès du fils signe, on l'a vu, la défaite de la transmission. Celle-ci a beau être actualisée, en fait foi le commentaire de Freud, sous la forme du père qui rêve la survie de son fils, il n'en reste pas moins que le processus onirique condamne le sujet au réveil et au constat horrifié de l'épreuve de réalité. Voilà pourquoi le motif réparateur est insatisfaisant puisqu'il situe à l'avant-scène le primat de la position dépressive, qui réunit, colmate, comble une imago maternelle altérée. Faut-il alors s'étonner que le rêve précité instaure la solitude intolérable d'une figure paternelle que Freud évoque avec un certain pathos ?

À l'idéalité de la figure maternelle que l'on retrouve chez Klein, c'est encore le pessimisme qui prévaut chez Freud. La mise en question de la figure paternelle sous-entend de façon troublante la disparition du fils. Il semble en effet que cette impasse de la transmission soit une façon de pleurer la complexité du tissu narratif qui emmaillote le rêve. Le statut de la perlaboration subit à cette occasion des modifications majeures puisque le rêve ne contient pas en son sein d'idéal réparateur. Il est vain d'imaginer une clôture interprétative qui pourrait donner corps au rêve. Celui-ci, à l'instar de l'enfant qui brûle, ne connaît que cette passion du désir aveuglée par le désarroi du père. Si le motif de la perlaboration impose une fin au récit, l'on comprend mieux pourquoi le rêve est sans doute ce qui, dans « Père, ne vois-tu donc pas que je brûle ? », trame la mise en forme du contenu raconté.

Le père qui constate, horrifié, le décès de son fils et qui veut lui offrir de quoi survivre au moins pendant le sommeil n'est-il pas aussi le perpétrateur d'un infanticide ? Le pessimisme freudien, qui fait de la figure paternelle la source de l'émancipation culturelle, est brutalement remis en question à l'occasion de ce rêve. Il n'est plus question ici de la figure tutélaire représentée par cet écrivain idéalisé qu'est Schnitzler. Pas plus que ne prévaut le motif autoanalytique de la rivalité fraternelle qu'inaugure la relation orageuse entre Freud et Fliess.

Nous retrouvons plutôt, à la faveur du rêve « Père, ne vois-tu donc pas que je brûle ? », l'aveu d'un infanticide qui incarne de manière bien brutale l'impasse de la transmission. Rêver la mort du fils tout comme sommeiller au cœur du rêve afin de permettre la survie de l'enfant sont des actes lourds de conséquences. L'ostentation réparatrice est bien sûr désavouée. Et ce rôle, tel que Freud nous le présente, est sans doute la forme d'une narrativité posthume qui conteste l'euphorie récitative que l'on retrouve affichée dans les *Études sur l'hystérie*.

Le récit posthume, j'aurai l'occasion d'y revenir, me semble d'actualité si l'on veut penser le registre de la parole en analyse. Cette dernière est bien un acte vivant dont l'énonciateur subit les affres pour avoir dit ce qu'il ne savait pas. Mais la parole en analyse ne saurait d'aucune façon représenter cette avancée méthodique et précautionneuse de l'inconscient. Parler de récit, ainsi que je le propose, suppose que l'on prenne en considération la trame nocturne du rêve. À l'instar de la demande de secours que le fils transmet à son père, la parole en analyse est précisément cette ouverture narrative qui incarne la matérialité de la voix, cette source perceptive qui rejoue nuitamment la trame onirique de la naissance et de la mort.

Que la répétition ait un effet structurant, voilà certes ce que nous indique l'agir de la pulsion, acharnée à joindre l'érogénéité du corps propre et la béance qu'inaugure l'objet, à jamais différent : impalpable et inaltéré. Cette répétition, qui permet de localiser l'agir pulsionnel et de lui donner sens, ne saurait cependant être comprise, saisie et réduite à un principe de clôture. L'inconscient n'est d'aucune manière un *topos*. Pas plus qu'il n'est représentable. Or, la notion de réparation, parce qu'elle prétend éluder l'énigme de l'agir pulsionnel, introduit un présupposé de taille dès qu'il est question de penser les « figures » de la transmission. Il est en effet postulé que les « dérivés » de l'agir peuvent non seulement faire l'objet d'une symbolisation, mais plus encore colmater une stase originaire sans laquelle l'inconscient n'existerait tout simplement pas. Réparer ce que j'appellerai à la suite d'André Green « la mère incréable » de l'inconscient, tel est bien l'objectif désigné.

Le caractère figuratif — et hautement narcissique — de ce projet est manifeste. Tout se passe en effet comme si le mouvement réparateur, par l'ambivalence même qu'il exprime, introduisait l'idée d'une fusion entre le sujet et l'objet. Il serait possible, tel est le rêve fou, de réunir, dans le mouvement de symbolisation qu'inaugure cet après-coup, la mère et son *infans*. Que la position dépressive, par l'épreuve de réalité qu'elle instaure, contribue à nuancer ce désir, voilà ce qui malgré tout n'oblitère pas l'essentiel du projet kleinien. Cette union de la mère et de l'*infans* est perçue comme une finalité de l'appareil psychique. Or, la fusion narcissique de la mère et de l'*infans* fonde chez Klein une servitude interprétative qui ignore la violence de la transmission.

Qu'il y ait répétition, scansion de cette répétition ne devrait pas nous faire oublier que l'inconscient, du fait de sa dimension areprésentative, ne peut être le simulacre, encore moins l'icône d'un événement inaugural dont il s'agirait de commémorer la fondation. C'est bien le statut de la perlaboration — dans son acception psychanalytique — qui est ici remis en question. Parler d'après-coup ne signifie pas suturer le mouvement interprétatif, lui imposer une finalité. Encore moins imposer une clôture interprétative à partir de laquelle la signification pourrait enfin être dévoilée. Si l'après-coup peut être considéré comme une scansion qui travaille le matériau psychique et qui fait violence à un savoir déjà institué, c'est à la condition de bien noter le mouvement incessant de relance qui anime une telle activité : la notion de réparation ne peut, dans le strict contexte kleinien où elle a vu le jour, que faire l'économie de ce mouvement perlaboratif.

Car prendre en considération la labilité de l'après-coup reviendrait à destituer l'interprétation de sa toute-puissance, accepter l'idée d'un tressage polyphonique qui fait de l'interprétation un moment somme toute provisoire de la subjectivation. Que l'inconscient répète sans cesse cet agir pulsionnel qui le condamne à l'activité ne saurait pour autant signifier que la « représentation » de l'événement psychique est impérative. C'est bien cette latence de l'interprétation que Bion semble indiquer avec insistance. Au contraire de l'emphase réparatrice, qui prétend reconstituer l'imago grandiose d'une Mère à la fois détestée et aimée par un enfant dont elle serait l'unique objet, Bion préférera parler d'une restauration narcissique du Moi. On soulèvera peut-être que la distinction entre restauration et réparation est particulièrement ténue et qu'un même présupposé est à l'œuvre dans les deux cas. Réparer l'objet détruit, ainsi que le suppose Klein, ou encore restaurer un Moi ayant pu échapper à la dislocation psychotique, ne sont-ce pas les figures complémentaires d'un même processus ? On serait tenté de le croire si l'on ne prenait pas la peine d'énoncer quelques différences qui m'apparaissent fondamentales.

La notion de réparation est hantée par l'image de la *pietà*. Il faut en effet invoquer la dynamique toute particulière du motif sacrificiel. Détruire la mère incréable de l'inconscient, tel serait un des objectifs de l'activité réparatrice. Mais cette mère est aussi une femme éplorée par la perte de son enfant. Il y a donc un étrange legs qui associe la pensée freudienne à ses dérivés kleiniens. Je l'ai souligné précédemment : l'image de la *pietà* introduit un motif culturel particulièrement prégnant. Le désir matricide de l'*infans*, s'il est constamment invoqué chez Klein comme fondement structurant de la gratitude, n'en suppose pas moins un scénario qui a valeur d'antériorité. Que l'*infans* veuille détruire la géographie interne de l'image du corps maternel, voilà certes, du point de vue kleinien, un des avatars de ce que Bion appellera par la suite l'identification projective pathologique. Mais ce vœu de mort, s'il habite la pensée kleinienne, ne sera jamais réalisé. On pourrait même aller jusqu'à affirmer que le caractère inaltérable de l'amour maternel trouve sa source dans une toute-puissance dévastatrice qu'il n'est pas possible d'éluder.

Reprenons les choses de cette manière. Là où Freud fait de la sanction du symbolique une des conditions du renoncement aux pulsions, Klein recourt à la figure de la *pietà*, obsédée par la douleur d'un enfant dont la perte réactive une angoisse dépressive qu'il est difficile de tolérer. Chez Freud demeure cette énonciation confrontée à l'absence et à l'incompréhension qui apparaît dans tel passage de *L'interprétation des rêves* : « Père, ne vois-tu donc pas que je brûle ? ». L'énonciation est ici intenable puisque nul sujet ne peut la soutenir de vive voix — Freud, racontant ce rêve, en fera l'objet d'un discours rapporté. Le caractère immémorial du rêve « Père, ne vois-tu donc pas... ? » révèle une injonction violente qui vise à contenir le spectre de la mort, et Freud y fera appel afin de dégager un « espace » de fabulation qui permette l'inscription d'un récit. Si le rêve, tel que Freud le démontre avec cette figure de l'enfant revenu à la vie, possède une valeur discursive, c'est bien parce qu'il introduit une parole « vive » échappant à la mort. Le désir de mort inaugure en effet une temporalité de l'anticipation. Que l'enfant vienne ici, littéralement, réveiller le père et le réintroduire au cœur de la temporalité de ceux demeurés vivants, voilà qui est lourd de conséquences. Le vœu (ou le souhait) de mort est en somme actualisé, hors de toute médiation onirique. Car ce réveil du père qui, assoupi l'espace d'un moment, a oublié qu'il veillait son fils signe l'interruption d'un récit. En somme, il aura fallu que la référentialité externe reprenne ses droits afin que le récit conserve sa dimension persuasive.

Il ne s'agit plus seulement, ainsi que Freud le rappelle opportunément dans *L'interprétation des rêves*, de garder cet enfant-là vivant aux yeux du père. Plus fondamentalement, le récit permet d'instituer, à travers l'ordre du langage et ses dérivés fantasmatiques, une parole qui peut vaincre la mort. Cette révélation du père, qui constate la survie du fils, constitue semble-t-il un des leitmotivs de la pensée freudienne. La toute-puissance de l'ordre symbolique se voudrait-elle impérieuse, il demeure que le silence manifeste du père est l'aveu d'un désarroi beaucoup plus profond. L'injonction « Père, ne vois-tu donc pas que je brûle ? » pourrait facilement être substituée par l'énoncé : « Père, te vois-je pleurer ma perte ? » Car l'absence, dans ce rêve évoqué par Freud, doit faire l'objet d'une structuration discursive. Le rêve, en l'occurrence, remplit ce rôle. Il permet de dénier cette temporalité de la perte à laquelle je faisais référence précédemment, d'offrir une riche surface perceptive qui accueille les représentations et leur donne consistance. À cet égard, le rêve serait bien un récit, à cette différence près que le narrateur qui s'y trouve à l'œuvre est métissé. Ce qui revient à dire que le récit du rêve, plus que tout autre genre de discours, manifeste son caractère autobiographique. Quoique narration, ou encore récit de soi, le rêve n'est pas la simple consolidation d'un pacte autobiographique manifeste. L'énigme proposée est celle du destinataire tout autant que de l'énonciateur. Nous ne savons au juste qui doit interpréter — c'est-à-dire : lire, comprendre, analyser — ce matériau dont la densité figurative est forte.

En somme le père dont il est question dans ce rêve rapporté par Freud est tout autant endeuillé qu'orphelin d'une transmission qui lui échappe irrémédiablement. J'insiste sur le caractère polyphonique de l'interprétation. Faire valoir l'obligation nécessaire d'un « travail du deuil » afin de tramer ce qui constitue le matériau psychique de ce rêve, c'est imposer une violence interprétative qui recourt encore une fois au motif de la perlaboration. Qu'il y ait « mise en scène » d'un deuil, soit, mais à la condition de prendre en considération l'effondrement de la temporalité qui cherche à dénier la mort de l'enfant. Il serait en effet particulièrement simpliste de transformer ce rêve en réalisation positive d'un « travail du deuil » dont les effets perlaboratifs conduiraient au constat implacable de la défaite de l'Autre.

À l'encontre de ce point de vue conservateur, dont on a pu voir l'impact dans la pensée kleinienne, il faut opposer d'autres considérations qui me semblent beaucoup plus radicales. La perlaboration n'est pas l'équivalent d'une clôture de la temporalité. De même qu'elle n'est pas la répétition d'un mouvement interprétatif qui serait d'emblée circonscrit. C'est pour cette raison que la notion de réparation m'apparaît tout à fait insuffisante dans le champ culturel. Postuler, par exemple, que l'œuvre de création puisse contribuer à réparer un morcellement initial qui pourrait ainsi être atténué, voilà une proposition qui contribue à ossifier le mouvement perlaboratif que j'évoquais plus tôt. Il est étrange, sur ce point très précis, que le discours kleinien se soit acharné à faire du processus créatif — et du récit qui en est la consolidation — un substrat interprétatif si massif qu'il ne tolère aucune contestation. Dans la perspective adoptée par Klein, mais aussi par Segal, « l'œuvre » devient une entité autonome, dotée d'un coefficient performatif particulièrement radical.

On pourrait ajouter que c'est la performativité même de l'œuvre de création qui doit ici faire l'objet d'une remise en question. Car l'œuvre suppose, chez Klein, un tel mouvement de totalisation qu'elle rejette l'idée d'une traduction de l'appareil psychique. On pourrait, au contraire de la perspective segalienne, supposer que l'œuvre est un agir perlaboratif auquel nul interprétant n'est tenu de donner réponse. Ainsi, le rêve pourrait être considéré comme le matériau même du mouvement perlaboratif. Y a-t-il en effet un *topos* qui assigne le rêve à résidence, voilà une question grosse de sens. Le psychanalyste, comme le créateur, s'il se risque à figer le mouvement de l'interprétation, peut ignorer ce mouvement de « translation » et devenir l'interprétant privilégié d'une œuvre qui ne demande qu'à mieux le tromper. Y a-t-il erreur plus courante que celle qui consiste à se croire « élu » par l'œuvre qu'on lit, comme si l'interprétant était d'ores et déjà désigné et qu'il ne pouvait qu'être soi ? L'illusion autobiographique fait de l'œuvre la mimèse d'une unicité qui ne peut être remise en question. Mais peut-on continuer à parler d'œuvre et singulariser, sous la forme d'un patient labeur créateur, ce qui témoigne d'une expérience beaucoup plus radicale ? Car l'œuvre est bien le signe d'une clôture représentative qui fonde spatialement — et psychiquement — un périmètre à partir duquel il sera possible de penser. Tout comme elle fonde cette grandiosité à partir de laquelle l'interprétant-lecteur sera condamné à la lire.

Or, le rêve rapporté par Freud témoigne d'une autre perspective. À l'instar du fameux « Père, ne vois-tu donc pas que je brûle ? », il est l'exemple d'un scénario sans auteur. J'ai évoqué précédemment le maintien d'une parole orpheline. La mort de l'enfant — qu'authentifie le réveil horrifié du père et le constat de l'épreuve de réalité — est dans un premier temps le signe d'une rupture de la transmission. À cet égard, le rêve peut être considéré comme le témoignage d'un endeuillement. Mais de quel témoignage s'agit-il précisément, et qui en est le narrateur ? Là réside cette énigme que le rêve ne cesse de rappeler. Si le témoignage représente toujours un discours rapporté, c'est parce qu'il se caractérise par un phénomène de délégation identitaire. Tout appareil persuasif se constitue grâce au maintien d'une véracité qui permet de fonder un discours dont l'Autre se révèle l'agent. Mais le paradoxe singulier du rêve rapporté par Freud est qu'il est tout entier structuré par un écran perceptif qui inscrit la mort du sujet *infans*. Encore faut-il s'entendre sur la valeur de cette absence.

L'auteur du rêve n'est-il pas plutôt cet écran perceptif qui matérialise l'appareil psychique auquel j'ai fait référence un peu plus tôt ? Pourrait alors s'entendre d'une toute autre manière l'inscription du rêve « Père, ne vois-tu donc pas que je brûle ? ». À l'encontre d'une interprétation qui ferait du témoignage paternel un motif assurant la survie de l'enfant, il faudrait plutôt envisager la mise en œuvre d'une rupture du lien narcissique et l'échec concomitant d'une problématique de la transmission. Ici ce n'est plus le père qui sauve fantasmatiquement l'enfant d'une mort dont le caractère inéluctable est tragiquement affirmé. C'est, au contraire, le fils qui institue un « lien de pensée » à partir duquel la filiation est retenue comme enjeu onirique. Or, l'établissement de cette filiation ne peut que rater son objet. Le père, témoin de la disparition du fils, ne peut qu'obtempérer devant la force d'un souhait de mort dont il ne maîtrise pas la violence. Nul déficit réparateur ne saurait atténuer l'angoisse provoquée par cette soudaine disparition.

Il ne s'agit donc pas de combler une absence. Encore moins d'insérer cette dernière dans le cadre d'un projet réparateur qui prétendrait transmettre ce souhait de mort. Si le père est orphelin, c'est bien sûr parce qu'il est confronté, dans un premier temps, à une situation qui n'est pas sans rappeler le maniement kleinien de l'identification projective. Percevoir la mort du fils contribuerait à faire jouer cette délégation identitaire à partir de laquelle le rêve inaugure le fantasme d'un récit posthume.

Un vocatif qui laisse sans voix

Lorsque Freud fait référence au vocatif du fils qui outrepasse cette mort à laquelle il est condamné, nous retrouvons certes une parole d'outre-tombe. Le récit posthume traduit alors une source orale qui ne peut être identifiée. Ainsi, le rêve de l'enfant mort peut appartenir, comme le note Monique Schneider, au motif du « revenant » : porte-parole traumatique mais insaisissable, qui hante le monde du rêveur. Ce revenant rappelle d'ailleurs ce que Monique Schneider, lors d'une réflexion sur le destin d'Hamlet dans la pensée freudienne, attribue au personnage spectral qu'est le père. L'injonction « *remember me* » traduirait alors ce retournement singulier de la source énonciative puisque le fils-revenant chercherait à convoquer le témoignage paternel. Monique Schneider cite ce passage particulièrement convaincant de *L'interprétation des rêves* :

> Nous sommes déjà parvenus à élucider un rêve qui nous apprenait que les souhaits présentés dans le rêve comme accomplis ne sont pas toujours des souhaits actuels. Ce peuvent être aussi des souhaits passés, abolis, abandonnés, refoulés, auxquels nous ne pouvons attribuer une sorte de survivance que parce qu'ils réapparaîtront dans le rêve. Ils ne sont pas morts comme le sont, selon notre conception, les êtres trépassés, mais plutôt comme le sont les ombres de l'Odyssée qui, dès qu'elles ont bu du sang, s'éveillent à une sorte de vie [12].

Le retour du souvenir, tel que le perçoit Freud dans *L'interprétation des rêves*, anticipe ce surgissement de l'inquiétante étrangeté qui

12. Sigmund Freud, *L'interprétation des rêves*, Paris, Presses universitaires de France, 1967, p. 217, trad. modifiée de *Die traumdeutung*, Francfort-sur-le-Main, Studienausgabe, 1972, p. 254. Cité par Monique Schneider dans *Don Juan et le procès de la séduction*, Paris, Aubier, 1994, p. 18-19.

brouille la source perceptive, anime l'inanimé, donne naissance aux revenants. Le retour du souvenir est une survie anobjectale puisque ces souhaits qui apparaissent dans le rêve ne sont pas, Freud l'indique, semblables à « [...] notre conception [...] des êtres trépassés ». Si le deuil de l'animé qualifie une épreuve de réalité à laquelle il n'est pas possible d'opposer refus, le récit du rêve, parce qu'il est l'empreinte d'un souvenir qui apparaît de nouveau, échappe au destin humain et sanctionne une élaboration onirique qui évite ce « passage » obligé qu'impose le travail du deuil. Cette puissance de l'ombre vampirique, que Monique Schneider retrouve dans son analyse de *L'interprétation des rêves*, incarnerait cette représentation que favorise le travail du souvenir, traduisant ainsi la justesse de cette réplique du Hamlet : « *remember me.* »

Or, le rêve « Père, ne vois-tu donc pas que je brûle ? » présente une tout autre perspective, qui contredit l'argumentation explicite ayant pour rôle de justifier la logique du rêve. Nous avons vu que Freud conteste à « l'entendu » sa dimension hallucinatoire. Édith Lecourt souligne à cet égard que l'hésitation freudienne ne se manifestera que lors de l'analyse de « l'homme aux rats [13] ». Freud note que son patient, névrosé obsessionnel, est persuadé que ses parents connaissent le contenu de ses pensées ; ce même patient croit en effet avoir prononcé à son corps défendant des paroles que ses parents entendent. Freud ajoute :

> Il y a même [...] une sorte de *formation délirante* à contenu bizarre : les parents de l'enfant connaîtraient ses pensées, car il les exprimerait sans entendre lui-même ses paroles. Nous ne nous tromperons guère en admettant que cette explication tentée par un enfant comportait un pressentiment vague des phénomènes psychiques étranges que nous appelons inconscients, et dont nous ne pouvons nous passer pour l'explication scientifique de ces manifestations obscures. « Je dis mes pensées sans m'entendre », cela sonne comme une projection à l'extérieur de notre hypothèse suivant laquelle on a des pensées sans le savoir ; il y a là comme une perception endopsychique du refoulé [14].

Ce commentaire de Freud est singulier puisqu'il insiste sur les « manifestations obscures » d'un entendu archaïque dont témoigne l'homme aux rats, entendu qui rappelle ce passage de *L'interprétation des rêves* : « Tous les chemins que nous avons empruntés jusqu'ici nous ont conduit [...] vers la lumière, vers la clarification (*Aufklärung*) ; à partir d'ici, [...] les sentiers débouchent sur l'obscurité [15]. »

---

13. Je reprends ici l'argumentation d'Édith Lecourt dans *Freud et l'univers sonore : le tic-tac du désir*, Paris, L'Harmattan, coll. « Psychanalyse et civilisation », 1992.
14. Sigmund Freud, « L'homme aux rats : Une névrose obsessionnelle », *Cinq psychanalyses*, Paris, Presses universitaires de France, coll. « Bibliothèque de psychanalyse », 1982, p. 205.
15. *Id.*, *L'interprétation des rêves*, *op. cit.*, p. 435, trad. modifiée de l'édition allemande déjà citée, p. 490.

Cette clarification endopsychique du refoulé évoque l'autoperception du Ça que Freud fait valoir à la fin de sa vie pour mieux souligner le caractère énigmatique de la mystique. Mais la citation à laquelle je fais référence ne suggère pas cette prédominance sensorielle de l'image. L'épiphanie pulsionnelle que représente la mystique traduit la défaillance de l'organe des sens. Il en résulte un aveuglement perceptif si violent que la psyché est engloutie par le contenu refoulé qu'elle cherche à maintenir. Mais Freud, interrogeant la voix intérieure de l'homme aux rats, conteste la dimension euphorique de ce surgissement pulsionnel qui est associé à l'image. Freud laisse entendre, à propos de l'histoire de l'homme aux rats, que la voix loge une signification inédite. Ce n'est pas un hasard si le motif de la parole revient avec insistance apostropher le sujet qui en est aussi le locuteur. L'homme aux rats entend un discours intérieur qu'il croit appartenir au domaine public puisqu'il est persuadé de l'énoncer à voix haute. Face à cette voix interne de l'homme aux rats, la manifestation « obscure » de l'inconscient est le seul choix que Freud retient. Quant à l'enfant mort du rêve « Père, ne vois-tu donc pas que je brûle ? », il contribue à instituer la figure troublante d'un énonciateur décédé. Cette voix d'outre-tombe, Freud ne cesse de l'assourdir en la faisant provenir d'un entendu diurne qui précède l'entrée dans le monde du rêve.

La figure de l'enfant mort, plutôt que de témoigner d'un sacrifice consommé dans les limbes du rêve — et non pas, comme le souligne Freud, à partir de son ombilic, source d'inconnu — ne consacre-t-elle pas un pacte inversé où le spectre du père devient l'enfant qui répète sans cesse « *remember me* » ? Le récit du rêve prendrait alors une autre tonalité. Il ne suffirait plus d'évoquer, à la manière des écrits freudiens, la figure du parricide. Le rêve « Père, ne vois-tu donc pas que je brûle ? » révélerait plutôt l'intrusion radicale de l'infanticide. En somme, ce rêve peut nous permettre de mieux saisir ce régime post-mortuaire qui caractériserait, selon Monique Schneider, la figure du Père au cœur du projet analytique. La figure de l'enfant-revenant apparaît de façon insistante dans le rêve « Père, ne vois-tu donc pas... ? », et dévoile cette puissance du souvenir qui fonde une transmission mortifère. Monique Schneider écrit à ce sujet, faisant référence à Hamlet :

> [...] le spectre se caractérise par ses capacités de déplacement, de déambulation nocturne. Dans sa possession ubiquitaire de l'espace, il a le pouvoir de surgir en tout lieu. La mise en scène se contente de le faire apparaître dans une sorte de visibilité, comme s'il occupait l'espace situé entre les vivants, mais il n'est pas certain, qu'il limite ainsi ses déplacements[16].

16. Monique Schneider, *op. cit.*, p. 18.

Le pouvoir attribué à l'enfant mort rappelle cette « possession ubiquitaire de l'espace ». L'enfant occupe cet intervalle onirique qui disjoint mort et survie. En somme, l'infanticide permet, paradoxalement, de mettre en relief la statue du père pétrifié par la mort de son fils. Ajoutons que l'entendu du rêve, sous la forme insistante du vocatif, atteste — il faudra plus loin s'interroger sur « l'origine » de cette transmission — une singulière ironie. Alors que le père est appelé au secours de l'enfant, qu'il est à son chevet, le réveil témoigne de l'inanité du vocatif. Entendre ce vocatif, ce serait contester la riche surface imagée du rêve qui prête forme à la perpétuation d'une mise à mort. Mais tout à coup perce la voix, une voix qui n'est pas seulement une injonction énonciative. Le vocatif est de plus la forme d'une adresse dont l'attestation discursive, pour le père, est condamnée à l'oubli. Ce vocatif, mis en scène dans « Père, ne vois-tu donc pas que je brûle ? », traduit l'échec de la narration purgative dont Freud fait état dans les *Études sur l'hystérie.* Le vocatif est le préambule de la parole. Il n'en est pas l'achèvement ou la sanction performative. Au contraire de Freud qui, au début de l'histoire analytique, fait appel à la parole pour mieux dégager sa « force » interprétative, le vocatif de l'enfant-mort est l'aveu d'une détresse que ne colmate aucun récit. On peut ajouter que ce vocatif, qui est la forme même de la narration onirique, est le contraire d'un récit de cas, tel que celui-ci apparaît aux divers moments de l'investigation freudienne.

Si Freud « maîtrise » la parole de Dora, s'il transforme la bouche silencieuse d'Irma, se plaignant de douleurs, en plaie secrète du corps qui doit être ouverte pour mieux être purifiée, il en va tout autrement de l'enfant-mort dans « Père, ne vois-tu donc pas que je brûle ? ». Le père n'est pas ici ce sujet autoritaire qui domestique la narration. Nous retrouvons plutôt, à la faveur de ce rêve, une narration catastrophique qui fait référence à un sujet paternel dont la défaite est clairement perceptible. Faut-il y voir la présence ténue de l'infantilité du rêve malgré l'intervention tardive du père ? On sait que Freud ne cesse de revendiquer la dimension archaïque du rêve, et de faire valoir la force structurante d'un accomplissement de désir qui touche aux émois, aux souvenirs et aux traces mnésiques de l'enfance. Faut-il s'étonner que cette préoccupation freudienne à l'égard de l'infantilité du rêve fasse l'objet d'un assourdissement lorsqu'il s'agit précisément d'entendre un appel de détresse ? Le rêve n'est-il pas cette matrice émotionnelle que le cri de l'enfant remet en question avec une violence peu commune ? Plus encore, la singularité du rêve ne provient-elle pas du fait que l'enfant énonce un discours que le père n'entend pas ? Ce silence de Freud est étrange, d'autant qu'il prend naissance dans *L'interprétation des rêves.* Tout se passe comme si l'empreinte perceptive, laissée par l'enfant-mort, posait la question du passage au récit et de la transmission que ce dernier ordonne. Lorsque Freud souligne que l'entendu, tel qu'il apparaît dans le cadre du rêve, fait référence à un fragment discursif qui appartient à la réalité externe, il affirme la nécessité d'un référent qui s'unit à l'objet psychique, en somme qui introduit la réalité à l'encontre du fantasme.

Pourtant, la conceptualisation et l'écriture de *L'interprétation des rêves* apparaissent après l'abandon de la théorie de la *neurotica*. Cette dernière situait le cadre traumatique dans le monde externe. De même, l'hystérique souffrait de réminiscences et devait son malaise à une excitation que la transe révélait au grand jour. Freud, créateur de la psychanalyse, recourut au « modèle » hystérique qui indiquait la source du trauma. À l'écoute du rêve « Père, ne vois-tu donc pas que je brûle ? », il tentait d'exorciser le cri de l'enfant puisqu'il fallait trouver un « objet » de deuil qui fonde la cause psychanalytique. Cet enfant est à sa manière un mort-vivant ; à ce titre, il rappelle ce que Freud conceptualisera autour de la notion d'inquiétante étrangeté. Mais cet enfant-mort est aussi l'inscription d'un symptôme que la psychanalyse ne cessera de porter. Cet enfant serait-il alors le rejeton freudien de la psychanalyse, un témoin gênant, plus encore garant de la vie du Père ? Ne montrerait-il pas l'envers du parricide sous la forme du vocatif mélancolique : « *remember me* » ? Et ce père, on se plaira un instant à y superposer le visage de Freud, auquel l'injonction de se souvenir est adressée avec force, n'est-il pas du même coup confronté à un vocatif qui le laisse sans voix ?

Que peut-on en effet répondre à un enfant-mort ? Qu'y a-t-il dans la béance qui inaugure cette troublante logique du rêve ? Ce silence est-il le masque de l'angoisse de mort freudienne face à des collègues-revenants qui, plus tard, pourraient lui « voler » ses découvertes ? S'agit-il de la « jeunesse » de la psychanalyse qui serait irrémédiablement brûlée par l'appropriation théorique ? Autant de questions troublantes si l'on ajoute que le sommeil du personnage paternel s'endormant dans le cadre du rêve révèle une posture qui correspond à cette pétrification dont Freud a pu découvrir l'héroïsme chez Moïse, ou dans l'écriture hiéroglyphique qui est le prototype figuratif de l'écriture onirique. Le fils de « Père, ne vois-tu donc pas que je brûle ? » ne se contente pas de recourir au vocatif. Il cherche un père qui ne répond pas, qui s'est endormi : absence, ou encore mort qui est celle du père cherchant à dissuader le fils de le nommer : « *remember me.* »

À cet égard, les réflexions de Monique Schneider menées dans *Don Juan ou le procès de la séduction* sont particulièrement pertinentes à propos de cette isotopie de la pétrification, de la rigidité. Schneider mentionne que Don Juan échappe à la sanction paternelle. Le refus d'une parole incorporante, caractéristique d'une structure mélancolique que vit au contraire Hamlet, serait la forme première du défi qu'adresse Don Juan à la statue du Commandeur. Monique Schneider l'énonce ainsi :

Or la pétrification du passé sous la forme d'une statue n'est-elle pas intrinsèquement liée au défi adressé au père, défi ne faisant qu'un avec le refus d'ouvrir sa vie comme lieu de représentation de l'histoire du père ? Dans le passage de Hamlet à Don Juan, le père abandonne l'apparence du spectre pour surgir sous forme de statue. Déployer le théâtre de Don Juan, n'est-ce pas une tentative pour clouer au sol le père mort, pour le contraindre à habiter un espace visible, extérieur à celui qu'occupe le corps propre du fils ? On peut faire face à une statue, la défier, la situer à distance de soi et lui interdire ainsi d'exercer le pouvoir que Freud attribue aux ombres [17].

Ajoutons à cette réflexion de Monique Schneider que le vocatif de l'enfant peut aussi être une façon d'instaurer, à titre d'épreuve de réalité, la distance inaugurée par le père défaillant. À l'instar de la statue du Commandeur qu'affronte Don Juan, ne faut-il pas voir dans la figure de l'enfant-mort ce rejet du père, devenu soudainement inutile dès que sa défaillance est constatée ? On fera valoir avec raison que ce scénario n'est pas très éloigné d'une trame œdipienne dont les renversements de situation ne laissent pas moins présager la confrontation du père et du fils. L'alternative est-elle ici le parricide ou l'infanticide ? À moins que le fils fasse de sa mort, telle que rêvée par le père, l'enjeu d'un parcours qui contribue à contester la rigidité totémique de la figure paternelle. Si le père introduit la figure de l'enfant au cœur d'un récit posthume pour lequel la chronologie est brutalement interrompue, il n'en va pas de même pour l'enfant, qui fonde une chronologie du désastre — de l'accomplissement de la mise à mort et de sa justification onirique — et qui fait de la dissymétrie temporelle l'exclusion nécessaire de la figure paternelle.

Le vocatif, s'il ne répare pas la mort de l'enfant, met en valeur la rigidité de la statuaire paternelle. Le père, ne se réveillant pas, appartient lui aussi au royaume des morts. Le père est peut-être d'ailleurs cet enfant-mort qui s'ignore et qui rejette le vocatif du fils au profit d'un performatif silencieux. Si l'enfant crie « Père, ne vois-tu donc pas que je brûle ? », n'est-ce pas que le père sanctionne le régime onirique par une parole silencieuse dont la performativité radicale traduirait l'interdit d'un dialogue avec le fils ? La statuaire paternelle est non seulement silencieuse, mais interdite face à ce débordement passionnel que le fils tisse avec précision. À sa manière, l'enfant-mort est le double imaginaire du nourrisson savant ferenczien. Celui-ci se voit attribuer une sapience étonnante, encore que l'expression soit inadéquate. Il s'agit plutôt du retour de l'infantilité sous la forme d'un enfant qui aurait échappé à la violence familiale, d'un enfant qui aurait pu mettre à l'écart le pouvoir déstructurant de la pulsion de mort. Quand Ferenczi recourt à l'identification introjective afin de

17. *Ibid.*, p. 20.

qualifier chez l'enfant la violence qui lui est imposée, il évoque ce qui n'est plus un mécanisme de défense, mais une posture plus archaïque où prévaut l'identification à l'agresseur. L'enfant ne se contente plus du vocatif qui témoigne encore d'une adhésion à l'univers symbolique. Il n'énonce pas un appel au secours dans l'attente d'une réponse qui pourrait remplir le trou du réel : asignifiance de la mort et de la douleur psychique. Le nourrisson savant est devenu un *autre* à son corps défendant. Plus précisément, il est cet *autre*, mais cette fois soudé au sujet sous la forme singulière d'une identité qui fait de l'altérité une instance menaçante.

La maturation étonnante du nourrisson savant est soudaine puisqu'elle cache soigneusement un processus déficitaire qu'il fallait vaincre pour que l'intégrité somato-psychique du sujet soit préservée. Maîtriser sa langue maternelle, mais plus encore les langues étrangères que l'adulte ignore, c'est avouer une pulsion épistémophilique qui est l'envers traumatique d'une séduction imposée. Ferenczi, au contraire de Freud, n'ignore pas ce royaume de l'enfant-revenant. S'il inscrit le traumatisme au cœur de l'activité psychique, ce n'est pas afin de faire valoir la nécessité d'une narration purgative, mais plutôt pour témoigner de l'accélération imprévue du « savoir » chez l'enfant. Que signifie cependant ce savoir soumis à la contrainte traumatique qui a favorisé sa formation ? Qu'en est-il du récit de l'analyse lorsqu'il abandonne la posture paternelle afin d'adopter la figure du Fils ? Il n'est pas sûr que le récit de l'analyse privilégie les mêmes paramètres, selon qu'il adopte l'assurance tranquille du privilège paternel, ou qu'il s'abîme dans la détresse — mais peut-être aussi l'ironie — du Fils qui se sait survivre à la figure de l'Ancêtre. Chez Freud, la revendication forcenée du fils, mise en scène dans l'argument de « Père ne vois-tu donc pas que je brûle ? », ne privilégie pas cette idéalisation de l'infantilité. Nous sommes placés devant le fait accompli puisque le caractère inéluctable du récit du rêve nous révèle une survie que dément l'épreuve de réalité.

Il y a chez Freud, c'est mon hypothèse, un récit posthume qui entame la narration et qui interdit à l'enfant de prendre la parole, une statuaire paternelle qui domine l'infantilité. L'inéluctable a été accompli : le récit de la mort est insoutenable, car il laisse place au scénario d'une narrativité décédée. Cette mort signe l'abolition soudaine de la différence des générations. À moins que l'on envisage, ainsi que je le propose, un scénario où le père se retrouve orphelin, endeuillé d'une transmission que le fils permettait de fonder. L'injonction « *remember me* », qui qualifie le tribut payé par Hamlet, subirait une inversion de taille. Le père serait condamné à se souvenir du fils et à faire de la commémoration une pensée obsédante. La passion archéologique freudienne n'est-elle pas l'un des signes de cette commémoration ? N'a-t-elle pas pour fonction de donner vie par la mise au jour de ce qui était oublié ? N'y a-t-il pas dans cette passion de la découverte la volonté freudienne d'exhumer l'enfant du rêve, en témoigne « Père, ne vois-tu donc pas que je brûle ? » Cette passion archéologique n'est-elle pas enfin un motif d'importance chez Freud puisqu'il s'agit d'observer la singularité de la chose littéraire ? Exhumer, c'est redonner vie sans qu'il faille négliger le geste qui consiste à habiller le mort de mots, à le ressusciter au prix d'une « croyance » qui rappelle la détresse mélancolique.

Freud, par la mise en scène du vocatif dans « Père ne vois-tu donc pas que je brûle ? », a su donner forme et contenance à ce transfert mélancolique. L'enfant-mort est la forme figée de cet objet culturel dont Freud chercha par ailleurs la trace dans la passion archéologique. Mais le vocatif de l'enfant, qui démontre la prédominance de l'affect sur la formalisation récitative, indique aussi ce désir d'échapper au destin de l'inanimé. L'enfant crie, l'enfant supplie le père... Agissant de la sorte, il introduit le père au cœur d'une gestualité qui caractérise par ailleurs ce rêve. À l'immobilité du père, qui confirme la mise en abîme du sommeil au cœur du processus onirique, il faut opposer cette brusque accélération de l'image : la chute du cierge, les brûlures au bras de l'enfant, le réveil soudain du père qui constate que le corps de l'enfant est menacé par les flammes. Cette immobilité de circonstance qui caractérise la statuaire paternelle est contestée par le vocatif. L'intervention inopportune de l'enfant-revenant brise aussi la logique commémorative du rêve. Si le récit du rêve obéit à une règle immuable, qui fait valoir l'enchaînement démonstratif des séquences narratives, cette linéarité est d'emblée contestée par un vocatif qui introduit l'appel au secours du fils. Ce vocatif, qui prend l'aspect d'un reproche, introduit un déploiement extraordinaire du processus narratif.

Faut-il en conclure que le sort de l'enfant est l'enjeu du récit onirique ? Et que le récit de l'analyse laisse place aux sortilèges ou à l'ensorcellement de ce premier né grâce auquel l'infantilité de la narration a pu être mise en valeur ? Le récit de l'analyse, qu'il s'agisse de la sévère élaboration métapsychologique, ou encore du protocole biographique dont tient lieu le récit de cure, n'est-il pas toujours la manifestation de cet enfant imaginaire ? On sait la fortune de cette proposition dans l'histoire psychanalytique. Il semble que, pour tempérer la sévérité freudienne, l'idéalisation ferenczienne du nourrisson savant soit devenue une façon d'expliquer, sinon de justifier, une certaine compassion thérapeutique. L'enfant consolateur de l'Ancêtre serait l'*imago* de l'analyste ; en témoigne cette filiation inversée que l'on retrouve évoquée dans « Père, ne vois-tu donc pas que je brûle ? ».

L'autorité paternelle

En somme, la mort de l'enfant permettrait au père de survivre. Plus encore, cette mort du fils agirait comme « empreinte » d'un scénario perceptif qui constitue l'appareil psychique. Freud ne formule pas l'interprétation de ce rêve de façon différente, bien qu'il me semble ignorer, en fin de parcours, la logique implacable et silencieuse de ce qui sera nommé, beaucoup plus tard, la pulsion de mort.

Que le rêve, à titre d'écran perceptif, permette de dénier la mort et de construire un scénario sans failles où le décès du fils serait symétriquement confronté au témoignage du père survivant, voilà qui ne saurait être contesté. Et l'élaboration d'une temporalité onirique représente de façon très nette cette durabilité existentielle qui « joue » avec la mort, pour mieux, temporairement, s'en détacher. Mais cet agir perlaboratif qui caractérise le matériau onirique n'en laisse pas moins subsister un point aveugle qui échappe à la représentation. Il ne s'agit pas seulement, dans le rêve évoqué par Freud, de la mort de l'enfant. Encore qu'il faille s'interroger, aussi bien chez Freud que chez Klein, sur la permanence de ce motif qui permet de fonder l'appareil psychique.

Le motif sacrificiel n'est pas suffisant pour décrire une telle emprise, du moins dans le rêve « Père, ne vois-tu donc pas que je brûle ? ». Car le sacrifice implique un tiers structurant et la constitution immédiate d'une victime-émissaire. Il ne suffit pas qu'il y ait meurtre de l'Autre pour que le sacrifice soit d'emblée symbolisé. Tuer le fils, pour mieux marquer la force de la loi paternelle, tel serait le cadre premier du motif sacrificiel. Mais le rêve « Père, ne vois-tu donc pas... ? » insiste sur cette vacance de la responsabilité du père. C'est ce dernier qui se retrouve soudainement défait de son statut autoritaire et qui, orphelin, se voit confronté à la recherche éperdue d'un cadre symbolique structurant. Freud, on le sait, ne cessera de statufier cette figure paternelle pour mieux en dégager les assises civilisationnelles. Qu'il s'agisse du refoulement de la violence instinctuelle ou de l'idéalisation des pères-fondateurs tel Moïse, il demeure que le sens doit, non seulement être transmis, mais requérir le statut enviable de signifiant. Car, faut-il encore le préciser, la violence instinctuelle, si elle taraude le tissu social, est à sa manière symbolisée. Un signifiant, garant de l'autorité paternelle, devra offrir un legs : le refoulement apparaîtra comme instance décisive qui structure, par différenciation, l'appareil psychique.

Quelle est dès lors la fonction singulière de ce signifiant qui doit ravaler la violence institutionnelle que ne peut contenir le *socius* ? Freud invoquera le sacrifice, la destruction de l'Autre. J'ai déjà fait valoir, sur ce point très précis, que le motif sacrificiel est au cœur des théories freudienne et kleinienne. Or, le meurtre de l'Autre chez Freud inscrit de façon particulièrement manifeste ce signifiant garant de l'autorité paternelle. Ce signifiant, c'est la logique qu'adopte Freud tout au long de ses réflexions sur le « devenir » de la culture, doit demeurer extraterritorial pour garder sa force persuasive. Le meurtre de l'Autre, motif civilisationnel, ne peut faire l'objet d'aucune réparation.

Voilà en somme l'énigme que nous pose Freud. Faire valoir la dimension extraterritoriale du signifiant, c'est laisser entendre qu'un Nom, garant de l'ordre symbolique, préexiste. Cette « mise en scène » du sacrifice, si elle implique le meurtre de l'Autre, n'en souffre pas moins d'un étrange paradoxe. La loi devra faire l'objet d'une transmission afin que l'interdit demeure opératoire ; le sacrifice exige d'être encodé afin que sa perpétuation acquière la valeur d'une répétition qui fonde l'inscription civilisationnelle. De plus, le sacrifice fait jouer cette dimension structurante ternaire grâce à laquelle l'Autre peut être à la fois détruit et réinstauré au rang de sujet. Il n'y a destruction de l'Autre que pour une source perceptive que représente le regard d'un tiers. Ainsi peut être ravivée l'interrogation présente dans le rêve : « Père, ne vois-tu donc pas que je brûle ? ».

Postuler la simple effectuation d'un sacrifice, qui aurait le statut d'événement refoulé, c'est restreindre la mort du fils au rang de confrontation. Que le décès du fils apparaisse symboliquement comme une mise à mort dont le père est l'ordonnateur, voilà certes un élément qui ne saurait être ignoré. Mais il y a fort à parier qu'une telle interprétation soit coercitive du fait de son caractère trop explicitement manifeste. Car le sacrifice, s'il représente bel et bien le meurtre de l'Autre, suppose aussi que l'inscription de cette violence soit symbolisée. Il faut donc retourner à ce que j'ai appelé plus tôt la « source perceptive » pour mieux définir cette instance apersonnelle qui anime la mise en œuvre du sacrifice. La notion d'identification projective ne permet pas de rendre compte avec justesse de cette dimension sacrificielle. Peut-être faut-il parler ici d'une « source perceptive » qui fait référence à l'énigme même qu'est l'inconscient ?

Si le père voit en rêve son fils l'appeler désespérément, c'est parce que la temporalité du rêve introduit une scansion brutale qui fait du réveil un moment de chute. On peut bien parler ici d'épreuve de réalité pour qualifier ce processus. Mais, ce faisant, on oublie que l'éveil fait étrangement disparaître cette « source perceptive » qui permettait au père de s'observer contemplateur de la survie du fils. Le père, se réveillant, devient orphelin d'une transmission que le fils lui adressait. Plus encore, il constate que sa propre mortalité est volée par le biais du décès de l'enfant qui lui reproche de ne pas avoir vu sa détresse. En somme, le rêve permet d'inscrire un espace ubiquiste où la question des frontières séparant la vie de la mort est constamment (dé)jouée. Cet espace ubiquiste me semble pouvoir être analysé de la manière suivante : le rêve permet d'aménager ce regard qui échappe à l'emprise d'une source perceptive qui capte le sujet, le laisse soumis, en proie à la terreur de la mortalité. On pourrait proposer que ce regard est hors-scène. Mais ce serait, à mon avis, une formulation trop illustrative.

Voilà sans doute ce qui échoit au rêve dans la perspective dessinée par Freud : l'aménagement d'une douleur — ne pouvant être réduite à la simple actualisation d'un travail du deuil. Si le rêve, chez Freud, permet de survivre, c'est précisément qu'il constitue un objet « fluide », « mobile », dont la métabolisation est fondée sur une économie désirante. En somme, cette « source perceptive » n'est pas sans rappeler l'ombilic du rêve freudien. Il ne s'agit pas d'une instance se caractérisant par sa rigidité topique. Encore moins d'un *topos* d'où surgirait toute la richesse du matériau onirique. L'ombilic du rêve, c'est plutôt le lieu où l'interprétation est mise en défaut. Si l'on désirait formuler les choses différemment, l'on pourrait avancer que l'ombilic du rêve est ce lien qui permet au père de pleurer sans que cette détresse du sujet orphelin soit immédiatement colmatée en figure surmoïque. Le père ne serait pas seulement confronté au caractère inéluctable d'un deuil — ce qui introduirait une temporalité de l'anticipation dont nous avons reconnu les fortes connotations réparatrices. Ce père, à l'instar du rêve évoqué par Freud, traduirait une douleur sans objet. La perte de l'enfant est bien sûr actuelle. Mais, il faut prendre garde de ne pas l'oublier, il s'agit de la perte de l'enfant telle que le rêve la présente. Perdre l'enfant, ne serait-ce pas du même coup l'objet du rêve, ce qui en constitue le mouvement onirique ? D'où la nécessité de laisser vivre plus longtemps cet enfant, de lui attribuer une existence qui échappe aux contraintes strictes de la temporalité. Serait-ce que Freud retrouve dans ce rêve l'empreinte d'un lien de pensée, au cœur de la théorie bionienne ?

À sa manière, l'enfant représenterait cette préconception à partir de laquelle le sujet peut investir une pensée en recourant à l'inscription d'une fonction contenante. Penser grâce à cet enfant introjecté qui représente l'ombilic du rêve, telle serait aussi une façon de survivre. Nous sommes loin ici de ce « manque » associé au père mort que l'on retrouve dans les textes freudiens qui font référence aux assises civilisationnelles de l'interdit. Si le père peut souvent apparaître chez Freud comme ce « maître à penser » qui fonde les interdits, inscrit les périmètres de transgression, justifie l'atténuation de la violence instinctuelle, nous rencontrons avec ce père bien vivant, et qui survit à son fils, d'autres problématiques.

Pleurer la mort de son fils, n'est-ce pas rencontrer une figure qui rappelle étrangement la *pietà* kleinienne ? On s'étonnera peut-être du rapprochement. Alors que Freud fait du refoulement de l'instinctuel la clé de l'entrée dans la culture, Klein adopte un registre à la fois plus circonspect et empreint à sa manière de radicalisme. La notion de réparation ne prétend pas, chez Klein, posséder d'implications théoriques fondamentales. Pourtant, et c'est là l'essentiel, elle inscrit un véritable dialogue entre la mère et l'*infans* de façon à rétablir le morcellement du schéma corporel. Si, chez Bion, ce morcellement fait référence à l'appareil psychique, il en va tout autrement chez Klein. L'espace réparateur entre la mère et l'*infans* est précisément ce qui donne matière à la source perceptive. La gratitude — c'est-à-dire la création renouvelée d'un attachement — permettra « d'investir » une figure maternelle à l'égard de laquelle un violent souhait de mort était éprouvé. La *pietà* fait donc valoir les droits d'une mère éplorée. Il s'agit de pleurer la perte d'un enfant pour mieux situer son absence et pour tenter d'atténuer « l'arrachement » qu'un tel deuil suscite. Si la perspective réparatrice est encore invoquée, c'est au prix d'un singulier renversement. L'enfant, ici, est définitivement perdu, soumis à une idéalisation d'autant plus intense qu'elle correspond au motif sacrificiel que j'évoquais précédemment.

Au père mort de la loi symbolique qui, chez Freud, impose renoncement et atténuation du pulsionnel, il faut opposer, chez Klein, cette mère toute-puissante qui invoque la perte de l'enfant pour mieux magnifier la gratitude. Si, chez Freud comme chez Klein, il faut tuer un enfant afin de structurer un matériau psychique, faut-il en conclure à une synchronicité des points de vue ? Je ne le crois pas, puisque Klein insiste sur le caractère inaltérable de l'objet perdu — qu'il est toujours possible de reconquérir fantasmatiquement — alors que Freud fait valoir la dimension purement signifiante de l'articulation paternelle au code symbolique. Bien sûr, dans les deux cas, un meurtre est invoqué. Et l'on peut se demander légitimement si cette mise à mort de l'enfant n'est pas ce qui fonde le refoulé civilisationnel. Comment comprendre cette insistance freudienne à faire du vœu parricide la concrétion de toute adhésion au groupe ? De même, pour Klein, la position paranoïde-schizoïde n'est-elle pas le signe d'une violence inéluctable qui est adressée à l'objet externe que constitue la mère ? Dans les deux cas, le souhait de mort fait intervenir la différence des générations comme s'il fallait que le meurtre de l'Autre soit adressé à l'un des géniteurs ou à sa représentation symbolique. Le véritable refoulé civilisationnel, qui a pour nom dans la théorie freudienne « pulsion de mort », n'est-il pas ce meurtre de l'enfant qui abolit toute descendance directe et qui fonde la loi à partir de l'aveu d'une disparition ?

C'est l'exemple du père orphelin dans le rêve « Père, ne vois-tu donc pas que je brûle ? ». Il est impératif que le rêve constitue cette armure protectrice grâce à laquelle la mort de l'enfant sera déjouée pour prendre l'aspect d'un *fatum*. Le rêve apparaîtrait donc sous la forme d'un récit qui se plaît à réciter l'histoire d'un deuil inavouable. Car oser faire le deuil d'un enfant par le recours à cette survie intrapsychique que représente le rêve, n'est-ce pas imposer une clôture interprétative qui sanctionne l'interdit, qui le cautionne en quelque sorte ? Sous la figure commode du vœu parricide, l'infanticide tient lieu d'impensé radical. Survivre à l'enfant, c'est s'instituer comme maître d'une lignée qui ne connaîtra aucune descendance. Voilà pourquoi le deuil, tel qu'il apparaît dans le rêve évoqué par Freud, est si problématique. On pourrait croire dans un premier temps que l'épreuve du deuil est pour ainsi dire anticipée dans ce rêve et qu'un tel mouvement inaugure à sa manière tout un travail de symbolisation autour de l'enfant-mort. Mais ce serait méconnaître un fait fondamental, à savoir que le rêve n'inscrit pas d'emblée une symbolisation achevée. Cette dernière ne peut prendre place que dans un mouvement d'après-coup qui correspond partiellement à la résolution de l'énigme que loge le rêve. Or, il serait inapproprié de conclure que le rêve contient « en soi » suffisamment d'éléments perlaboratifs dont la transaction autoriserait, par exemple, la réussite d'un travail du deuil. C'est plutôt une perspective contraire que le rêve évoqué par Freud met en scène. L'infanticide, « figure » extrême de la pulsion de mort, s'y voit inscrit tel quel. Et la survie toute provisoire de l'enfant pourrait bien correspondre à la jouissance paternelle de pouvoir tuer indéfiniment l'objet du rêve : un enfant qui échapperait à la sanction du symbolique, au pouvoir anonyme de la pulsion de mort. Une jouissance qui impose que la loi soit l'instrument implacable d'une répétition. Pessimisme de la pensée freudienne : le rêve commenté, dont la densité fantasmatique est forte, souligne une survie dont le caractère provisoire est l'exemple d'une répétition mortifère.

La transmission de l'identité narrative

On peut imaginer que la perspective kleinienne, sans être radicalement différente, instaure un processus plus souple. N'est-ce pas l'enjeu même de la réparation que de faire jouer un « don » de l'objet auquel correspond la notion de gratitude ? Qu'il s'agisse de l'union de la mère et de l'enfant chez Klein, de la *reverie* bionienne, ou encore de la préoccupation maternelle primaire chez Winnicott, un même postulat est adopté, qui fait de l'interaction mère-enfant un des fondements de l'inconscient. Ainsi la répétition mortifère que Freud attribue à la sanction paternelle est délaissée au profit d'un dialogisme dont n'est pas exclue une certaine positivité. Il est en effet présupposé qu'une « mère interne » habite l'inconscient, affublée du titre de bon objet. Faut-il conclure cependant, à partir d'une telle position explicite, à l'absence de tout souhait de mort ? Sans même que l'on aille jusqu'à parler du travail silencieux de la pulsion de mort.

J'ai évoqué précédemment que l'idéalisation de la figure maternelle chez Klein sous-entendait une dynamique sacrificielle dont la circularité, comme motif, fait elle-même répétition. Ce n'est pas l'absence du fils, au contraire de ce qui est formulé dans le propos freudien, qui doit être constamment rejouée. On pourrait, si l'on voulait à tout prix tenir un discours comparatiste, formuler les choses de cette manière. Chez Freud, c'est l'énigme silencieuse du père qui « parle » à travers la figure du rêve « Père, ne vois-tu donc pas que je brûle ? ». En somme, la survie toute provisoire de l'enfant nous conduit à interpréter et à « forcer » une signification là où le silence seul prenait place. Voilà ce qui caractérise la complexité de ce rêve. La mort de l'enfant tient d'abord lieu d'exemple. Il faut, c'est l'alibi interprétatif que ce rêve sous-entend, qu'une mort soit comptée, qu'une absence soit dénombrée pour que la psychanalyse existe. Le cadre symbolique suppose cette répétition dont l'étrangeté constitue le cadre du matériau onirique.

Qu'on se rappelle par ailleurs ce passage célèbre de l'(auto)biographie freudienne. « Tu dois une mort à la nature », tel est le leitmotiv du parcours freudien. La mortalité, parce qu'elle est inéluctable, devra prendre le visage d'une femme. C'est le motif abordé dans « Les trois coffrets ». Mais cette énigme, que représente la mortalité, possède aussi d'autres visages moins aimables qui font intervenir la certitude d'une « défiguration » identitaire. L'angoisse associée à la répétition de la mort différée du père et à son déplacement sur un fils qui adopterait alors le statut de victime, voilà un autre leitmotiv freudien. Il s'agit bien d'une temporalité qui consiste à éloigner la mort et le spectre du père. Faut-il s'étonner à cet égard si Freud mentionne que *L'interprétation des rêves* fut une façon de travailler cette mort du père, de lui octroyer un « pouvoir » imaginatif ne privilégiant pas uniquement les voies de l'inscription symbolique ? Le rêve n'apparaissait-il pas dès lors comme un matériau tout désigné afin que cette mort ne soit plus seulement agie mais déjouée et rejouée indéfiniment par la trame d'un agencement fictionnel ?

Que le père soit défait d'une filiation, il s'agit certes d'une configuration obsédante qui apparaît comme figure manifeste dans « Père, ne vois-tu donc pas que je brûle ? ». Mais que ce même père retombe, comme on dit, en enfance : personnage orphelin, happé par le plus total désarroi... Il est vrai que chez Freud l'angoisse de mort semble plus aisément dicible dès lors qu'elle prend la figure d'une femme. On peut y voir un aménagement culturel d'importance qui fait de la mère l'enjeu d'une clôture interprétative : le vieillissement, puis la mort, s'ils peuvent être domestiqués, doivent prendre la forme d'un pacte « originaire », condition de toute future transmission.

Il en va autrement de la figure du père. Cette « défiguration » identitaire que j'évoquais précédemment, ne constitue-t-elle pas la matérialité de la configuration onirique que l'on retrouve dans « Père, ne vois-tu donc pas que je brûle ? » S'il est possible — et même souhaitable — de « représenter » une femme qui contribue à sceller l'énigme de la mortalité, il faut ajouter que cette entreprise se caractérise par un singulier désaveu. Parce que le père instaure l'ordre symbolique, sa mort ne saurait être comptabilisée. L'expression « Tu dois une mort à la nature » prend toute sa signification ici. Inscrire la mère comme figure de la mortalité, c'est avouer la nécessité de sa disparition. En somme, le deuil peut à cette occasion faire intervenir une scansion perlaborative. Voir la mère mourir, c'est s'assurer d'une survie.

On pourrait d'ailleurs complexifier la proposition en ajoutant que la contemplation de la « mère morte » (André Green) est en soi un motif psychanalytique et culturel d'importance. Faut-il en conclure que l'écriture de *L'interprétation des rêves* peut autoriser cette déliaison de l'imaginaire afin que l'esquisse d'un « travail » du deuil demeure possible ? C'est ce que me semble sous-entendre la figure du père abandonné dans « Père, ne vois-tu donc pas que je brûle ? ». On ne sait plus très bien, dans le contexte inauguré par ce rêve, qui, du fils ou du père, est délaissé. S'il est possible de voir cette « mère morte » sans défaillir, c'est que la certitude d'une transmission fait obstacle à ce que Lacan a pu appeler dans un autre contexte l'*aphanisis*. Cette esthétique de la disparition peut en effet être tolérée sous son versant maternel. Ici nous retrouvons Klein, mais aussi Bion, puisque la figure de la *pietà* est à cet égard exemplaire. Elle permet d'idéaliser l'abandon, quitte à l'insérer dans le cadre d'une logique sacrificielle implacable. Alors que Freud affirme le pouvoir tout-puissant de la figure paternelle et qu'il invoque la sévérité d'un *fatum* civilisationnel auquel nul ne peut déroger, Klein fait de cet abandon « l'imaginaire » d'un lien de pensée. Le deuil n'est pas simplement l'objet d'une commémoration maniaque, bien qu'on ne puisse nier sur ce point l'importance du motif réparateur. Le sacrifice, s'il demeure meurtre de l'Autre, ne répond pas aveuglément à la logique d'un tiers exclu. La figure de la *pietà* nous montre en somme qu'il est possible de pleurer l'absence d'autrui, qu'un espace consolateur reste nécessaire. Adoptant ce point de vue kleinien, nous sommes beaucoup plus près d'une logique du « don » et de « l'échange ». Mais sans doute faut-il envisager avec circonspection, lorsqu'on travaille de l'intérieur du champ psychanalytique, tout discours qui valorise spontanément la réciprocité : l'éloge de la gratitude n'est pas, chez Klein, sans maladresse puisqu'il fonde de toutes pièces l'*imago* de la présence maternelle. Il n'en reste pas moins qu'à la différence de Freud, cette mère est déclarée vivante. Le spectre de l'infanticide, s'il demeure présent chez Klein, est cependant « réparé » par cette mère qui esquisse une temporalité de la perte et de sa possible réparation.

Revenons au « récit posthume » dont je soulignais la dimension structurante, sans doute par ailleurs paradoxale puisqu'elle fait appel à un défaut de signification. Pour reprendre encore une fois la terminologie bionienne, la pensée, si elle existe comme *a priori* sans lequel l'appareil psychique ne pourrait être formé, fonde le sujet qui s'institue comme sujet pensant. De même, le récit n'est pas la simple concrétion discursive auquel le sujet référentiel donne consistance par la « voix » du narrateur. Un tel point de vue, mimétique, reprend à bien des égards cette notion de clôture représentative qui consiste à faire du récit le porte-parole d'actions souscrivant au principe du discours rapporté. Le récit, dans la perspective que j'adopte, n'a pas de fonction réunificatrice. Pour tout dire, il ne permet pas de « réparer » l'historicité d'un sujet en proie au manque de cohérence existentielle, à moins qu'il s'agisse d'une faille lors de l'établissement de la constitution de l'identité. En somme, le récit ne saurait tolérer cette théorie du langage-substitut qui fait du langage l'incarnation, toujours imparfaite, d'une vérité dont l'énonciation doit être renouvelée. À s'en tenir à cette prérogative dans le champ culturel, le défaut de signification serait provisoire puisque le récit permettrait de nommer les choses et les êtres. Faisant référence au « récit posthume », ne doit-on pas envisager une perspective différente qui renonce à l'idéal réparateur ? Ce n'est pas ici l'énonciateur — qu'il corresponde au narrateur fictif ou au sujet référentiel — qui fait appel au récit pour consolider une emprise narrative qui lui attribuerait le statut de sujet.

Au contraire de cette conception de la narrativité faisant valoir l'intentionnalité d'un sujet qui serait, pour ainsi dire, porteur d'une « fiction » demandant à être incarnée, matérialisée, le « récit posthume » traduit une autonomie de la discursivité. Tout se passe en effet comme si le récit, entité préformée, était à la recherche d'un destinataire pouvant faire valoir sa recevabilité. Car le récit, tel que je le suppose, ne possède pas d'énonciateur autorisé. Il caractérise plutôt un « espace psychique » labile dont l'investissement représentatif n'est pas la préoccupation fondamentale.

Faire sens et ainsi « fonder » la genèse d'une narration, telle serait la fonction commémorative des Grands Récits recensés par Lyotard. On peut penser, sur ce point très précis, que le « récit posthume » traduit plutôt une sanction narrative qui crée du différend à partir de la scansion, indéfiniment répétée, d'un mythe originaire mis à mal. Faire appel au récit posthume, c'est en effet recourir à l'antériorité d'une présence que l'on convoque comme témoignage d'un « avant-discours ». La théorie du langage-substitut, évoquée par Georges Morel dans *Le signe et le singe*, privilégie ce leitmotiv. S'il y a perte ou, disons-le autrement, s'il y a « décès » de la narrativité, une telle disparition ne saurait aisément faire l'objet d'un récit de soi. Le récit posthume, pas plus qu'il n'est endeuillement réalisé face à une parole plénière, ne formule habilement le projet d'une narrativité décalée qui raconterait cette excentration de la fiction. Les conséquences d'une telle mise en scène du récit de soi sont nombreuses. D'une part, le rejet de l'avènement de la narrativité ne peut plus être conjugué à la formulation canonique que porte tout désir autobiographique. Au contraire de cette clôture représentative, qui impose à la fiction de rassembler les indices d'une figure magnifiée de l'auteur, le récit apparaît irrémédiablement orphelin. À l'encontre d'une esthétique commémorative, le récit n'est plus un témoignage, encore moins un discours rapporté. Il ne signale aucune antécédence narrative, ne répare ni ne magnifie une réalité dévastée. Tout au plus, le récit est-il là : « Père, ne vois-tu donc pas que je brûle ? » Comme si la trame onirique permettait de rompre l'inéluctabilité de la mort de l'enfant ; et que le « projet » onirique justifiait la création d'un récit afin de surseoir à cette introjection d'une sanction mortifère.

On l'a vu chez Freud, si l'enfant doit mourir, le récit du rêve doit assurer la pérennité de cette disparition. Le récit est sans doute orphelin puisqu'il incarne la survie d'une trame onirique représentant la mort. Le récit du rêve se présente, dans un premier temps, orphelin d'un destinataire. Mais le leurre est ici considérable puisque ce destinataire n'est autre que l'enfant mort ressuscité sous la forme du père orphelin. Il faudra donc que cet enfant disparu revive sous les traits du père qui en assure ainsi la représentation. Récit orphelin certes, tant l'enfant mort semble souligner la fragilité de la trame narrative, le rêve « Père, ne vois-tu donc pas que je brûle ? » n'en figure pas moins une temporalité qui échappe à cette disparition dont l'*aphanisis* est le concept le plus significatif.

La parole narrative, celle offerte par l'analysant au fil des séances, saurait-elle mieux convenir à ce que j'ai désigné sous l'expression de récit posthume ? S'il faut entendre ainsi le décentrement énonciatif qui fait de la cure analytique un espace modelé par les impasses du transfert et du contre-transfert, ce serait offrir une réponse par trop commode. Car la mise à l'écart du récit de soi n'est d'aucune manière l'équivalent de cette abolition de l'identitaire qui caractérise l'*aphanisis*. Lorsque Bion fait valoir « l'attaque contre le lien » afin de mieux définir ce qui lui apparaît être une caractéristique du développement de la pensée schizophrénique, il souligne une sorte d'éclatement de la discursivité qui possède de forts accents mortifères. Mais faut-il pour autant parler de « récit posthume » ? L'attaque contre le lien est véritablement l'affirmation d'une destructivité de la matière verbale. Le bivocalisme n'est pas présent dans cette réintrojection d'objets bizarres qui contribuent à parasiter la psyché. Peut-être le récit posthume présuppose-t-il une saisie de la discursivité qui, abolissant le sujet énonciateur, lors même qu'il s'affirme comme existant, n'en laisse pas moins jouer la trace ténue d'une autoréflexivité. Si le récit posthume est le constat d'une mort à l'œuvre dont l'implosion signe la disparition du sujet parlant, il n'en reste pas moins que l'autoréflexivité demeure nécessaire. Il faudrait donc postuler l'existence d'un destinataire dont la fonction majeure est de constituer une matrice perceptive qui (re)donne vie au sujet alors que ce dernier croit s'être sabordé. L'analyste peut se prêter à une telle constitution de l'intersubjectivité s'il accepte que sa parole, loin d'être l'implacable logique d'une transmission du tiers exclu, favorise l'élaboration d'une scansion perlaborative.

Certes, le récit sera toujours posthume puisqu'exilé d'une quelconque certitude originaire. Mais le récit n'en demeure pas moins nécessaire, car il inaugure une structure discursive qui permet à l'analysant de parler de soi tout en se situant à la place déléguée d'une altérité. Le récit, s'il instaure une « représentation » des actions narratives, n'en demeure pas moins un projet identificatoire lourd de conséquences. On peut être tenté de voir dans l'émergence de tout récit l'affirmation d'une sorte d'immuabilité narrative. C'est ce qui ressort, qu'on pense à l'analyste et au conteur, de la formule introductive « Il était une fois... ». Cette formule, si elle caractérise surtout la temporalité mythique du conte, n'en est pas moins à l'œuvre pour tout récit. Ce « Il était une fois... », ne faut-il pas l'entendre, au cœur de l'espace de séance, comme ce qui demande à être répété et ainsi rejoué ? La scansion perlaborative ne serait pas alors circonscrite par un récit ayant valeur de finalité. De même que l'identité narrative n'apparaîtrait pas comme l'incarnation de l'inconscient de l'analysant.

Ce « Il était une fois... », embrayeur métadiscursif qui inaugure la possibilité même d'une parole narrative, ne faut-il pas le concevoir dans son plus radical anonymat ? Peut-être pouvons-nous conclure que le récit, comme espace de parole, inscrit cette logique du tiers exclu qui est au fondement de l'acte analytique. Fondement paradoxal certes puisque le récit de l'analysant ne saurait être réduit à ce bivocalisme que j'évoquais précédemment.

La parole analytique ignore en effet la certitude de l'énoncé, qui condense en son sein un ensemble de propositions qui acquièrent leur efficacité discursive d'être départagées selon un souci de cohérence isotopique, de vérificabilité syntaxique, d'unité récitative. Or, l'analyse n'est pas un outil transactionnel. Elle ne permet pas de redire, par le recours à un autre langage qui serait la propriété de l'analyste, le fondement inconscient d'une énonciation qui aurait valeur d'action. Si le processus analytique s'apparente sous certains aspects à la singularité du conte ou à sa forme sacrée qu'est le mythe, il ne se contente pas de répéter un contenu originaire, ni d'en dévoiler, à travers les artifices du « Il était une fois », la scène immémoriale. Il demeure, c'est peut-être l'unique pertinence énonciative de l'analyste, que ce « Il était une fois » désigne clairement, par sa dimension aspectuelle, le signifiant séparateur qu'inaugurent les débuts de la cure.

Dire « Il était une fois », ce n'est pas affirmer une fois pour toutes le caractère fictionnel de sa propre vie pour déclarer vaine toute tentative qui consisterait à former les balises d'un récit de soi. Dire « Il était une fois », c'est accepter de créer une réalité dont l'énonciation n'est pas brutale, décisive dans son arrachement traumatique, mais plus simplement décisive dans sa valeur séparatrice: l'analyste incarne assez souvent, chez l'analysant, ce personnage des débuts qui prend le relais mythique d'un des nombreux membres de l'environnement familial. La dimension aspectuelle de cette formulation « Il était une fois » peut prêter à confusion, si l'on perçoit l'invite comme une trame enchanteresse à se laisser leurrer, si ce n'est endormir, par le fil d'un discours qui nous berce. Séparer les histoires passées (ce qui précède commodément pour des fins de classement mémoriel l'entrée en analyse) de la force puissante du « Il était une fois », c'est introduire la potentialité du récit qui rappelle ce que Winnicott a pu nommer dans une autre perspective « l'objet transitionnel ».

La notion de *dream-myth* conceptualisée par Bion rejoint notre propos, qui fait de l'effroi la source d'une intolérance à la frustration devant être métabolisée en rudiments cognitifs. J'ajoute que cette frustration, dans la pensée de Bion, s'élabore sous la forme d'un modèle digestif où il s'agit aussi bien de recevoir que d'expulser des contenus psychiques étroitement liés à l'amour de la connaissance. En somme, la puissance des histoires qui forment la tresse d'un segment de la cure traite de cette capacité mythique de réinventer le monde à partir d'une préconception qui fait office de « pensée vide ». Cette dernière devra trouver un cadre cognitif suffisamment élaboré pour que le penseur ne soit pas littéralement envahi par des non-objets qui ont pour fonction de parasiter l'appareil psychique.

Face au silence de l'analyste, à ce qu'il tend à interpréter comme le meurtre d'une discursivité opératoire et fonctionnelle, l'analysant peut faire intervenir le récit. Au *dream-myth* correspond ainsi le « Il était une fois », qui décrit la puissance immémoriale que loge l'acte de raconter. Le discours échappe ici à l'entendement d'une parole qui trouverait naturellement un interlocuteur donnant plausibilité à une demande, cette dernière fut-elle énoncée sous le mode d'une adresse imaginaire au psychanalyste. Lorsque l'analyse devient véritablement un discours, et non pas seulement la répétition traumatique d'un effroi originaire qui serait raconté sans cesse, la narration cesse d'être effrayée par le secret qu'elle pourrait contribuer à lever. Il y a parole analytique lorsque cette sanction hystéro-phobique, qui consiste forcément à se reconnaître — ou à reconnaître autrui — dans le discours que l'on tient, est abandonnée.

Il ne s'agit pas d'une parole narrant la certitude d'origines familiales, l'inéluctabilité d'un malaise psychique ou somatique. Cette parole, s'il faut continuer à la définir comme récit, est hésitante. Elle n'est pas, on l'a vu, sans entretenir de précieuses correspondances avec « l'oralité » du mythe. Le caractère immémorial du « Il était une fois... » ne saurait donc être compris comme la marque d'un achèvement de la parole narrative. Pas plus que cet embrayeur n'inaugure une mise en scène, indéfiniment renouvelée, de la discursivité. Ni ouverture ni conclusion, le récit apparaîtrait plutôt comme cet « espace potentiel » qui laisse jouer la transmission déliée de l'identité narrative.

Parler à l'analyse

Il arrive souvent que l'entrée dans le processus analytique prenne forme lorsque s'acquiert la capacité de parler « à l'analyse ». Au contraire d'une voix intérieure, ce murmure émotionnel qui n'oserait pas s'affirmer grâce à une prise de parole, des énoncés tels « J'ai pensé à l'analyse aujourd'hui », ou encore « J'ai imaginé que l'analyse » instaurent cet archaïque du transfert. Plutôt que la seule fondation du cadre analytique, je préfère voir dans cet acte l'amorce d'une narration qui crée un cadre, qui fait de l'analyste cette personne dont la présence anonyme est néanmoins familière et accueillante. Penser à l'analyse, ce n'est plus alors penser à l'analyste, s'infatuer de sa présence qui deviendrait obsédante. Ce n'est pas situer les aléas du transfert et du contre-transfert à partir de cette puissante figure de l'Auteur que devient l'analyste. C'est accepter au contraire une certaine liberté associative qui fait de l'analyste cette personne dont l'anonymat est requis. Si cette parole dite à voix haute témoigne d'un intérêt réel pour le processus analytique, ne serait-ce pas qu'un processus assez semblable à ce que Donald Meltzer retrouve dans la narration du rêve y est joué ?

Il s'agit, dans le premier cas, de rêver l'analyse à voix haute comme s'il s'agissait d'une personne familière à laquelle on s'adresse. La narration du rêve permet de son côté la reviviscence d'un contenu sensoriel qui peut être raconté à la faveur d'une transaction onirique. L'analyse n'est pas un auteur; tout au plus est-elle cette surface feuilletée d'inscriptions qui requiert — Freud l'a indiqué à propos de l'« ardoise magique » — le style d'une oralité qui n'échappe pas, c'est le destin d'une énonciation qui refuse le bavardage mondain, au poinçon du stylet. L'oralité de l'espace de séance est mise à l'épreuve par l'écriture inconsciente d'une résistance. L'acte de dire ses rêves en analyse, ou encore de rêver à l'analyse, en est un exemple. Il ne s'agit pas ici de trouver un destinataire autorisé, mais plutôt de refuser cette économie transactionnelle qui consiste à s'adresser à un autre dans l'espoir un peu vain de trouver réponse à ses dires.

Parler à l'analyse, ce n'est même plus faire référence à cet Auteur que serait l'analyste, qui susciterait en retour la passion de l'écoute, façon commode de transformer l'analysant en lecteur de son inconscient. Les fictions identitaires de l'Auteur — Maître possessif du récit de soi — et du lecteur — objet passif d'une fécondation qui passe par cette opération de déchiffrement du discours d'autrui — gagnent à être explorées. Il n'y a pas de récit de soi si l'on perçoit la mise au jour des alibis, des aveux, des confessions qui traduisent l'émergence d'un contenu refoulé. Conséquence d'une telle opération, ce travail du refoulement accéderait à la conscience et s'adresserait à un lecteur représentant une idéalité d'autant plus magnifiée qu'elle justifie la passivité. Le récit de soi n'est pas la présentation d'une vérité qui demande à être dite afin d'acquérir le statut enviable d'icône : fabulation narrative qui autorise le sujet à parler de lui-même et à proposer un témoignage qui assure ainsi une permanence dont Freud avait raison d'indiquer qu'elle puise à la source narcissique.

Écrire peut correspondre bien sûr au désir de s'autobiographier. Il s'agit du vœu de tout raconter dont j'ai mentionné le caractère assourdissant. Michel Leiris en témoigne, qui fit appel à l'autobiographie afin d'éprouver cette toute-puissance d'un récit qui avait pour rôle premier de lui attribuer un Nom propre. On peut évoquer ici le jeune Michel Leiris, rompant, par l'instauration de la narration, des épousailles nouées avec la poésie. Le récit de soi, dans la perspective soumise par Leiris, qui définit une tendance majeure de l'autobiographie contemporaine, avait pour fonction de contrer l'effraction d'une mort à l'œuvre pour offrir la fiction d'une naissance originaire par l'écriture. Le récit de soi devenait la figure agénérationnelle de l'identité du narrateur. Ainsi, Michel Leiris se voyait dans l'obligation de tenir un portrait aussi fidèle que possible de son identité, fut-elle revendiquée sous la forme d'un récit d'outre-tombe. À cet égard, l'écriture autobiographique de Michel Leiris s'autorisait d'une voix intérieure que le sujet entendait pour mieux la réverbérer, sous forme d'écho, dans un corps d'écriture qui recevait le statut de caisse de résonance.

Écrire le récit de soi, dans la perspective agénérationnelle que je viens de décrire, serait faire fi des Ancêtres. Il s'agirait alors d'enfouir ces derniers au cœur d'un caveau familial puis d'abolir toute descendance de façon à ce que le matériau d'écriture soit la seule descendance offerte : discours testimonial qui fait de la littérature la preuve de l'amour de soi. La littérature autobiographique est alors cette rupture violente avec un passé qu'il faut néanmoins écrire. On retrouve ce paradoxe dans l'œuvre de Leiris, qui ne cesse de relever l'inanité du fait narratif, mais qui recourt néanmoins aux artifices du « je » afin de mieux tresser les biffures du récit. C'est que Leiris, s'adressant à lui-même grâce à un protocole narratif sommairement qualifiable de narcissique, rencontrait à travers la doublure du récit un autre que soi. Cette altérité possédait une consistance d'autant plus forte qu'elle devenait le tournoiement vertigineux d'une identité dispersée aux quatre vents.

Leiris, autobiographe, n'aura pas été l'Auteur de son œuvre malgré son insistance souveraine à mettre en scène et à répertorier les menus détails de sa vie. Leiris n'aura pas été le simple chroniqueur d'une existence qui acquérait densité et perspective grâce à l'écriture. Au contraire, Leiris tuait l'incarnation de la littérature, sa prétention obtuse à dire le « réel » lorsqu'elle obéit à la progression chronologique d'une « histoire de vie ». Voilà ce qui caractérisa la singularité de l'écriture de Leiris : l'Auteur, malgré l'affectation narcissique qui condamnait à la description de soi, perdait, au fur et à mesure des biffures qui attestent le trajet heurté de l'œuvre, son statut de personnage privilégié. L'Auteur devenait alors le fantôme narratif d'un projet autobiographique qui cherchait à se dire grâce aux biffures et aux ratures d'un récit posthume. Peut-être pouvons-nous explorer ici un passage entre l'écriture analytique et l'espace littéraire.

Leiris élabore, notamment dans *L'âge d'homme*, un inventaire autobiographique exhaustif qui rassemble scénarios d'enfance, rêves et rappels mythologiques afin de traduire la rencontre du monde pulsionnel et de sa publicisation. L'écriture autobiographique ne justifie-t-elle pas alors un scénario défensif qui fait office de paravent ou de masquage protecteur ? « S'écrire » permettrait la création d'un Moi-peau qui favorise la consolidation d'une identification adhésive avec une vie qu'on ne veut pas lâcher. Ne pas abandonner sa vie, tel est le drame et la jouissance de l'autobiographe. La narration de soi permet d'oublier provisoirement le spectre d'une vie déjà vécue. L'accumulation de détails obsède l'autobiographe, qui peut ainsi différer l'actualité du temps vivant. Cet oubli de l'éphémérité est maintenu jusqu'au moment où la narration de soi met fin à l'hésitation du sujet qui fait de sa vie un moule protecteur dont l'écriture est le corps protégé.

L'intervention de l'écriture, si l'on observe la démesure exemplaire de l'œuvre leirisienne, n'est pas pour autant la condensation d'un projet autobiographique qui aurait pour seul rôle de traduire le contenu inconscient. C'est se méprendre, et pour tout dire accepter naïvement l'imaginaire du projet autobiographique, que d'instaurer la vérité de l'écriture. L'autobiographie, dans ce cas, serait une chronologie écrite dont nous connaîtrions les commencements et la fin. Toute lecture de Leiris qui souscrit à cette image réductrice d'une autoanalyse poursuivie par l'écriture rate son objet, méconnaît que l'autoanalyse consiste à « dire » la littérature et non pas le spectre de l'Auteur qui en est la futile représentation.

Parler à l'analyse, proposerais-je pour définir certaines cures qui abandonnent la pétrification de l'analyste et l'amour ou la haine que ce dernier suscite au cœur du transfert, n'est-ce pas une façon de contrecarrer la présence obsédante de l'Auteur ? N'est-ce pas faire de l'analyse cette aire transitionnelle où la narration peut se déployer sans qu'elle soit attribuée d'office à un Maître-thérapeute dont tout discours serait perçu comme abusif et violent ? Un tel parcours ne signifie pas pour autant que l'analyste s'absente, qu'il délègue son identité au profit d'un silence de circonstance, ce qui magnifierait l'érogénéité de la cure. Le silence dans la cure peut être, chez l'analyste, cette résistance obstinée qui le fait posséder les secrets du récit de l'analysant.

La destitution subjective de l'analyste, qui lui fait abandonner le statut d'Auteur, traduit d'autres préoccupations. Il ne s'agit pas d'un discours thanatologique pour lequel la puissance de la mort, imposant la ruine de la narration, serait de mise et abolirait toute identité personnelle. L'absence de l'analyste n'est pas la même chose que la meurtralité du processus analytique. Il peut être rêvé que l'analyste meure ou qu'il disparaisse ; il peut, au contraire, être craint que l'analyste meure ou disparaisse. Dans tous les cas, la présence de l'analyste est sans cesse remise en question puisqu'il est identifié au cadre qu'il a contribué à instaurer. Parler à l'analyste, c'est se situer dans un registre référentiel qui impose qu'une séance succède à une autre, que le « verbatim » des séances soit un accompagnement scriptural qui offre une certaine linéarité entre des « dits » qui perdraient toute consistance. Alors que l'acte de parler à l'analyse, et de vouloir « tuer » l'analyste, autorise cette transformation de l'effroi en défaillance, ce trépassement du récit bien ordonné qui ferait de l'analyste, ainsi magnifié par l'amour de transfert, la répétition d'un personnage du caveau familial.

C'est à cette condition qu'il m'apparaît possible d'entrevoir une relation entre psychanalyse et littérature puisque l'écriture ne connaît pas de fin ordonnée, qu'elle ignore l'emprise de l'Auteur. L'écriture se moque, on ne peut négliger ici la puissance d'un humour qui désarçonne et trouble tout à la fois, de la commémoration littéraire qui cherche à transformer le saisissement créateur en Livre-objet. Qu'on se rappelle l'insistance freudienne à enfouir le livre sous le poids de la métaphore archéologique. De même, la psychanalyse n'est pas ce parloir mondain qui répondrait aux exigences d'un dialogisme bien ordonné, qui soumettrait tout énoncé au calibrage quasi mathématique du contre-transfert et de la réponse de l'analyste. Un tel discours, qui souscrit à une économie transactionnelle de la cure, n'est pas vivant, ni plus concret, ni plus riche de réalité : autant de facteurs qui amèneraient l'analysant à s'y retrouver peu à peu, à délimiter un territoire dit familier, à engranger souvenirs et rêves de façon à ce qu'ils construisent une mémoire de la cure.

Ce discours est thanatologique puisqu'il laisse entendre que l'analyste est cette personne qui répond aux impératifs du transfert, qui donne sens aux rêves, qui vivifie par ses interprétations une parole — celle de l'analysant — qui serait anomique ou excessive. Encore faut-il ajouter que cette figure de la destitution subjective à laquelle je fais appel est insatisfaisante parce qu'elle traduit un processus qui est toujours vécu sous l'égide du transfert et qui recourt au présupposé dialogique. J'ai fait référence un peu plus tôt au ravissement, à la possession, à la démesure de cette écoute. Cette dernière n'est pas attentive — ce serait un leurre narcissique lourd de conséquences — mais désordonnée puisqu'elle fragmente la linéarité narrative qui permet à l'énonciateur de trouver le fil de son discours.

Il ne s'agit pas pour autant de rejeter le désir de « faire sens » qui peut caractériser à certains moments le discours de l'analyste. Quoiqu'il faille interroger cette prétention à répondre absolument à la demande de l'analysant. La parole en analyse n'est pas cette oralité primordiale qui témoignerait d'une énonciation pouvant échapper à l'asignifiance, à la fragmentation. Tout discours est parole rapportée. De même, toute parole est l'exercice d'une « mise en récit » dont l'énonciation conteste le souhait d'une plénitude identitaire. L'oralité représente, à tout le moins pour l'Occident, le fétiche d'une parole vive, dont l'énonciateur serait le truchement de circonstance. En somme, l'oralité crée le fantasme d'une coïncidence du sens et de l'expression. Elle tient lieu de *gestalt* grâce à laquelle l'énonciateur trouve une forme vivante pouvant lui permettre de penser. Mais l'oralité n'est-elle pas toujours contestée par la narration, qui réduit à néant l'illusion d'une toute-puissance de la parole ? Si la figure de l'oralité est décisive, c'est qu'elle interroge ce désir de « voir » l'inconscient, de le « saisir » afin qu'il prenne forme.

La voix ne correspond pas au règne du visible : on ne peut se voir s'entendre. De même, la voix n'est pas la simple manifestation d'un « écho » narcissique. S'il arrive de se voir, encore que l'expérience demeure troublante, s'écouter traduit une interrogation plus radicale parce que la source de la « voix » est à la fois interne et externe à l'enveloppe corporelle. Cette dernière est bien sûr la source de la voix, et l'on ne saurait négliger cette dimension multisensorielle que la voix convoque. Ainsi, l'oralité est soumise au corps de l'énonciateur qui prête forme au discours dont il sera le révélateur privilégié. Cavité primitive, ou encore enveloppe narrative, la voix est à la fois un porte-parole et une inscription pulsionnelle archaïque. Cette double articulation de la voix, selon qu'elle favorise un pli interne ou externe, traduit le registre de l'écoute en psychanalyse. Écouter, c'est faire soi une parole, en somme l'adopter. L'internalisation est de mise puisque les mots entendus acquièrent une résonance personnelle. Ils ne sont pas simplement emmagasinés à titre de matériaux informatifs qui pourraient faire l'objet d'une consommation ultérieure. Écouter, c'est accepter d'être pénétré, envahi, détruit, ravi par des mots qui sont autant de formes somato-psychiques de la pensée. Ce registre d'écoute traduit une expérience extrême qui caractérise la psychanalyse et aussi, selon des modalités différentes, la littérature. Le corps du psychanalyste est cette matrice qui nourrit l'écoute à partir d'un silence qui est la promesse d'une énonciation inventée par l'analysant. En somme, le psychanalyste, lorsqu'il fait œuvre « d'écoutant », n'est plus ce personnage neutre qui accepte sa destitution subjective pour mieux faire valoir un silence de mort.

Être un sujet « écoutant » n'est pas si différent, dans la perspective que j'adopte ici, du travail de l'analysant qui s'acharne à être silencieux pour mieux découvrir le pouvoir inconscient de la parole. On pourrait d'ailleurs envisager d'autres figures de l'écoute analytique : un patient bavard par excès de surdité, qui ignore, la bouche remplie de mots, ce « vide » qui donne naissance à la parole. Écouter, on l'aura compris, ne signifie pas s'écouter. La parole ne connaît pas de signe tangible qui atteste sa (re)connaissance par un sujet-énonciateur. Tout au plus peut-elle être adressée à un Autre qui croit tenir lieu d'interlocuteur fidèle. Voilà le paradoxe de l'écoute analytique. L'énonciateur qui a le statut d'analyste peut bien sûr imaginer dans un premier temps que sa voix circule, qu'elle est reçue par un patient qui s'en déclare le fidèle destinataire. Mais une telle perspective est faussement naïve, voire présomptueuse. Lorsqu'il parle, l'énonciateur-analyste recourt à une voix intérieure dont le paradoxe serait, chose dévastatrice pour l'analysant, qu'elle le transforme en ventriloque. Il faut donc que cette voix parle et ne surgisse pas du « néant » ; sinon elle ne ferait que perpétrer une effraction d'autant plus impitoyable qu'elle se constituerait par l'appel à un silence lourd de mots.

Parler à l'analyse, n'est-ce pas au contraire s'adresser à un sujet « autre », aux contours malléables puisqu'ils sont ceux que chacun amène sur la couche de transfert ? Parler à l'analyse, ce serait accepter de parler la défaillance du récit qui ne peut contenir tous les rêves, toutes les associations, tous les délires, sachant malgré tout que celle-ci, l'analyse, reste fidèle au poste : relais de parole et lieu de repos, récit posthume qui entraîne au delà de ce que l'on est dans l'effectuation d'une parole qui se disait de toute éternité. À cette condition, il est possible d'étudier le transfert littéraire qui agit l'interrogation psychanalytique lorsque celle-ci aborde les questions du récit et de sa transmission, les modalités de sa figuration signifiante par un narrateur qui n'est pas seulement un personnage.

L'analyse tout comme la littérature ne sont pas de simples personnages de récit. Elles ne sont pas des figures de « contenance » narcissique. La cure n'est pas la fiction idéologique d'un cadre qui matérialise le protocole transactionnel de l'échange psychanalytique. De même, l'écriture n'est pas l'imagination littéraire qui recourt au fantasme des œuvres dites complètes afin de témoigner de la véracité de soi. Voilà pourquoi cette question du récit de soi, et de façon plus précise l'interrogation autour de la source du discours autobiographique, est inopportune lorsqu'il s'agit de la règle psychanalytique. Comment en effet imposer une règle de vérité qui soit semblable à la règle du jeu revendiquée par Leiris quand on sait que le discours dans la cure s'épuise à dire ce qui l'empêche, ce qui le détourne d'un signifiant premier ?

Parler à l'analyse, c'est peut-être accepter le moment singulier du trépassement qui abandonne les figures canoniques du deuil et de la mélancolie. De même, parler à la littérature permet peut-être de rejeter l'idée d'une contenance à la source de l'œuvre qui donnerait consistance à l'écriture. En fait, qu'il s'agisse de littérature ou d'analyse, l'abandon du personnage traduit ce rejet d'une idéalité qui offre au récit un narrateur dont l'unicité lui octroie le statut de Maître-thérapeute ou encore d'Auteur. Nous retrouvons ici les figures diverses d'une autorité qui fonde une propriété discursive (le récit), ou qui affirme une possession clinique (l'analysant). Il n'est pas nécessairement facile d'accepter cette destitution subjective qui condamne le scripteur à être porté par les mots qui lui donnent à penser. Il n'est peut-être pas facile pour l'analyste d'être destitué de son identité et de reconnaître que « quelque chose » peut naître et contribuer à l'avancement de la cure sans qu'il y soit pour beaucoup.

Tout se passe comme si l'abandon de la volonté, qui consiste à donner corps à l'écriture ou justesse empirique à l'interprétation de l'analyste, se traduisait par un dessaisissement créateur à la frontière de la dépersonnalisation. Bion avait reconnu ce processus avec beaucoup de justesse en soulignant l'importance de la « turbulence émotionnelle ». Nous retrouvons de nouveau, avec cette exigence de la parole qui témoigne d'un insu salutaire, le motif de la mort du récit. La mort de l'auteur est un des *topos* déterminants de la pensée post-structuraliste. Foucault l'a constaté, qui déclarait l'inanité du retour sur soi, comme si cette obsession justifiait une fidélité plus exacte envers l'idée que l'on se fait de l'identité personnelle. Mais cette identité n'existe pas, si l'on entend par là un discours préconstruit qui obéit aux contraintes du narcissisme primaire. L'identité est elle-même un récit qui crée de toutes pièces la fiction d'un narcissisme primaire donnant naissance à la pensée.

Voilà pourquoi la problématique du transfert littéraire, concernant la question de l'écriture analytique, m'apparaît primordiale. Le premier leurre, traduisant cette contrainte du transfert littéraire, serait de croire à la singularité « d'une » écriture analytique, au caractère ineffable de son énonciation. Il y a certes des règles qui font référence à la forme du récit et aux modalités de sa transmission. L'exercice du métier de psychanalyste témoigne de cette mise à distance d'une mondanité bavarde faisant office de parloir où tout serait bon à dire et à communiquer. Les psychanalystes aiment faire référence à l'exigence du privé, du secret, de la confidentialité pour mieux traduire un souci éthique. Cette exigence a pour but de disqualifier, c'est souvent le roc de toute formation psychanalytique, le caractère trop séduisant d'un récit, d'un patient pour lequel le transfert devient un véritable amour qui pourrait être pérennisé par le souvenir dont tient lieu la Lettre de la cure.

Il existe des façons de rendre compte d'une cure qui ne sont pas si différentes de rituels d'embaumement où il s'agit de présenter le corps défunt afin qu'il soit offert à la communauté dans l'exacte posture qu'il adopta au moment du passage de vie à trépas. Il existe aussi des rituels qui présentent le défunt accompagné de ses objets familiers comme si la posture du corps, témoignage d'une extrême solitude et d'une rupture définitive avec le monde des vivants, devait être apaisée. Que signifie vraiment cet accompagnement qui rassemble les objets précieux du vivant ? Sans doute un attachement dont la valence paradoxale indique que le moment du trépassement ne peut se maintenir sans la reviviscence d'une relation d'objet. Rendre compte d'une cure, n'est-ce pas témoigner de cette posture exacte que revêt une psychanalyse devenue Lettre morte ? N'est-ce pas recourir au témoignage qui fonde un discours rapporté qui fait de l'analyste cet Ancêtre, porte-parole mythique de la narration, et de l'analysant un corps défunt ? L'analyse est-elle ce pur objet de paroles et d'interprétations qui acquière signification, quoiqu'on en dise souvent à propos de la dite spontanéité du récit de cure, grâce au récit qui en est proposé ? Le récit de cure n'est-il pas cet ordre discursif dont la défaillance toujours répétée signe l'imperfection de la narration, sa difficulté à rendre compte ?

Contraindre la matière...

Qu'en est-il du « récit de l'analyse », de sa singularité dans la pensée freudienne ? On connaît la réflexion de Freud sur l'« ardoise magique », qui a pu être saisie comme la métaphore à la fois scripturale et immatérielle de l'inconscient. Freud, on le sait, n'était pas avare de sa fascination envers l'*imago* de l'écrivain. Il y retrouvait la puissance d'un personnage héroïque, à l'instar du Faust psychanalyste qui l'habitait, alors même que le processus créateur le laissait perplexe. De la *Gradiva* aux réflexions sur « La création littéraire et le rêve éveillé », l'on rencontre chez Freud le fantasme de toute-puissance qui est attribué à l'écrivain : ce dernier, soumis à l'emprise du processus primaire, réussirait l'espace d'un moment à traduire ce récit non spécularisable qu'est l'inconscient. Il existe pourtant chez Freud une description assez fine du processus de l'écriture que j'aimerais évoquer. Dans une lettre à Stefan Zweig du 14 avril 1925, Freud écrit :

> Il faudra que je vous dise un jour combien vous réussissez à obtenir, avec la langue, quelque chose qu'à ma connaissance personne d'autre ne réalise. Vous savez rapprocher de si près l'expression de l'objet que les plus fins détails de celui-ci deviennent perceptibles, et que l'on croit saisir des relations et des qualités qui jusqu'à présent n'avaient absolument jamais été exprimées par le langage. Cela faisait déjà longtemps que je me creusais la tête pour trouver un équivalent de votre façon de travailler ; finalement, il m'en est venu un hier, évoqué par la visite d'un ami épigraphiste et archéologue. C'est un procédé comparable à celui de prendre le calque d'une inscription sur une surface de papier. On applique, c'est bien connu, une feuille de papier humide sur la pierre, et l'on contraint cette matière malléable à épouser les moindres creux de la surface portant l'inscription. Je ne sais si cette comparaison vous satisfera [18].

Il est singulier que le modèle désigné pour mieux décrire l'écriture de Zweig soit un « ami épigraphiste et archéologue ». La science psychanalytique, dont Freud est le légataire, s'adjoint ici le secours de la matérialité scripturale. Mais la langue que découvre l'archéologue relève d'une forme d'inscription préformée, car les traces du passé circonscrites font référence à un passé enfoui qu'il s'agit de faire renaître. On sait de plus que Freud lui-même recourut avec beaucoup d'insistance à cette métaphore archéologique, l'analyse de la *Gradiva* demeurant l'exemple le plus approprié. D'où l'ambivalence freudienne envers l'écriture : cette dernière révèle une formulation scripturale qui rappelle sous certains aspects la théorisation métapsychologique qui, chez Freud, tente de formaliser le caractère immatériel de l'objet psychanalytique. En somme, Freud, lorsqu'il « écrit » la découverte de la psychanalyse, est confronté à un dilemme majeur. Si cette dernière doit obéir aux présupposés scientifiques en vigueur au tournant du siècle — en témoigne le modèle thermodynamique et le

18. Sigmund Freud et Stefan Zweig, *Correspondance*, préface de Roland Jaccard, traduit de l'allemand par Gisella Hauer et Didier Plassard, Paris, Rivages, coll. « Bibliothèque Rivages », 1991, p. 38.

recours au principe de constance —, l'écriture freudienne traduit malgré elle avec force l'abandon de cette positivité théorique au profit de l'incertitude. En somme, le « récit de l'analyse » advient précisément lorsque l'enveloppe narrative, qui trame l'enchaînement argumentatif des séquences théoriques, est abandonnée. Il faudrait alors proposer, comme le suggère Patrick Mahony, que l'écriture de Freud agit la trame théorique faisant l'objet d'une argumentation manifeste. On se souviendra que Mahony découvre dans la structure textuelle d'*Au-delà du principe de plaisir* le Nom de Freud en quelque sorte camouflé dans le rappel du jeu du *fort-da*. Cette déformation du texte théorique, au profit de son prétexte pulsionnel, est essentielle puisqu'elle nous oblige à examiner le retour du biographique dans la pensée freudienne. Quoique la valorisation démesurée du texte freudien, envisagée comme l'expression rhétorique de l'inconscient, ne soit pas exempte d'apories méthodologiques. N'y a-t-il pas là un désir de promouvoir une lecture archéologique afin de susciter la reconduction d'un transfert de « lecture » qui recourt à l'idéal du *corpus* freudien ? La métaphore archéologique peut en effet habiter l'intérieur d'un « appareil » méthodologique et critique qui débusque avec beaucoup de finesse les lacis de l'écriture freudienne.

Qu'il s'agisse de la narration des « histoires de malades », ou encore de la littérature qui vient ici confronter la psychanalyse à son propre impensé, l'attitude freudienne à l'égard du récit est lourde de réticences. On sait que Freud fit intervenir dans certains de ses textes une « scène d'écriture », c'est l'exemple de *Malaise dans la civilisation* et de *Moïse et le monothéisme*, pour y dégager une élaboration fictionnelle qui lui permettait de laisser libre cours au processus primaire, à moins qu'il s'agisse plus simplement d'une dérive spéculative que Freud ne redoutait plus. Patrick Mahony mentionne avec beaucoup de pertinence l'hésitation freudienne entre la conduite didactique de l'investigation scientifique et la diataxe[19] qui traverse notamment l'écriture de *L'interprétation des rêves*, mais aussi celle d'*Au-delà du principe du plaisir*.

L'écriture freudienne se constitue donc à partir d'une ambiguïté fondatrice. Freud ne cessait de relever l'incomplétude du récit de cure puisque l'anamnèse se révélait imparfaite, réductrice, incapable de rendre compte de la richesse des matériaux associatifs. Pourtant Freud enviait la profusion de l'écrivain sachant « mener » un récit : il y découvrait un « art » narratif de la cure, correspondance troublante dont la psychologie des personnages — notamment chez Schnitzler — ressemblait à s'y méprendre à ce que Freud lui-même découvrait

19. Figure rhétorique d'abord décelée par François Roustang dans *Elle ne le lâche plus*, Paris, Minuit, 1980.

laborieusement dans l'antre de son cabinet. En témoigne le passage déjà cité où Freud tente de décrire une métapsychologie du littéraire :

> C'est un procédé comparable à celui de prendre le calque d'une inscription sur une surface de papier. On applique, c'est bien connu, une feuille de papier humide sur la pierre, et l'on contraint cette matière malléable à épouser les moindres creux de la surface portant l'inscription.

L'écriture est donc un calque, la répétition d'une forme préinscrite. La réflexion freudienne fait appel avec insistance à cette minéralisation fondamentale de « l'inspiration » grâce à laquelle naît l'écriture. Qu'on ne se méprenne pas en effet sur la teneur de cette métaphore archéologique. Au contraire de la conceptualisation de l'appareil psychique qui définit la malléabilité de l'investissement pulsionnel et les contraintes diverses que suscite l'emprise de la résistance, Freud nous propose, dans cette lettre à Stefan Zweig, le modèle d'un enveloppement dont le pli externe reste d'une dureté non entamée. On constatera sans peine ce qui différencie le modèle freudien de l'« ardoise magique » de cette pierre dont les moindres creux recèlent une inscription permanente. Si ladite « ardoise » induit une écriture dont la valeur représentative est sans cesse remise en question, la « pierre d'écriture » instaure une permanence qui résiste à tout investissement pulsionnel. Ajoutons que le modèle de l'« ardoise » ne possède de valeur signifiante que grâce au défaut d'inscription qui en caractérise la singularité.

Il n'est pas étonnant que Freud privilégie à cette occasion la reproduction des traces mnésiques puisque la pulsion fonde tout au plus un représentant de représentation. En somme, le défaut d'inscription de l'« ardoise » fait en sorte que la poussée externe (le tracé de la main qui tente précisément d'inscrire un signifiant) soit elle-même effacée à la suite de sa matérialisation. Encore qu'une telle façon de s'exprimer demeure problématique, car Freud nous indique radicalement la défaillance de l'écriture dès qu'elle cherche à contenir un représentant pulsionnel. Rappelons-nous les *Études sur l'hystérie*, ou encore l'évocation de l'écriture hiéroglyphique de *L'interprétation des rêves*. Freud invente une langue archaïque pouvant « fonder » l'inconscient. Comment dès lors percevoir cette écriture dont il justifie, s'adressant à Zweig, l'inscription originaire ? Faut-il évoquer à ce sujet une trace mnésique qui correspondrait peu ou prou aux représentations de choses et que le « travail » d'écriture aurait pour fonction d'activer[20] ?

---

20. Jean Laplanche et J.-B. Pontalis notent à ce sujet dans *Vocabulaire de la psychanalyse*, Paris, Presses universitaires de France, coll. « Bibliothèque de psychanalyse »,

L'écriture, entrevue comme représentant psychique du pulsionnel, se caractériserait dans cette lettre à Zweig par sa très grande rigidité. Faut-il y voir la figuration permanente, essentialisée, de la pulsion de mort ? Bien que ce dernier concept apparaisse tardivement dans la pensée freudienne, il est étrange de constater que l'immobilisme, la pétrification de la signification que Freud attribue à l'écriture lors de sa correspondance avec Zweig n'est pas sans relations avec l'inertie dont la pulsion de mort demeure la figure emblématique. Certes l'écriture n'est pas, ainsi qu'une certaine *doxa* psychanalytique a pu le faire savoir, la trace signifiante du pulsionnel. La notion de signifiant que Laplanche et Pontalis évoquent afin de mieux saisir la dimension associative et plurielle de l'inconscient ne saurait soutenir la comparaison avec l'écriture, laquelle, dans cette lettre adressée à Zweig, prend la forme singulière d'une épitaphe, à moins qu'il s'agisse d'une stèle funéraire.

À l'encontre de l'enfant revenant, mais aussi bien vivant, qui réveille un ancêtre horrifié — c'est l'argument de « Père, ne vois-tu donc pas que je brûle ? » —, ne faut-il pas imaginer, chez Freud, le fantasme d'une création toute-puissante, immortalisée par une pierre-épitaphe qui recourt à la métaphore d'un contenant rigide ? Mais si l'œuvre littéraire est comparée à une pierre, est-ce pour Freud que le secret de la création demeure impénétrable ? On pourrait suggérer à cet égard le repli narcissique que figure cette pierre, le caractère immémorial de l'inscription que cette pierre représente. S'agit-il alors, en guise de complément à *L'interprétation des rêves* — cette épitaphe, justement, que Freud s'octroie à titre d'explorateur du monde onirique —, d'une commémoration que l'œuvre d'art incarnerait ? Dans tous les cas, la découverte de l'inconscient présente des images de permanence, de pétrification et de minéralité.

Reprenons l'argumentation de Freud. Cette surface de pierre fixe une empreinte qui possède le statut de fonction contenante. Mais ce contenant, voilà le paradoxe, refuse du même coup d'accueillir un représentant de représentation. Cette pierre, Freud le souligne, « [...] contraint cette matière malléable à épouser les moindres creux de la surface portant l'inscription. » Contraindre la matière, n'est-ce pas aussi un aveu d'importance puisqu'il s'agit de délimiter la surface

---

1967, p. 415. : « On sait que Freud ne se représente pas la mémoire comme un pur et simple réceptacle d'images, selon une conception strictement empirique, mais parle de systèmes mnésiques, démultiplie le souvenir en différentes séries associatives et désigne finalement sous le nom de traces mnésiques, moins une « impression faible » restant dans une relation de ressemblance avec l'objet, qu'un signe toujours coordonné avec d'autres et qui n'est pas lié à telle ou telle qualité sensorielle. Dans cette perspective, la *Vorstellung* de Freud a pu être rapprochée de la notion linguistique de signifiant. »

d'inscription grâce à laquelle l'écriture, à titre de trace mnésique, fera l'objet d'une représentation ? Contraindre la matière, n'est-ce pas aussi imposer un coup de force qui domestique l'objet de la création afin de lui imposer un masque qui en reconstitue fidèlement l'avènement ? Contraindre cette matière malléable, n'est-ce pas enfin abolir le dynamisme du mouvement, détruire ce qui pourrait tenir lieu de matrice émotionnelle de la pensée ? En somme, Freud, à l'occasion de cette lettre, abandonne l'idéalisation romantique du créateur : porte-parole génial et méconnu des aspirations inconscientes de la collectivité. Le créateur n'est plus ce double à la fois inquiétant et fascinant qui, par le jeu de l'identification projective, donne source aux inquiétudes de la communauté. Il ne contribue pas à instaurer cette prime de plaisir qui permet à Thanatos de se masquer sous les apparats d'Éros. À l'encontre de ce point de vue, qui sanctifie l'art tel un tribut héroïque payé au « destin » pulsionnel, Freud adopte, c'est ce que nous indique cette lettre à Zweig, une posture circonspecte. L'art, ressemblant à cette pierre dont rien ne peut entamer la dureté, serait un lieu impénétrable, forgé à même l'opacité de l'inconscient.

Freud saisit d'ailleurs les limites imposées par cette description qui lui permet d'énoncer la radicale impropriété de la création. La matière malléable est bien ce feuillet de papier humide qui épouse les moindres creux de la pierre. Freud parlera de « calque », ce qui est une façon d'indiquer la relation de contiguïté entre un objet-référent, tenant lieu d'inscription, qui permet de copier, et la singularité d'un objet dont l'empreinte est ainsi formée. L'art ne vaudrait-il alors que par la ressemblance qu'il noue avec cette empreinte archaïque ? N'aurait-il d'autre rôle que de répéter cette contrainte énergétique marquée sur la surface de la pierre ? À moins que l'on envisage une autre perspective qui fait de la pierre l'envers de cette « matrice contenante » que Freud aura reconnu avec difficulté lorsqu'il tente de définir le « travail » littéraire. Qu'y a-t-il en effet de violemment camouflé dans cette pierre qui offre une surface préconstruite, qui minéralise l'excitation motrice à la source du projet créateur ? Qu'y a-t-il de refoulé chez Freud lorsqu'il fait valoir à Zweig une conception du processus créateur qui se caractérise par la reproduction d'une surface préformée ? De même, lorsque Freud mentionne à Schnitzler son ambivalence envers les créateurs qui ont accès avec une facilité déconcertante à la source de l'inconscient, n'indique-t-il pas un singulier désaveu qui concerne le « labeur », le « travail », la « féminité » qui accompagnent toute activité — sexuelle — de création ?

Il n'est pas étonnant que Freud ait été capté par le « mystère » de la création littéraire. Sa propre écriture témoigne d'une hésitation manifeste entre un modèle scientifique, souscrivant aux exigences de la rationalité dominante au début du siècle, et ce que Donald Meltzer a pu appeler dans *Le monde vivant du rêve*, une « poésie scientifique[21] ». Les références à la neurophysiologie, première passion freudienne ; la perception de l'inconscient, en témoigne *L'interprétation des rêves*, sous l'aspect d'un univers hydrostatique ; l'insistance de la conceptualisation thermodynamique... Autant de « preuves » qui donnent à l'œuvre freudienne sa complexité, mais qui réifient la création littéraire au statut d'*exemplum*. On sait que Freud recourt souvent à la métaphore archéologique pour mieux circonscrire l'objet créé. Mais est-il si sûr que cette métaphore archéologique possède une valeur théorique et contribue à instruire la fécondité de la pensée freudienne ? En faisant de l'écriture un calque, une copie conforme, Freud se voyait dans l'obligation d'authentifier un discours théorique discutable. La création devenait une activité identique à ce que l'on nomme aujourd'hui, dans le domaine cinématographique, l'arrêt-sur-image : fixité référentielle de l'investissement pulsionnel sur un objet créé tenant lieu d'épitaphe.

Il n'est sans doute pas étranger à la réflexion freudienne que cette pierre, dont les moindres creux forment l'inscription d'une empreinte, soit précisément un objet inanimé. Si l'investigation freudienne naît de la parole voilée et séduite de l'hystérique, si le sort même de la psychanalyse se joue notamment avec le rêve de « L'injection faite à Irma », comment pouvons-nous expliquer cette minéralisation corporelle dès qu'il est fait référence au processus créateur ? À sa manière, le corps d'Irma est aussi l'expression d'une empreinte, car il peut accueillir, à la façon d'une matrice, l'investigation scientifique freudienne. L'invention de la psychanalyse serait-elle alors la narration de la solitude freudienne : la dureté de cette pierre, décrite à Zweig, recelant l'extrême singularité de l'inconscient ? Pourtant le rêve de « L'injection faite à Irma » conjugue plusieurs motifs : l'accusation de faute professionnelle attribuée entre autres à Fliess se constitue précisément à partir de la sexualisation masculine et du noyau paranoïde qui en tisse la trame. Il n'est pas étonnant de plus que prévale dans ce rêve le rejet pur et simple de la parole de l'aîné. Que Fliess soit enfin partiellement responsable de la méprise, qui donne naissance au défaut d'interprétation grâce auquel Freud rêve « L'injection faite à Irma », voilà qui cerne les contours de cette rivalité.

En somme, pour que la psychanalyse « naisse », pour qu'elle rencontre l'empreinte féminine d'Irma déniée au même moment par le recours à un fantastique mouvement d'expulsion, il est impératif qu'un rival fraternel préexiste. L'enjeu de ce conflit est patent : Fliess, ne l'oublions pas, est le responsable d'un acte qui fonde l'invention théo-

---

21. Donald Meltzer, *Le monde vivant du rêve : une révision de la théorie et de la technique psychanalytique*, Meyzieu, Éditions Césura Lyon, 1993.

rique. Faut-il évoquer néanmoins, à propos du rêve de « L'injection faite à Irma », la pertinence d'une fonction-contenante ? Il semble au contraire qu'une violente force interprétative crée de toutes pièces un objet-simulacre qui tient lieu d'attracteur accueillant ainsi les pensées du rêve. À l'encontre de la pierre décrite par Freud, le corps d'Irma est l'objet d'une pénétration phallique. Plus encore, il est l'objet du désir qui consiste, par l'alliance fraternelle, à fonder un enfant imaginaire qui aura pour nom Psychanalyse. Que celle-ci tente avec insistance, à travers les institutions qui prétendent en transmettre la « parole », d'attester l'origine de la pensée freudienne peut trouver signification si l'on côtoie encore un peu le rêve de « L'injection faite à Irma ».

La psychanalyse « naît » dans ce rêve à la suite d'une rivalité fraternelle qui transforme véritablement le corps d'Irma en tiers exclu de l'invention théorique. Serait-elle alors cet enfant conçu en l'absence d'Irma dont l'autoanalyse freudienne, processus radicalement solitaire, recèlerait la jouissance inavouable ? Que « l'enfant » de la psychanalyse ait été conçu au prix d'une négociation difficile avec la féminité, n'est-ce pas ce que Freud répète sans cesse dans les écrits qui traitent de psychanalyse dite appliquée ? Qu'il s'agisse de Léonard, du thème des trois coffrets, ou encore de la *Gradiva*, le *topoï* de la féminité est associé à des images d'abandon ou de pétrification. La sublimation, chez Léonard, affirme la quête immémoriale d'une empreinte maternelle absente. La *Gradiva* est ce personnage énigmatique qui conjugue la temporalité du fantasme et de l'épreuve de réalité. Quant au thème des trois coffrets, il fait valoir l'omnipotence du personnage paternel. En somme, Freud nous indique que la féminité ne saurait d'aucune manière incarner l'*imago* meurtrière d'un rival. À moins que la féminité se présente derrière le masque séducteur d'un personnage masculin. Fliess ne fut-il pas cet autre *double* de la pensée freudienne : rival fraternel, possédant à son insu la vérité bisexuelle du fantasme hystérique ? Ne devait-il pas être violemment abandonné ? Le rêve de « L'injection faite à Irma » témoignerait en somme, au cœur de la pensée freudienne, d'une néo-pulsion qui caractérise l'extrême solitude du processus créateur. Fliess incarnait, à l'encontre de la figure du double rencontrée chez Schnitzler, une nécessaire structure prothétique permettant à Freud de faire jouer les résonances de l'autoanalyse. Quant à Breuer, figure de l'Aîné, ne devait-il pas lui aussi être rejeté afin de donner naissance à la psychanalyse ? Cette dernière aurait-elle été créée au prix d'une paternité imaginaire qui contribua à justifier une filiation paradoxale ? Il fallait, pour Freud, inventer la psychanalyse afin de loger cet enfant, de lui donner un « nom » et de s'inventer à rebours une filiation.

Une telle perception de l'invention psychanalytique rappelle l'inquiétante étrangeté qui définit la logique freudienne du processus créateur. Freud met en relief à cette occasion l'opposition de l'altérité et de l'identité, du monde externe et du monde interne. De même qu'il ne cesse de souligner la porosité des représentants psychiques qui font se croiser la familiarité et l'étrangeté. Le constat freudien est radical. À l'encontre d'une perception économico-traumatique de l'événement psychique, dont la figure éponyme est la théorie de la séduction abandonnée en 1897, Freud fait de l'inquiétante étrangeté une représentation constamment altérée. Freud ne se contente pas simplement d'affirmer la stupeur éprouvée par le Moi face à un événement traumatique provenant de la réalité externe. Il indique que le Moi est radicalement dessaisi de sa cohésion pulsionnelle, ce que Freud nommera plus tard, dans *Au-delà du principe de plaisir*, la fonction de pare-excitations. En somme, Freud nous propose, avec l'inquiétante étrangeté, la fiction d'un appareil psychique qui méconnaît la frontière entre l'épreuve de réalité et la réitération du principe de plaisir. Ce dernier ne saurait se contenter d'instituer la répétition de l'expérience de la satisfaction. Le destin pulsionnel que Freud nous soumet dans « L'inquiétante étrangeté » ne figure aucun but pulsionnel, de même que la source de l'énergie psychique demeure énigmatique.

À l'encontre du point de vue kleinien, qui relate l'investigation incessante du corps maternel, le propos de Freud situe l'absence troublante de représentations au cœur du processus perceptif. S'agit-il, ainsi que l'indique Freud, de « l'orée de l'antique patrie des hommes » : violente perception du refoulement originaire donnant naissance à la pensée ? Si tel était le cas, et Freud prend le soin de souligner qu'une telle perception concerne le registre de la névrose, la génitalité féminine figurerait cet « enjeu » qui suscite la passion du regard et qui en maintient l'interdit. À l'instar du rêve de « L'injection faite à Irma », le sujet névrosé se doit de défaillir devant la matrice interprétative que représente la féminité. En somme, l'inquiétante étrangeté indique, par la torsion qu'elle fait subir au destin des représentants psychiques, une compréhension renouvelée de l'inconscient. On peut cependant s'étonner que ce texte fort de la pensée freudienne ait été en quelque sorte mis à l'écart, relégué au rang de « psychanalyse dite appliquée » sous le prétexte facile de la mention des contes d'Hoffmann. Il me semble sur ce point que la nécessité « d'analyser l'analyse », selon la belle formulation de Patrick Mahony dans *Freud l'écrivain*, est ici de rigueur. L'inquiétante étrangeté anticipe ce que Freud nommera la seconde topique. Elle instaure une conception structurale, et non plus seulement topographique, de l'inconscient. Si le clivage, qui apparaît chez Freud de manière explicite au moment de la formulation de la seconde topique, traduit cette non-différenciation perceptive qui définit l'inquiétante étrangeté, c'est à la condition d'ajouter la permanence d'un tel processus. Klein, mais surtout Bion valoriseront cette négativité structurale de l'appareil à penser les pensées. Les concepts d'identification projective excessive chez Klein, d'identification projective normale et pathologique chez Bion, caractérisent cette non-différenciation perceptive.

Si chez Klein l'identification projective est encore entrevue comme un mécanisme de défense, ainsi que comme la manifestation d'une résistance éprouvée envers l'entrée dans la position dépressive, la réflexion bionienne est plus radicale. L'identification projective, chez Bion, traduit la déliaison de l'appareil à penser les pensées. Mais la défaillance de l'appareil psychique peut aussi être la source de transformations qui métabolisent les « éléments bêta » en rudiments de pensée. En somme, l'inquiétante étrangeté revêt chez Bion les qualificatifs de « turbulence émotionnelle », de « changement catastrophique » : manières diverses d'inscrire la sémiose au cœur du processus créateur. Meltzer soulignera par ailleurs, dans *Le monde vivant du rêve* et *The Apprehension of Beauty*, la valeur mutative de l'expérience émotionnelle. Meltzer postule que le couplage du mamelon, du sein et de la bouche de l'*infans* est le modèle archaïque de tout projet esthétique. Il s'inscrit à cet égard dans la continuité de la pensée bionienne qui fait de la *reverie* la condition de la créativité. Peut-on proposer que l'inquiétante étrangeté, et sa reconnaissance chez Meltzer sous l'aspect révélateur de la contemplation et de la succion du sein maternel, ait été somme toute mieux accueillie chez des psychanalystes pour lesquels la sexualité féminine ou encore la vie émotionnelle de l'*infans* ne prenaient pas la forme d'énigmes terrifiantes ? À la place du père pétrifié de douleur — c'est le motif freudien du rêve « Père, ne vois-tu donc pas que je brûle ? » — qui constate la survie onirique de son fils pour mieux en désavouer l'existence, il faudrait alors opposer ce couplage archaïque de la mère et de l'*infans* dont la fonction contenante permet de penser.

S'il fallait continuer à parler d'inquiétante étrangeté, nous pourrions évoquer la rencontre originaire de la mère et de l'*infans* dont le fantasme « nourrit » la création. Alors que l'expulsion définit chez Bion un appareil psychique qui survit par le recours au mensonge — et le retournement de la fonction alpha —, l'aperception de la beauté inaugure plutôt un processus bivocal de reconnaissance. Faut-il cependant conclure, à l'instar de Meltzer, que cette reconnaissance de l'*infans* par sa mère est la matière de la symbolisation ? Il est vrai que cette dernière inaugure un processus favorisant la permutabilité des équations symboliques qui génèrent l'appareil à penser les pensées. Nous retrouvons en effet chez Meltzer une certaine positivité discursive qui fait de la mère un interprétant obligé : seul récipiendaire des désirs de l'*infans* et porte-parole de sa relation avec le monde externe. Si un tel constat est juste lorsque l'on se situe de plain-pied dans le cadre de la clinique psychanalytique, il demeure nécessaire d'envisager les médiations théoriques, la modification des paramètres épistémologiques qui constituent l'appréhension de l'objet littéraire. L'inquiétante étrangeté, énoncée par Freud, mais aussi présente chez Bion avec l'évocation de la « turbulence émotionnelle », traduit cette faillite du discours causal, le rejet d'une narrativité obéissant à des critères de vraisemblance chronologique et spatiale.

L'ambiguïté du « passage à l'écrit »

En somme, l'inquiétante étrangeté, que je situe comme moment fondateur du récit, est bien l'indication d'une violente trouée de l'investissement pulsionnel qui recherche une « représentation » accueillant le matériau inconscient. Le « récit de l'analyse » n'est pas l'avènement de la Chose. Il n'incarne pas la manifestation, ou encore la présentation de l'inconscient. L'étrangeté du « récit de l'analyse » provient plutôt de son caractère intercalaire. Qu'il s'agisse du « récit de l'analyse » dans le cadre de l'espace de séance, ou encore chez l'analyste de l'écriture rétrospective qui se donne à lire comme autofiction, il ne saurait y avoir de représentation que différée. L'écriture de l'analyse tient son étrangeté singulière d'être la non-transcription du processus psychique, de refouler « en son sein » l'élaboration scripturale qui inscrit son avènement. Il n'est pas étonnant dès lors que le « récit de l'analyse » soit par définition paradoxal. On a souvent fait valoir, d'ailleurs avec raison, le caractère mimétique de cette écriture rétrospective, sa volonté de donner le change, de prétendre reproduire la singularité de l'espace de séance. La narrativité, à suivre un tel propos, ne peut que répéter, sinon ânonner une vérité préinscrite.

Il ne s'agit pas ici du surgissement de l'inconscient, mais tout au plus de sa « reprise » secondarisée avec une extrême circonspection. En témoignent, par exemple, certains segments de l'œuvre de Leiris qui justifient leur existence littéraire par l'intrusion du « prétexte » psychanalytique et recourent au modèle du photomontage afin de situer des « plages » narratives qui prétendent décrire la multiplicité des associations libres. Or, un tel projet, plutôt que de tenir lieu d'investigation psychanalytique, traduit l'emprise forcenée de la Lettre ainsi que sa remémoration sous l'aspect d'un signifiant qui affirme traduire la permanence d'un récit. C'est le cas de *L'âge d'homme*, qui présente une symptomatologie manifeste pour mieux en décrire la structuration et ainsi fonder un protocole interprétatif qui tient lieu de récit. Si le projet mené dans *L'âge d'homme* est « assourdi » par cette quête interprétative qui fait du narrateur le double de l'analyste, sans doute faut-il y associer cette volonté de circonscrire un périmètre inconscient duquel l'investigation prolongée donnerait la clé de la névrose dont l'autobiographe fait l'aveu ? Le « récit de l'analyse » serait à cette occasion la reprise secondarisée de matériaux inconscients déjà associés et introjectés pour un lecteur croyant découvrir les résidus d'une analyse.

Si j'ai fait appel à *L'âge d'homme*, c'est parce que ce projet autobiographique décrit avec beaucoup de finesse les impasses de l'autoanalyse lorsqu'elle est envisagée sous la forme singulière d'un récit de soi. Leiris d'ailleurs ne s'y trompe pas : *L'âge d'homme* recourt bien sûr au protocole analytique, mais dans l'esprit freudien des *Études sur l'hystérie*. Leiris tente en somme de localiser une source pathogène et fait de l'écrit le lieu exemplaire d'une scène traumatique pour un lecteur qui est le témoin privilégié d'une anamnèse. Comment ne pas évoquer encore une fois les équivoques de la relation Freud-Fliess au cœur du projet psychanalytique ? Si Freud fit de Fliess, au gré de l'échange épistolaire, un lecteur privilégié, il méconnut cependant, au contraire de Leiris, la dimension hautement imaginaire de cette transmission par l'écrit. En somme, Freud investit l'écriture d'un pouvoir purgatif. La « fiction » de l'autoanalyse freudienne ne tenait-elle pas dès lors à l'ignorance du récit qui la fondait ?

Voilà donc la singularité du « récit de l'analyse » lorsqu'il est investi d'un fort effet de croyance et qu'il prétend assujettir l'inconscient, lui donner forme. La référence faustienne n'est pas fortuite chez Freud. Maîtriser, dominer, pour mieux échapper aux pièges de la séduction hystérique, tel est le refoulé originaire de l'invention psychanalytique. Leiris, à sa manière, était moins naïf. S'il fit de *L'âge d'homme* un récit autoanalytique, c'est parce qu'il obéissait aux paramètres interprétatifs — et institutionnels — que proposait à l'époque le discours psychanalytique français, pour lequel la résolution des conflits intrapsychiques se jouait de façon concrète, illustrative. On trouve un exemple dans *L'âge d'homme* de cet aveu persistant de l'angoisse de castration : coda qui justifie l'anamnèse littéraire. Leiris fut-il trop fidèle au protocole de la cure analytique qu'il mena avec le docteur Borel ? Cette angoisse de castration, soudainement révélée à la fin de *L'âge d'homme*, peut-on l'envisager comme un prétexte interprétatif créé de toutes pièces par l'inter-dit psychanalytique ?

Le symptôme du « récit de l'analyse » caractériserait alors ce lieu équivoque qui fait de l'analysant le porte-parole du discours du Maître. La visée éducative, didactique, qui nourrit le fantasme d'analyse et qui fait du texte littéraire la répétition d'une leçon ordonnée ; ou encore la séduction exercée par le personnage de l'artiste sont autant de figures qui introduisent l'ambiguïté foncière du « passage à l'écrit » dans la pensée psychanalytique. Voilà somme toute le legs freudien : un mélange d'appréhension et de séduction face à ce que l'artiste pourrait dévoiler que l'analyste ne sait déjà. La relation analytique, à s'en tenir à ce scénario, succomberait aux charmes de l'enchantement littéraire. Leiris, analysant d'un Borel dont on sait finalement peu de choses, n'aura pas été dupe de ce scénario. Si *L'âge d'homme* laisse entendre une fidélité certaine envers la « thérapeutique », il en va autrement du *Journal*. Publié à titre posthume, ce *Journal* comporte peu de traces de l'analyse menée par Leiris : pas de descriptions, encore moins de confessions, ainsi qu'aurait pu nous le laisser entendre *L'âge d'homme*, avant tout des notes. Parmi celles-ci, la plus révélatrice d'un maintien narcissique que l'écriture se devait de consolider : « À FAIRE EN RENTRANT À PARIS : ME FAIRE DES CLEFS FAIRE ARRANGER SMOKING ET ACHETER LINGE DU SOIR VOIR DR BOREL POUR PSYCHANALYSE[22]. » À cette occasion, la personnalité de l'analyste est mise en défaut. Ce dernier ne devra pas pénétrer le corps d'écriture qui demeure la possession du sujet-autobiographe. On retrouve ici la « valeur » de l'écriture chez Leiris : mise en scène d'un « espace » qui, à l'instar de l'identité professionnelle de l'analyste, doit être préservé.

Il n'est donc pas évident que le « récit de l'analyse » soit une élaboration discursive banale, comme s'il s'agissait simplement de trouver « les mots pour le dire ». L'illusion est forte qui consiste à octroyer à l'écriture un pouvoir réparateur dans le champ culturel. Plus encore, dans le champ analytique, l'illusion est tenace qui consiste à octroyer à la parole un pouvoir perlocutoire comme si « l'oralité » de l'espace de séance tenait lieu de seul opérateur associatif. Il n'est pas rare en effet d'entendre dire, du côté de la scène analytique, que l'écriture, et ce qui s'y élabore dans un mouvement d'après-coup, est tout au plus un *acting-out* qu'il convient d'analyser afin d'éviter sa futile répétition. Un tel point de vue n'est pas de mise cependant dans des milieux analytiques, disons plus libéraux, pour lesquels la question de l'analyse profane recoupe précisément une ouverture au domaine des sciences humaines.

Il n'en reste pas moins que la parole *souveraine* de l'analyste peut s'aveugler à vouloir créer la fiction d'un espace de séance omnipotent au sein duquel « l'oralité » de l'inconscient serait conviée à titre d'interprétant privilégié. En faisant de l'écriture rétrospective de l'analyse une répétition jalouse de la cure, l'analyste, s'il soutient ce discours de l'*acting-out*, n'autorise-t-il pas le constat d'une scène traumatique : seule façon pour lui de prétendre avoir bien analysé *son* patient, et d'avoir noué avec satisfaction la trame des matériaux inconscients qui constituent l'histoire personnelle du sujet ? Cette interrogation, on peut le constater, n'est pas sans rappeler l'échange épistolaire entre Freud et Fliess et le malentendu, sous forme d'accusation de plagiat, qui en formula la terminaison. Tout analyste, qu'il le sache ou non,

22. Michel Leiris, *Journal 1922-1989*, Paris, Gallimard, coll. « NRF », 1992, p. 202.

est soumis à un « héritage littéraire » dont il doit assumer la dette. Cette dernière suppose que le tranchant de la pulsion épistémophilique ne soit pas seulement dirigé vers l'objet métapsychologique qui traduit la formalisation de la pensée freudienne, mais que cette pulsion épistémophilique retourne au lieu de son origine — l'infantilité de la création — avant même que la dérivation de la pulsion vers une forme sublimée soit affichée comme « modèle ». Pour le formuler autrement, il faut interroger ce qui, dans l'exégèse du corpus freudien, s'offre à interpréter comme rigidité, fidélité au dogme, au stéréotype, et non pas à l'invention.

Soulignant les similitudes entre les personnages de Don Juan et de Hamlet, à propos de la filiation qu'introduit la figure du Père mort, Monique Schneider note que ce dernier est représenté sous la forme de la rigidité minérale chez Molière, alors que chez Shakespeare il est pure figure spectrale (« *remember me* »). Monique Schneider notait en effet une logique de la réminiscence et un temps de la séduction. Poursuivant sa réflexion, elle ajoute :

> Le régime post-mortuaire peut en effet se révéler tout différent selon que le matériau dans lequel se coule l'apparition paternelle est d'ombre ou de pierre. La substance du père mort peut ainsi devenir partie prenante, non seulement des modalités d'apparition du mort, mais également de ce qui concerne le rapport de Hamlet et de Don Juan à la figure du père : rapport de fidélité ou de défi [23].

Ce régime postmortuaire n'est certes pas étranger à la façon dont le corpus freudien peut être lu.

J'ai proposé la notion de « récit posthume » afin d'indiquer selon quelles modalités la logique onirique présentée dans le rêve « Père, ne vois-tu donc pas que je brûle ? » mettait en scène une temporalité intercalaire, susceptible de (re)donner vie provisoirement à l'enfant mort. Monique Schneider, toujours dans *Don Juan et le procès de la séduction*, reprend d'ailleurs le propos freudien formulé dans *L'interprétation des rêves* :

> Or c'est précisément en ce lieu de défaillance paternelle, défaillance liée à l'incapacité de dire une séduction non spécularisable, irréfléchie, que surgit l'incendie : fièvre mortelle de l'enfant dans le poème ou incendie du corps dans le rêve. La suite de l'élaboration théorique freudienne se trouvera d'ailleurs placée sous le signe des ténèbres, ténèbres vers lesquelles conduisent désormais les chemins [...] [24].

La psychanalyse serait, dit-on, et Schneider le formule dans *Don Juan et le procès de la séduction*, l'un des derniers Grands Récits de

23. Monique Schneider, *op. cit.*, p. 18.
24. *Ibid.*, p. 69.

l'Occident. Ce privilège discutable est cependant lourd de conséquences : les *acting-out* sur la scène de l'institution psychanalytique soulignent bien ce féroce désir de cannibaliser l'œuvre freudienne, de l'incorporer au risque de la détruire par excès d'amour ou de haine. S'il y a un « récit de l'analyse », c'est d'abord parce que l'œuvre freudienne figure cet héritage à partir duquel pourra se penser l'analyse personnelle. Qu'ils le veuillent ou non, et quelles que soient les idiosyncrasies qui modulent leurs « pratiques », les analystes n'ont pas seulement reçu l'enseignement freudien à travers ses délégués professoraux et didactiques. Ils ont avant tout introjecté le « récit de l'analyse ». L'histoire de la pensée freudienne n'est-elle pas d'abord l'aveu d'une exceptionnelle persistance scripturaire qui rappelle à nouveau cette minéralisation qu'évoque Freud lors de sa correspondance avec Zweig ?

Deuxième partie

L'identité psychanalytique

Quiconque s'occupe de psychanalyse est assujetti à une narratique dont il se fait l'héritier volontaire et circonspect. Le monde psychanalytique est souvent présenté comme un lieu feutré, à l'écart des grands déplacements de l'histoire collective comme des mises en scène institutionnelles. Il faudrait, afin de portraiturer ce stéréotype, imaginer l'Ancêtre psychanalytique sous la forme d'un personnage solitaire et énigmatique, qui habite son cabinet et n'en sort qu'une fois la nuit venue. Un certain habitus psychanalytique est sans doute à l'origine de cette caractérisation du processus analytique. Les psychanalystes aiment peu à se présenter. S'ils ne sont pas des personnages, il demeure vrai que l'écoute qu'ils promeuvent leur fait pénétrer les arcanes de la psyché.

À ce titre, le psychanalyste est homme — et femme — de solitude. La puissance du privé est ce qui alimente son écoute, et le langage n'est pas le répertoire mondain grâce auquel l'énonciation requiert autorité. Il reste que parler *du* psychanalyste, comme d'ailleurs parler *de la* psychanalyse, ne cesse de faire problème. On le verra un peu plus loin, la fondation de la science psychanalytique, parce qu'elle fut l'affaire d'un seul, est soumise à un discours unitaire incarné ici par le legs cryptophorique. En ce domaine, la figure de Freud est déterminante puisque ce dernier fut tout à la fois l'inventeur et le destinataire de la chose psychanalytique. Il n'est pas facile, à propos du statut fort complexe de l'identité psychanalytique, de constater l'omnipotence de la narratique freudienne.

Celle-ci déclare la naissance de l'inconscient — c'est la relation tumultueuse et passionnée avec Fliess —, puis sa transmission auprès de fils-successeurs, sans parler de la perpétuation du « savoir » freudien. Il s'agit bien ici de la figure du legs qui cautionne, à partir de ce modèle fondateur qu'est l'autoanalyse, un héritage cryptophorique. La narratique qui se déploie à l'occasion des écrits à prétention autobiographique de Freud inscrit un destinataire officiel qui valide la transmission du savoir psychanalytique. Cet interlocuteur-destinataire prédestiné ne contribue-t-il pas cependant à dévier la transmission de l'histoire psychanalytique ? Cette « histoire » est singulière, puisqu'elle échappe à toute narration qui aurait pour tâche de la transcrire de manière définitive et de lui attribuer une fin. Quant à l'interlocuteur officiel, n'est-il pas alors *soi*, Freud, destinataire authentifié par le discours autobiographique dont il est à la fois l'agent et l'objet ? Nous retrouvons, sous ce désir de témoigner de l'histoire du mouvement analytique, une volonté de tout-dire qui fait silence sur les modalités de l'écriture de l'histoire. Freud se propose à cette occasion comme le biographe posthume de sa propre vie. Il devient le narrateur omniscient d'une parole qui acquiert valeur de vérité parce qu'elle est énoncée par un biographe posthume qui témoigne des faits de sa vie : une telle attitude permettant d'adopter une position de repli qui consiste à « écrire » comment la psychanalyse vit le jour.

Voir le jour ou perdre de vue, tel est le dilemme mis en scène dès les premiers moments de l'histoire du mouvement psychanalytique. En somme, le passage à l'écriture inaugure, du côté de l'historiographie officielle que Freud nous présente, l'assurance d'un Auteur qui ignore le transfert de la Lettre. Freud ne se contente pas d'écrire l'histoire de sa vie. Il met celle-ci en scène par l'appel à un récit dont il est l'ordonnateur fantomatique. Le legs cryptophorique se voit à cette occasion désigné de belle manière.

Se situer à la place de Freud, telle est l'une des premières formes identitaires de l'identification à un refoulé qui est tout à la fois dévoilé et caché. Tout analyste, quelle que soit par ailleurs sa manière de pratiquer l'analyse, a partagé un temps cette illusion d'omnipotence qui le transformait en Fils ou en Fille digne de Freud.

Mais ce legs, c'est ce que je voudrais développer, n'est pas que la figure institutionnelle de la formation psychanalytique. Il s'agit avant tout du refoulé littéraire qui agit la pensée freudienne et qui fait de l'écrivain ce sujet ténébreux, capable de saisir et de nommer la force de l'inconscient. L'analyse est un acte pour lequel prévalent les charmes et les détresses de l'oralité. Rien de plus n'est demandé à l'analysant : qu'il dise invariablement ce qui l'amène à s'étendre sur la couche du transfert. Mais l'analyste, lui, a « appris » la psychanalyse pour s'en faire à son tour l'héritier. La psychanalyse est peut-être cette figure paradoxale de la transmission. Qu'il faille écouter pour mieux abolir l'encodage qui détermine l'acte d'énoncer, voilà aussi ce que l'analyste ne cesse d'apprendre.

L'analyste, du fait de cette délégation identitaire que crée la communauté, se nourrit d'un effet-sujet que l'on pourrait appeler tout aussi bien un effet-Freud. La « persona » de l'analyste, qui incarne cette « doublure » de Freud, mais aussi de Klein, de Winnicott..., deviendra alors ce psychanalyste dont l'image, condamnée à l'absence, offrira à la nuit toute sa puissance sensorielle d'évocation. En somme, l'institution analytique, lorsqu'elle n'est pas étouffante, peut faire jouer assez librement la résonance de l'archaïque de transfert — non pas de la consolidation défensive que représenterait l'exercice systématique du contre-transfert. Le « psychanalyste sans qualités » est alors l'Ancêtre freudien qui a pu revêtir le vêtement de l'anonymat familial, qui a pu porter l'espace d'un temps sa propre filiation (comme analyste), mais qui a su, par cette sagesse qui est toujours rejet de la violence filiale, laisser en suspens la question de l'identité de cette filiation.

À la figure de l'analyste-miroir, fiction thérapeutique commode, ne faut-il pas opposer ce portrait d'un analyste sans qualités ? On aura reconnu sans doute le titre caviardé d'un célèbre roman de Robert Musil. On imaginera d'abord que le psychanalyste demeure pour son analysant un sujet dont la « présence » est troublante. C'est que l'analyste, par le caractère inaltérable de sa présence, offre prise à un « cadre » qui contribue à structurer l'espace de séance. Mais cette présence se double, ici loge le paradoxe, d'un déficit perceptif : le silence — prétendument obstiné — de l'analyste est la contrepartie d'une « surcharge » pulsionnelle que représente le travail analytique. Dans tous les cas, la référentialité de l'analyste n'est significative que par défaut.

Rares sont les psychanalystes qui ne sont pas, au contraire, magistralement piégés par la figure de l'Auteur lorsque l'emblème revendiqué assure le maintien de la fidélité psychanalytique. Le récit de soi, forme délirante du babil psychanalytique, qualifierait la certitude d'avoir trouvé un psychanalyste singulier, comme l'on trouve chaussure à sa pointure. En fait foi la fiction d'un enveloppement, d'une contenance qui s'exerce dans l'illusion cotransférentielle que représente l'alliance thérapeutique. L'analyse n'est pas la poursuite béate de cette alliance thérapeutique ; elle ne trouve nul bénéfice à faire de la conduite de la cure cette obéissance forcenée à des idéaux qui transforment l'analyse en substitut pédagogique, institutionnel. La narratique familiale de l'institution peut correspondre à cette folie du tout-entendre et du tout-partager qui repose sur une communion dont l'envers, trop facilement mis à l'écart, est cette exclusion de la meurtralité. Il est inquiétant que des analystes puissent croire « s'entendre » dès qu'il est question de cet effet-sujet. Tout discours institutionnel est en effet aveuglé par cet effet-sujet qui regroupe des semblables, détermine des règles d'appartenance dont la codification est souvent aussi subtile que floue.

Cette narratique familiale que je viens d'évoquer recourt à la figure de l'Ancêtre psychanalytique ; elle marque le statut fondateur de ce dernier et le mode de transmission que sa présence requiert. Le

« passage au divan », puisqu'il ne peut faire abstraction des rencontres fortuites, ou encore des collaborations plus soutenues qui feront qu'un analysant devenu analyste reverra celui ou celle qui fut la figure silencieuse d'une écoute durable, est lié à cette narratique. L'institution psychanalytique, lorsqu'elle propose une reviviscence du transfert à travers l'appartenance à un corps indivis, tentera de neutraliser le corps de parole qui noue l'analyste à « son » analysant. On pourrait rétorquer avec raison que cette narratique familiale que j'évoque a le mérite d'atténuer l'archaïque du transfert qui est la source passionnelle de l'analyse personnelle. Ce corps de parole doit en effet être transmis à d'autres collègues qui permettront au fil d'une vie de latéraliser la violence du transfert. Dans cette perspective, la narratique familiale de l'institution est peut-être ce qui permet à l'analyste d'écouter autre chose que l'écho de sa parole.

Mais cette neutralisation de la parole singulière en analyse est lourde de conséquences. À vouloir partager cette narratique familiale, il y a fort à parier que l'analyste oublie cette meurtralité de l'analyse dont le corrélat est peut-être, du côté de l'institution, le parricide. En somme, l'institution analytique peut parfois donner parole à l'entendement éducatif et didactique, et oublier l'effet-sujet à la source de toute cohésion groupale. Prévaudra alors la fiction de l'analyste-personne : c'est le mode théâtral de présentation de l'analyste qui se dévoile dans ses imperfections et ses mondanités face à un analysant devenu collègue. À moins qu'il ne s'agisse de la fiction de l'analyste comme « individu » : un tel propos caractériserait cette fiction du *self* qui incarne la mondanité sociale. L'analyste gagnerait alors statut et matière à reconnaissance grâce à la puissance de son nom propre. Il gagnerait puissance et reconnaissance à partir de la monétarisation de ce nom propre qui ne favoriserait plus l'archaïque du transfert qui lie tout analyste à Freud.

Seule vaudrait alors la puissance solitaire de l'argent, qui fait de la cure un outil transactionnel se jouant à partir de la dite transparence d'un contrat pour lequel les protagonistes acquièrent des rôles discursifs préétablis. Puissance solitaire qui n'est pas à négliger, puisqu'elle introduit au cœur du transfert ce « poids » du réel qui situe l'analyse dans sa contemporanéité. La mise au jour de l'inconscient ne prive pas le sujet de rêver, de parler, de babiller au nom d'un interdit de jouissance perpétuellement reconduit et transgressé par la parole. Mais il y a danger si cette libre-association de l'inconscient n'est pas accompagnée de son « poids » de réel : l'argent, dans cette perspective, ne situe pas l'archaïque de transfert. L'argent délimite au contraire l'archaïque de transfert grâce à une forme transactionnelle qui fait de l'analyste un sujet au « travail ». La meurtralité de l'analyste s'inscrit souvent à partir de ces figures combien réelles du paiement, de la dette symbolique intenable, de l'excès de paiement qui situe un complément de jouissance, de la caution symbolique que ce paiement se trouve à majorer.

Cette meurtralité est nécessaire, pour un temps du moins, puisqu'elle permet d'activer la dimension toxicomaniaque du transfert qui se joue à l'aune de cette puissance conquise par l'argent. Il ne s'agit pas ici de faire intervenir la puissance d'exploitation, d'aliénation réelle que ce transfert, pour ainsi dire monétarisé, met en œuvre. Mais l'une des exigences fondamentales de l'analyse suppose que soit payé tribut, que l'inconscient ne s'affecte pas d'une jouissance à dire éperdument l'amour de transfert sans que cela ne se monnaie d'une conséquence. Il reste que l'argent n'est pas simplement la marque chronologique de la cure, le sceau qui garantit l'emprise de la dette transféro-contre-transférentielle. À suivre un tel parcours, la progression de la cure serait irrémédiablement soumise à cette idéologie transactionnelle qui caractérise, selon l'expression de Pierre Fédida, la psychanalyse libérale. L'analyste ne privilégie pas cette alternance théâtrale du dévoilement et du masquage qui situe un drame « privé » soudainement rendu public. L'analyste ne restitue pas à l'analysant, par l'appel à un régime cathartique, la puissance nocturne de l'archaïque du transfert. Il ne peut non plus souscrire à cette idéologie transactionnelle de la communication et du poinçon symbolique que l'argent a pour fonction de marquer.

L'effroi, nous l'avons constaté, témoigne de ce ratage de l'objet qui mène à cette rencontre avec une vérité dont l'autoanalyse freudienne est sans doute la représentation fondatrice. L'effroi de Freud fut d'abord la solitude d'un sujet englouti par cette puissance des ténèbres que le royaume du rêve offrait à titre de matériau inconscient. Cet effroi est le moment fécond de l'analyse puisqu'il inaugure une chronologie qui ignore le fondement ancestral de l'identité narrative. De même, l'aveuglement, ou encore la défaillance sont des moments essentiels du parcours analytique. La transmission de la psychanalyse est paradoxale puisqu'elle impose d'apprendre ce qui était refoulé et qui, plus tard, devra être oublié.

Narration et psychanalyse

L'analyste porte ce legs enfoui qui lui permet d'écouter. Quant au spectre que représentent les œuvres complètes de Freud, il est ce corps de connaissances que chaque analyste reçoit à sa manière. On le verra dans l'œuvre de Julien Bigras, qui éprouva avec une densité extrême ce deuil de la Lettre freudienne. Ne pas savoir se séparer du Père de la psychanalyse, ne pas savoir se séparer de son maître à penser, révèle une détresse extrême qui est à peine colmatée par l'écriture. Julien

Bigras fut happé par ce legs cryptophorique qui lui imposait de porter à son corps défendant la puissance de la Lettre freudienne. Le statut de l'identitaire psychanalytique est au cœur de la réflexion « littéraire » de Julien Bigras. Certains n'y ont vu qu'impudeur et affectation narcissique comme si la littérature personnelle que revendiquait Bigras le mettait à nu.

Il est vrai que le souci de soi est une préoccupation majeure de cette œuvre. L'énonciation autobiographique y est affichée sans hésitation, et le narrateur conteste le recours au témoignage du récit de cure qui cautionne une illusion de neutralité thérapeutique. À l'encontre de l'obsession clinicienne, qui impose de se souvenir des faits de la cure, Bigras oppose une écriture violemment personnelle qui avoue payer son tribut au contre-transfert de l'analyste. On ne peut qu'être à la fois profondément irrité et respectueux face à cette écriture dont l'impudeur est une caractéristique extrême. Bigras aura tenté de transmettre le rythme du travail analytique et refusa cette fausse neutralité que représente la prise de parole théorique.

N'y voyant bien souvent qu'une attitude défensive face à la radicalité du travail analytique, Bigras récusait l'omnipotence du discours théorique. Il préférait plutôt interroger ce qu'il est convenu d'appeler pompeusement « les frontières de l'inanalysable ». En somme Bigras faisait appel à la littérature afin de créer une nouvelle cartographie dont les pourtours traduisaient sa perception de l'espace analytique. Ce n'est pas par hasard si j'ai choisi, à la faveur de cet essai, de lui octroyer une place majeure. Bigras est d'une certaine manière l'un des symptômes des apories et des succès d'une psychanalyse faite au Québec. Je devrais d'ailleurs ajouter : d'une psychanalyse qui s'écrivait et se pensait à partir de la revendication d'une cartographie québécoise.

Je m'aperçois, écrivant ces lignes, que l'effet-sujet Bigras est d'une puissance réelle. Nous rencontrons, conséquence de sa disparition, mais aussi de celle de Péraldi, un deuil impossible à faire qui touche de près à la question du récit posthume que je situais comme moment structurant de l'identitaire psychanalytique. Ces psychanalystes écrivaient et faisaient de l'élaboration scripturale la source d'un jeu qui ne contredisait pas le travail clinique. Bigras et Péraldi furent acharnés à faire entendre la singularité psychanalytique, et leur passion n'évita ni le désarroi ni les remises en question déchirantes. C'est que l'acte d'écrire la psychanalyse ne peut éviter, quelles que soient les modalités d'énonciation privilégiées, le fantôme du Moi, cette défroque honnie et pourtant vitale qui donne corps à l'œuvre. Et Bigras tenta peut-être désespérément de donner corps à une écriture qui ne reculait pas devant le spectre du Père fondateur et de l'autoanalyse freudienne.

Voilà peut-être ce qui explique partiellement la dimension tragique qui caractérise l'œuvre de Bigras. Celle-ci est tenaillée par une hésitation lancinante quant aux pourtours de l'identité psychanalytique. Le refus de la neutralité théorique justifie cette violence passionnelle que favorise le contre-transfert. Quant à la figure de l'Ancêtre, ce maître à penser qui situe les paramètres de l'investigation analytique, elle est condamnée avec une rigueur que n'égale pas sa constante résurgence. Bigras témoigne ainsi avec force d'une impasse de la transmission psychanalytique. En contestant la fatuité du savoir que détient Winterman dans *Ma vie, ma folie*, Bigras mettait en scène cette contestation de l'ordre paternel qui traduit pour beaucoup le legs de l'identité psychanalytique.

L'écriture autobiographique, cette forme magnifiée du récit de soi, devenait une façon de contrer l'impasse de la transmission. Il fallait somme toute tenter de rendre compte de la complexité de l'identitaire psychanalytique et prendre à bras le corps le récit de soi pour essayer d'en circonscrire la trame originaire. Ce faisant, Bigras reprenait avec puissance cette transmission de la parole de l'Ancêtre qui rêvait la naissance de l'autoanalyse. Bigras aura été fasciné par le legs cryptophorique que la littérature incarnait. Il y voyait la possibilité d'un déploiement contre-transférentiel lui permettant de penser textuellement le négatif de la cure. Plus encore, ainsi qu'on le verra, l'écriture devenait un véritable adjuvant thérapeutique que l'analysant pouvait introjecter lors de la conduite de la cure. Cette écriture, qui se voulait autobiographique, devenait enfin, c'est l'exemple de *Ma vie, ma folie*, une saisie psychique de l'historicité québécoise.

La figure de l'Amérindien est déterminante pour décrire un tel projet. Sauf que Bigras idéalisa cette figure de l'Ancêtre, l'insérant au cœur d'un projet généalogique qui donnait consistance au collectif québécois. Plutôt que d'entrevoir la portée réelle du legs cryptophorique qui fait de l'histoire amérindienne ce nécessaire silence tenu sur « l'origine » de l'identité québécoise, Bigras s'en remettait à un discours à la fois naïf et euphorique. L'Amérindien devenait cet étranger à la fois proche et lointain qui désignait le moment de formation de l'identitaire québécois. En somme, la littérature incarnait cette surcharge pulsionnelle dont la métabolisation ardue se traduisait par une écriture heurtée, souvent contradictoire dans son propos.

Reprenons de nouveau cette question de la censure analytique face à l'énoncé fictionnel. Ne nous contentons pas, comme le proclamait Bigras, de déclarer l'interdit transgressé afin de soutenir, par ce « passage à l'écrit », la créativité psychanalytique. Méfions-nous aussi des appels à l'éthique qui valorisent l'obligation de réserve et la distinction rigide des espaces « public » et « privé » du psychanalyste. La littérature ne se prête pas à pareilles injonctions. Certes, l'introjection de la fiction permet d'abandonner cette commode mimèse que représente le récit de cure. Y aurait-il alors une façon « autre » d'écrire que le psychanalyste pourrait contribuer à créer ? C'est la question essentielle que pose l'œuvre de Julien Bigras, d'autant qu'elle se constitue, c'est son intérêt principal, à partir d'un ratage qui anime la fiction.

On peut parler de legs cryptophorique pour décrire l'héritage littéraire, excessivement lourd à contenir, que porte l'analyste pour mieux l'avoir refoulé. Le spectre des œuvres complètes de Freud traduit cette incorporation dévastatrice qui se construit selon une oscillation qui nous transforme en autant de contemplateurs-lecteurs d'une réalité nocturne et diabolique : c'est à mon sens le rôle de la *phantaisie* freudienne qui fait de l'écriture l'objet d'un corps à corps avec le monde pulsionnel. À moins qu'il faille évoquer la percée lumineuse d'un savoir qui n'ignore plus sa source, qui délaisse la tombée du jour et les angoisses qu'elle suscite au profit d'une fusion avec l'objet que représente une théorie créée de toutes pièces par l'inconscient.

L'identité de l'analyste n'a de sens que si elle est posée à partir des contraintes sociales, culturelles et politiques qui en définissent la représentation. Il ne s'agit pas, en ce qui me concerne, de proposer une perception du psychanalyste dans l'espace public, pas plus que je ne tenterai de démontrer ce qu'il en est des avatars de la psychanalyse lorsqu'elle devient une idéologie sociétale : *doxa* qui fait de l'acte analytique une attitude rigide, influencée par l'appartenance à une corporation, et non une activité qui rencontre l'événement psychique. J'indiquerai plutôt que l'identité de l'analyste ne peut se penser qu'à partir des composés identificatoires et narratifs qui assurent une continuité dans l'établissement d'une filiation alors même que cette continuité est elle-même le symptôme d'une crise qui est dénouée par l'appel du spectre des œuvres complètes de Freud.

John Klauber, qui traite de cette problématique dans un ouvrage intitulé *L'identité du psychanalyste*[1], distingue avec à-propos les registres de l'identité et de l'identification. On peut avancer, à la suite de Klauber, que l'identité obéit à un modèle chronologique, pour tout dire autobiographique, et que la formation de l'image de soi est soumise à un fantasme d'unicité dont Freud est le légataire officiel et aussi le conteneur cryptophorique. La personne de l'analyste s'y trouve désignée à partir de cet anaphorique freudien, dont la fonction référentielle est déterminante, et qui a pour objectif de soutenir l'identification professionnelle. Encore une fois, c'est le propos vif et réaliste de Klauber que je désire mettre en exergue :

> L'analyste récemment qualifié est confronté par conséquent à quelque chose qui pourrait être appelé une perte du Moi. Il a besoin

1. John Klauber, « Ouverture de la discussion sur l'identité du psychanalyste », Edward D. Joseph et Daniel Widlöcher (dir.), *L'identité du psychanalyste*, Paris, Presses universitaires de France, coll. « Monographies de l'Association psychanalytique internationale », 1979.

de soutien et se retourne alors vers différents maîtres mais essentiellement vers son identification à son analyste et, à travers lui, à Freud ; ou plutôt à l'analyste qui est en lui et qui fonctionne sur deux modes : identification créatrice d'une part, et d'autre part introjection d'un objet investi de manière ambivalente qui l'expose, vingt ans plus tard, à se retrouver à l'occasion dans la situation de donner à ses patients des interprétations sans pertinence. Pendant de nombreuses années, le jeune psychanalyste se comporte en partie avec un faux self analytique ; ce fut en tout cas ainsi pour moi. Peut-être, dirais-je même, avec un faux self analytique au prise avec un langage agonisant car le langage de Freud, bien que superbe et structurant, reste le sien propre [2].

Et Klauber ajoute un peu plus loin :

> Notre dévalorisation de la pensée pourrait être due, en partie, au fait que, comme Freud l'a écrit dans son article *De l'éphémère* et dans *Deuil et mélancolie*, nous n'avons jamais pu nous accommoder de sa mort ni évaluer par conséquent la labilité que ses idées doivent partager avec toutes les autres idées scientifiques, politiques ou religieuses. Ceci ne peut mener qu'à une rigidité psychanalytique dépourvue de vie, ou à la révolte. Nous avons tendance à garder les idées freudiennes sous forme desséchée et à scotomiser la richesse des expériences humaines [3].

Les commentaires de Klauber sont à la fois justes et émouvants parce qu'ils sont aux antipodes d'une rhétorique psychanalytique qui se constitue à la suite d'un acharnement défensif dont l'enjeu premier est d'être fidèle à Freud. Cette fidélité est ambiguë puisqu'elle représente ce que Klauber appelle avec beaucoup d'honnêteté un faux *self* analytique. On peut entendre par une telle expression, c'est ce que Klauber propose, une disproportion majeure entre l'enseignement de la psychanalyse (ses diverses modalités : didactique, supervision, enseignement réglementé par tel ou tel institut...) et l'originalité du candidat. Que la psychanalyse soit transmise, bien... Qu'elle fasse appel, au cours de cette transmission, à un certain nombre d'évaluations différenciées qui ont pour objet premier d'éprouver cette alternance de fidélité et d'infidélité à soi que le métier de psychanalyste suppose, voilà encore qui ne saurait être laissé pour compte tant les enjeux sont importants. Mais le meurtre de la créativité, et non pas seulement de la créativité analytique, devient patent si l'identification cède le pas à l'identité.

Lisant Freud, nous sommes à la croisée des chemins puisque la puissance nocturne du Commandeur fait référence à une figure paternelle autoritaire et surmoïque. Lire Freud, de ce point de vue, serait se

2. *Ibid.*, p. 66.
3. *Ibid.*, p. 66-67.

soumettre à l'héritage psychanalytique, en accepter la donne, accepter de payer son dû en offrant une livre de chair. La figure spectrale des œuvres complètes, pour ce qui concerne la genèse de l'identité psychanalytique, ne fait pas ici du lecteur un contemplateur à la fois sagace et soucieux du secret que lègue l'écrit freudien. Il s'agit plutôt de se livrer corps et âme à la passion freudienne qui est perçue, référence shakespearienne oblige, comme funeste transaction.

Cette question du legs, de l'héritage et de ses infortunes, hante l'histoire de la psychanalyse. Il s'agit d'une question d'autant plus lancinante que le legs suppose, de la part d'un vivant qui anticipe le moment de sa mort, un transfert qui inscrit sur la scène du réel ses dernières volontés. Le legs est pour le sujet qui s'en déclare l'énonciateur l'acte de composition et de terminaison d'une vie. « Voici ce que j'ai créé, voilà ce que j'ai fait, voilà ce que je donne, voilà ce que je lègue » ; tel est ce propos qui rejoue, avec une forte insistance, cette « pré-mort » que Jean-François Chiantaretto observe dans le discours autobiographique[4]. Chiantaretto fait de cette « pré-mort » l'enjeu d'une bien temporaire neutralité narcissique, qui se présente comme anobjectale, et qui consiste à s'écrire comme si la fin du récit de soi était anticipée, rejouée à la faveur du mouvement de l'écriture. Cette inscription de la « pré-mort » correspondrait à la volonté de proposer un récit posthume qui puisse dès lors attester et authentifier la survie de « soi » sur la scène du réel.

L'écriture de soi qualifierait ce processus où l'autobiographe est le sujet invité à partager le moment de ses obsèques pour s'en déclarer l'ultime destinataire. Il y a bien là un legs, mais qui s'effectue de soi à soi, selon une structure narcissique dont le clivage et la massivité des mécanismes de défense interdisent de reconnaître l'indélogeable présence de l'altérité. Sophie de Mijolla-Mellor, toujours à propos de l'acte autobiographique, écrit qu'il s'agit de « survivre à son passé[5] ». Un tel processus ne traduit plus un facteur traumatique qui impose d'attribuer un nom à une réalité psychique qui s'avère menaçante. Le legs n'est pas seulement le temps de l'angoisse ; il ne fait pas que traduire la réalité de la finitude humaine. Le legs témoigne aussi de ce rôle octroyé au passeur d'inconscient que représente le personnage héroïque freudien.

Nous en sommes là aujourd'hui : comment lire Freud et prendre position face au contre-texte qui fossilise la pensée psychanalytique ? L'identification à la pensée freudienne, si elle devient corpus, ne suscitera qu'une passion pour une œuvre morte rappelant ce fameux rêve

4. Jean-François Chiantaretto, *De l'acte autobiographique : le psychanalyste et l'écriture autobiographique*, Seyssel, Champ Vallon, coll. « L'or d'Atalante », 1995.
5. Sophie de Mijolla Mellor, « Survivre à son passé », *L'autobiographie : VIe Rencontres psychanalytiques d'Aix-en-Provence*, Paris, Les belles lettres, 1988.

de la monographie botanique dans *L'interprétation des rêves*. C'est le drame d'un livre que de fixer les contours d'une œuvre. Mais c'est notre passion du désœuvrement qui crée l'espace potentiel d'une lecture où Freud, personnage héroïque de la psychanalyse, peut enfin s'abandonner. Lire Freud ne signifie pas qu'il faille vivre les affres de la compulsion à répéter l'écriture freudienne telle que ce dernier l'aurait rêvée d'outre-tombe.

Mais l'acte de lire l'œuvre de Freud peut aussi être l'aveu d'une certaine fidélité qui entend ce qui se trame dans le silence de la Lettre. Lire Freud, ainsi que le note avec pertinence Roy Schafer[6], est sans doute cesser de le « porter » comme si le rituel incorporant était la seule solution envisageable, pour évoquer une forme plus ténue de communication qui ne condamne pas le sujet à l'introspection vaine (l'identification à Freud comme seule source de maintenance narcissique), ou encore à la reprise, sous une forme ici plus institutionnalisée, de la figure du messie (au sens où l'entendait Bion) qui pourrait dicter l'avenir de la chose psychanalytique. Paradoxe qu'il faut méditer, le temps de la psychanalyse est celui d'une fin qui ordonne l'amour des commencements. Et le legs porté par les lecteurs de Freud, ce legs cryptophorique qui amène les analystes à porter leurs patients, à contenir leurs émois contre-transférentiels et à se situer à la place de l'inanalysé freudien n'est pas étranger à une perception contestable de la narration qui institue la psychanalyse au rang de Grand Récit fondateur. Bion, sur ce point, aura compris que la psychanalyse fût avant tout une mémoire du Futur[7] tout comme il aura compris que cette narration dût être défaite par une hybridité discursive dont le point de vue dialogique était multiple, éclaté.

La narration psychanalytique souffre sur ce point d'une extrême rigidité qui oblige à porter la littérature freudienne comme la source d'un acharnement excessif ; parole qui fait du discours de Freud un

6. En témoigne cette réflexion de Schafer : « No one can even dictate how a name is to be used. Freud, contrary to his wish, could not even own the word psychoanalysis for long. Although one may regret, as I do, the extreme diffusion of meaning of psychoanalysis in todays' world, one cannot hope to halt or reverse it. Diffusion has already gone so far that, whenever psychoanalysis is used, one must wonder just what it refers to. In my view, the history of psychoanalysis has reached a point where it has become futile to argue whether this or that and nothing else is the true or real psychoanalysis. [...] » Roy Schafer, « Reading Freud's Legacies », Joseph H. Smith et Humphrey Morris (dir.), *Telling facts : History and Narration in Psychoanalysis*, sous la direction de Baltimore et Londres, John Hopkins University Press, 1992, p. 10. Et : « We must accept the idea that psychoanalysis is not property ; it belongs to no one in particular. On this view, much controversy in psychoanalysis can be seen to be no more than pointless and history-blind debate over ownership. » *Ibid.*, p. 9.
7. Wilfred R. Bion, *A Memoir of the Future*. 1 : *The Dream*, Rio de Janeiro, Imago Editoria, 1975. 2 : *The Past Presented*, Rio de Janeiro, Imago Editoria, 1977. 3 : *The Dawn of Oblivion*, Perth, Clunie, 1979.

étrange soliloque comme si les analystes devenaient les ventriloques du corpus freudien. Le point de vue adopté par Schafer sur cette question est à la fois nuancé et courageux[8]. Schafer insiste sur cet emprisonnement discursif qui est la source de l'expérience analytique. Cet emprisonnement est présenté par Schafer comme une aporie du champ freudien, surtout en ce qui concerne sa réévaluation métapsychologique, qui anthropomorphise la conceptualisation analytique et qui contribue à parler du Moi, du Ça comme autant de copies conformes de l'inconscient. La précaution oratoire, nous dit Schafer, est d'usage et les analystes peuvent bien prétendre que ce n'est pas ce qu'ils pensent vraiment, ou encore moins ce qu'ils disent à leurs analysants. Il n'en reste pas moins que la langue théorique devient une source performative qui se construit à partir de la figure de l'analyste : Maître-thérapeute qui a le pouvoir d'asséner une vérité dont la prévisibilité déjà jouée est le résultat d'une narration métapsychologique. Schafer pense cette question du legs cryptophorique en ne se contentant pas de faire de l'analyste le destinataire passif d'un contenu de pensées imposé.

Être l'enfant unique de Freud...

Le texte freudien n'est pas un corpus ; il ne se définit pas par son essentialisme. Il n'acquiert de puissance narrative que selon le vertex singulier que définit chaque lecteur et chaque interprétant. Plus encore, Schafer remet en question cette idée d'une littérarité originale du corpus freudien comme si ce legs cryptophorique nous obligeait à lire ce que Freud avait véritablement pensé, deviné, pressenti. Cette posture freudienne est la source d'un véritable quiproquo qui fait de l'analyste le porteur d'une crypte où la force générative du langage se

---

8. « My general point is that there is no absolutely specific and static Freudian essence. Nothing lies beyond any one writer's rhetoric and thus beyond the realm of implicit and explicit dialogue. Consequently, in order to assess properly each and every version of psychoanalysis, one must read it as a document situated in a personal context, that, in turn, is linguistically situated in a historical and ideological context of dialogue » Roy, Schafer, « Reading Freud's Legacies », *loc. cit.*, p. 6. Et : « We cannot afford to neglect the transformations that take place in the dialogues that transmit psychoanalysis from one generation to the next. This consideration alone could lead us to regard Freud's legacies as ongoing processes. One may say that these legacies continuously come into being ; they are constantly in transition ; they do not remain identical to themselves. Or one may say that for every generation, Freud is always here and now, never there and then.
I suggested earlier that transmission of ideas occurs through a process that may be called a dialogue between Freud and his readers and writers, and I want now to add that, phenomenologically speaking, in this dialogue Freud may be said to be constantly talking back to his readers. I have in mind the Freud who is always here and now. His constant presence is felt by those who keep re-studying his texts without being locked into an infantile transference to him or to their teachers [...]. » *Ibid.*, p. 10.

réduit au Nom propre de Freud. Répéter ce Nom, l'admirer, c'est avouer sa fidélité à cette crypte qui ne dit plus rien de Freud puisqu'elle répète l'existence d'un fantôme appelé à témoigner de son existence sur la scène de la narration psychanalytique. À l'introspection précautionneuse qui qualifie une certaine lecture de Freud, Schafer préfère opposer la puissance générative du dialogue.

Contrairement à ce que l'acception usuelle peut laisser entendre, il ne s'agit pas ici de communiquer de vive voix à partir d'un échange inter-discursif qui s'opère dans la stricte égalité des prises de parole. Freud, ne l'oublions pas, signe son œuvre d'un oubli (l'inconscient) que la transmission contribue à nourrir. Le dialogue psychanalytique, tel que l'entrevoit Schafer, ne fait pas abstraction d'une certaine positivité, comme si la reconnaissance de l'Autre pouvait fournir matière à interprétation. Il est présupposé, c'est ce qui différencie la lecture proposée par Schafer de ce qu'a pu en dire par exemple un Lacan, que l'imago freudienne peut être retrouvée à la faveur de ce dialogue psychanalytique qui fait intervenir la présence massive de l'Auteur. Il ne s'agit pas ici d'un « retour à Freud » et de l'exigence cryptophorique de porter le discours freudien, mais d'une communication qui fait valoir le caractère transformationnel du texte freudien. Le legs suppose en effet l'immuabilité d'une mise à mort et Schafer conteste, avec de réels accents polémiques, cette pétrification du corpus freudien qui lui semble correspondre à l'omnipotence d'une narratique qui évite toute sanction contre-transférentielle, c'est-à-dire toute mise à l'épreuve du texte freudien.

Schafer privilégie donc un dialogue psychanalytique qui ne se réduit pas à l'interaction de l'analyste et de l'analysant dans le cadre de la cure. Schafer ne se contente pas de promouvoir la bivocalité du processus psychanalytique. Privilégier un tel point de vue, c'est faire du dialogue psychanalytique un incessant bavardage qui confronte ou réunit deux récits préformés. Le dialogue est en effet la forme violemment sexuée, que dissimule l'apparence souveraine d'un récit, d'une meurtralité que l'acte analytique revendique lors de toute prise de position affirmée de manière décisive. S'il fallait que le dialogue psychanalytique soit vraiment la confrontation du « je » contenant de l'analyste et du récit de l'analysant, il y a fort à parier que la donne serait intenable. Le récit traduirait cette intrusion sexualisée d'un pré-entendu qui dirait l'exclusivité d'une relation duelle où l'amour de transfert redoublerait la mise en jeu d'une interprétation que l'analyste incarnerait de manière définitive. La figure de l'analyste traduirait alors la fin du récit, sa conclusion affichée à la suite du désir de suivre au plus près la réalité complexe du discours de l'analysant. Ce désir de tout-entendre, lorsqu'il fait référence au récit comme forme narrative de l'inconscient, avoue une méprise fondamentale. L'inconscient devient l'enjeu d'un savoir partagé que représente le dialogue psychanalytique. La conduite de la cure est ordonnée grâce à cette capacité de l'analyste et de l'analysant qui permet de donner « voix » au récit.

Le legs cryptophorique n'est-il pas alors le symptôme d'une maladie mélancolique qui définit l'identité du psychanalyste ? L'unicité prétendue de ce dernier (être l'enfant unique de Freud) est en effet battue en brèche par ce qui ne se possède ni ne s'approprie : l'inconscient. La reconnaissance de ce legs, à mon avis l'un des ferments de l'individuation psychanalytique, consiste à se reconnaître comme interprétant de Freud, non pas comme un ventriloque qui énoncerait un discours préformé à partir d'une voix d'outre-tombe. Devenir un interprétant, au sens où a pu l'entendre Peirce, ne signifie pas donner une interprétation, encore moins situer cette interprétation dans le cadre d'un récit qui posséderait un critère de validation chronologique. Devenir un interprétant signifie plutôt se soumettre à ce qui définit, par défaut, le caractère indiscernable de l'inconscient. Devenir un interprétant, cela signifie peut-être, tel que je le comprends, abandonner l'identité psychanalytique comme mise en scène magistrale d'un contenu préformé, et se laisser happer par une narrativité qui ne sait plus distinguer « l'amour des commencements » de la finitude qui clôt le récit, qui lui assigne sa mortalité.

Il s'agit bien ici de la défaillance essentielle de l'analyste qui est condamné, c'est le lot du silence qu'il se voit dans l'obligation de tenir, à porter une antécédence dont le Nom est Freud, pour mieux s'en détacher ; ce qui signifie peut-être la seule façon de devenir analyste. Le propos que je soumets ici reprend l'énoncé bionien selon lequel le destin de la narrativité est tout entier contenu par cet échec du langage qui ne peut réussir à « porter » l'inconscient. Plus encore, le langage chez l'analyste ne gagne son pouvoir qu'à traduire la différence modale entre le dit de l'analysant et le « redire » de l'analyste. L'argument de Schafer est à cet égard limpide : il ne consiste pas seulement à dire que le sujet est traversé par la parole et que seule cette dernière peut rendre compte de l'analyse. Il s'agit plutôt de proposer une réévaluation narrative de la cure analytique pour mieux interroger les figures — les imagos — qui permettent de situer les registres d'une prise de parole dont le patient est à la fois l'agent et l'acteur. Le discours proposé par Schafer sous-entend que cette « prise de parole » est au cœur de la cure analytique et que chaque patient construit un micro-récit qui aura pour lui une valeur opératoire. Savoir construire un récit, tout comme savoir détruire un récit sont autant de composantes de l'activité psychique qui font valoir par ailleurs la puissance du transfert. S'engager au cœur du processus analytique serait dès lors faire confiance à la parole, accepter d'être porté par cette dernière : il y aurait, selon le point de vue adopté par Schafer, une empreinte narrative que tout patient loge en lui à la manière d'un legs cryptophorique, et la fonction première du langage serait de « porter » ce refoulé, de le rendre à la vie afin de mettre à mort la pulsion incorporante qui impose de meurtrir la parole.

Tout analysant, à suivre le modèle proposé par Schafer, serait le porteur d'une parole dont l'énonciation pourrait être révélée grâce à la participation de l'analyste, ce sujet dont l'acuité nécessaire indique la puissance d'un contre-transfert narratif. Nous retrouvons ici une définition contractuelle de la parole analytique qui recourt au contre-transfert, non pas comme figure d'un « inanalysé » chez l'analyste, mais plutôt à titre de stratégie narrative qui prédit le mouvement du travail de l'inconscient. Il y a dans cette prédictibilité, qui consiste à énoncer une rhétorique de l'interprétation mise en scène par la parole de l'analyste, une insistance qui ignore l'inconscient et s'apparente aux formes les plus malsaines du droit de regard.

La discursivité psychanalytique est désavouée et laisse place à une conception transactionnelle du langage : participation de l'analysant et de l'analyste qui élaborent une diégèse partagée. L'analyste est perçu comme un bavard silencieux, un énonciateur dont la parole acquiert pouvoir de vérité puisqu'elle s'immisce au cœur du monde de l'analysant pour en cerner les attraits. Quant à l'analysant, il devient un faire-valoir qui permet de dire avec une acuité « inconsciente » la singularité des impasses contre-transférentielles qui définissent le récit de cure. On ne peut en effet tout « partager » avec l'analysant. Il faut savoir s'éloigner afin de rompre ce droit de regard qui laisse entendre la possibilité de « voir » l'inconscient de l'Autre. Mais il faut aussi nuancer le pouvoir du langage dans la cure et mieux évaluer l'insistance narrative qui circonscrit l'énonciation du récit de soi.

Parler de narration, c'est attribuer à la parole ce souci de raconter l'inconscient puis d'en déterminer les modalités d'apparition. La narration acquiert à cette occasion une positivité puisqu'elle permet de construire la scène de l'inconscient. La parole n'est pas cette scène originaire qui précède la construction narrative. L'exercice de l'acte analytique ne traduit pas cette invasion de l'opacité du silence qui fait de l'analyste un sujet qui échapperait à toute sanction narrative. Adopter une telle perspective validerait une infatuation de soi qui trouve source à répétition dans l'exercice de la cure. C'est le rôle attribué à la narration en analyse qui demande à être déployé avec plus de rigueur. L'ordre narratif peut rappeler, c'est sa triste infortune, les nombreuses patientes dont les noms propres parsèment les *Études sur l'hystérie*. L'analysant attend « sa » vérité, qui est déclamée sous la forme du récit. L'analyste mime à cette occasion la figure sévère d'un Maître-thérapeute qui méconnaît la source énonciative de son discours pour mieux se projeter dans une narration qui tient lieu de commode parole rapportée.

Il y a en somme dans ce legs cryptophorique, pour revenir à la figure de l'analyste, l'illusion d'une parole qui lierait l'analyste à la personne même de Freud. Voilà une illusion d'autant plus tenace qu'elle ne recourt plus à la fiction du Livre freudien comme signifiant séparateur qui témoigne, pour la postérité, de la certitude de la mort de l'Ancêtre-psychanalyste. Le legs freudien est précisément cette parole traduite sous la forme d'écrits. Ce legs est un livre qui tente de donner place à l'oralité du secret analytique. Il est le témoignage d'une parole qui échappe à l'oubli et qui avoue son caractère testamentaire. Une telle valorisation du Livre est cependant fort complexe lorsque la parole fait l'objet d'un « passage à l'écrit ».

Ainsi le Livre, lorsqu'il est créé par l'analysant, peut devenir ce parasite interne qui mime le mouvement de la cure, lui impose une sanction qui devient alors la narration rétrospective de l'écriture de soi. L'analyste est carrément expulsé de cette matrice que représente le livre — ou le projet d'écriture —, et le dialogue psychanalytique devient une forme d'écholalie narrative où il s'agit de s'écrire pour ne pas s'entendre dire. C'est la place de l'analyste qui est alors rejetée avec cette formidable violence qu'incarne la fonction contenante du Livre. Maîtriser l'analyste pieds et poings liés, c'est le condamner à rester un personnage sans consistance qui ne peut rivaliser avec l'Auteur. L'écriture de soi témoignera alors du miroitement imaginaire — et du fantasme d'autoengendrement — qui accompagne la conduite de la cure.

Du côté de l'analyste — et de ce legs cryptophorique dont, à défaut d'en être l'énonciateur manifeste, il est le porteur insu —, une livre de chair se donne à lire comme un tribut payé au personnage freudien qui incarne toutes les affres du désir parricide et du souhait de castration qui en est le sceau marqué à même le corps. La référence à Shakespeare est ici patente, et le renvoi au *Marchand de Venise* témoigne de ce tribut payé à même le corps que l'usurier vivra de plein fouet pour avoir sanctionné toute somme — toute dette — qui fait défaut. Que l'exactitude de la dette soit la rançon de l'inconscient, voilà ce que la psychanalyse soutient : la meurtralité de l'analyste conjugue la castration symbolique, qui consiste à percevoir cet analyste comme un personnage décédé, et le vœu de mort adressé par l'analysant. Ce dernier se situe dans le champ du langage et témoigne du désir de tuer cet Autre insupportable — l'analyste — qui ne se décime pas, qui ne s'anéantit point, qui résiste à sa disparition. La meurtralité, lorsqu'elle est jouée au cœur de l'espace analytique, permet d'avouer la défaillance de toute assomption spéculaire qui fait de la contemplation du visage humain le signe intangible d'une réalité qui vaut par l'attachement qu'elle symbolise. L'analyste est un personnage sans qualités ; ce qui signifie que la dimension perceptive, qui accompagne toute représentation de l'analyste, doit impérativement détruire l'imago qui figure l'analyste, lui donne consistance. Ne pas voir l'analyste, a-t-on pu dire, signe cette défaite du regard, décime cette puissance égotique de la représentation de soi. Cela est vrai sans doute pour l'analysant qui reçoit et introjecte une voix dont les affects, pour puissants qu'ils puissent être, suscitent néanmoins une torsion dont l'imaginaire est le prix à payer.

Freud fut sans doute lui aussi éprouvé par ce legs cryptophorique qui lui imposait la Lettre comme élément singulier du parcours psychanalytique et qui l'empêcha d'oser « voir » Schnitzler. Ne pas rencontrer Schnitzler aura été une façon d'entretenir — pour les analystes à venir — ce legs cryptophorique. Freud aura, sur cette question de la meurtralité, néanmoins été prudent... Dans « Éphémère destinée », il énonce à cet ami poète qui représente peut-être à sa manière un autre double littéraire, l'inactualité de l'abandon mélancolique. Freud préfère alors supposer que l'identité narrative du sujet, ce qui constitue le temps raconté de sa vie, n'est pas assujettie à une stricte continuité, mais qu'elle obéit au contraire à de fines ruptures : en somme, que le deuil introduit, par le renouvellement des investissements objectaux, une appétence qui permet de contrer l'anéantissement du monde. Voilà l'ambivalence freudienne : nul ne peut contrer le temps, bien que l'inconscient ignore sa sanction. La durabilité est cette conscience temporelle du Moi qui implore la requête de l'objet afin de mieux affirmer sa permanence. Mais cet objet, parce qu'il émerge sous l'aspect d'une relique du Moi et qu'il prête forme et substance aux investissements libidinaux, est cette incarnation tout à fait trompeuse de l'art lorsqu'il désire exprimer l'identité, c'est-à-dire la conscience de la durée. Il reste alors, pour Freud, à souhaiter ce réenchantement du monde dont la source ne peut être tarie. Perdre l'Autre est sans doute une façon de le retrouver et de prétendre ainsi en assurer la pérennité existentielle. Perdre l'Autre, c'est peut-être aussi en souhaiter la naissance — qui serait bien ici l'envers de la mélancolie passionnelle attachée à reproduire l'unité perdue de l'objet — et ainsi assurer la pérennité d'un objet-livre qui tiendrait lieu d'enfant imaginaire. La métaphore archéologique, telle que Freud la présente, est la figure de ce legs cryptophorique qui tente d'enfouir le Livre, de l'enfouir totalement, de façon à ce que la relique de l'objet perdu soit contemplée dans sa totale intégrité.

Fictions de l'éphémère

Reprenons encore une fois le propos de Michel Leiris. Un passage de *Frêle bruit* est particulièrement révélateur :

> Diversion, alibi, rite purificatoire : cet ouvrage dont j'attendais qu'une règle en émerge, mais qui ne m'aide ni à faire ni à me faire

(puisqu'il n'en résulte à peu près rien sauf que précisément, je persiste à le faire). Laborieusement calligraphique, cet ouvrage qui, malignement, me consume au lieu de me fortifier (puisque le rédiger est devenu ma grande, presque ma seule occupation). Récit, peinture ou glose, cet ouvrage que ma vie nourrit plutôt qu'il ne la nourrit (puisque c'est d'elle qu'il tire sa matière et qu'il n'en est qu'un sous-produit) [9].

Ne négligeons pas, à propos de l'écriture de Leiris, ce mouvement qui fait jouer une rétractation narcissique que l'on trouve exemplifiée dans *Aurora* et dont l'enjeu premier est la destruction de l'affect. Je rappelle de plus cette fortification du Moi que Leiris nomme dans *Frêle bruit* « pelure émotive », et qui interroge le statut du récit autobiographique. Se défaire de cette « pelure émotive » pour mieux éprouver une singulière nudité qui qualifie le processus scriptural, voilà ce que ne cesse d'indiquer Michel Leiris. L'expérience de l'autoanalyse accompagne cette activité d'écriture qui est contemporaine de l'écriture de *L'âge d'homme*. Il serait vain cependant d'imaginer qu'à ce moment précis, l'écriture correspond à une mise à plat de l'inconscient et qu'elle témoigne des modalités diverses d'une narration qui s'épuise à dire l'inconscient, à en perpétuer le tracé toujours précautionneux d'embûches.

Il faut revenir au projet autoanalytique afin de signaler, du moins chez Leiris, de quelle façon le fantasme d'autoengendrement se transforme, en fin de parcours, et j'entends ici le parcours d'une vie, en vitalisation de l'écriture de soi. Cette « pelure émotive » rappelle les théories de l'enveloppe psychique que l'on peut lire notamment chez Didier Anzieu. Leiris nous dit somme toute que, chez l'écrivain, l'identification précède l'identité puisque la source de l'écriture est cette interrogation sur un but pulsionnel qui se dérobe sans cesse. Cette interrogation hante l'écriture autobiographique dont l'attestation de soi, sous la forme commode du fantasme d'autoengendrement, rencontre la pérennité du Nom propre qui fonde le récit, qui en détermine la signature et dont il serait naïf de penser que cette dernière est le signe d'un achèvement de l'écrit.

Écrire n'est pas la fabrique d'une identité dont l'on ajuste les vêtures lors du déroulement de la preuve que constitue la littérature : pièce testimoniale qui décrirait exactement les enjeux de la créativité. Écrire n'est pas plus une construction — et nous retrouvons ici le dernier modèle freudien du travail interprétatif de l'analyste — qu'il ne s'agit de la transposition d'un référent extratextuel. L'acte d'écrire qualifierait plutôt, en témoigne ce legs cryptophorique dont j'ai sug-

9. Michel Leiris, *Frêle bruit*, Paris, Gallimard, coll. « NRF », 1976, p. 284.

géré la prégnance, la signature d'une œuvre qui aurait la singulière propriété de destituer l'identitaire. Face à cet acharnement qui défait l'écriture de tout souci filial, demeure ce rêve, que l'on retrouve souvent dans l'écriture de Leiris, d'un dénuement primordial qui contesterait la permanence de l'inscription graphique. Écrire permettrait alors de s'affranchir du signifiant. L'acte d'écrire permettrait de se délester d'un corps étranger pour mieux vivre cette étrange expérience de perte du Moi que John Klauber retrouve de son côté dans le travail du jeune analyste.

À l'encontre de la sanction dépressive imposant de se souvenir des fantômes du Moi qui forgent les contraintes de l'identité, l'identification fait jouer un tout autre processus. À la faveur de l'écriture, l'identification est ce mouvement singulier qui fait alterner saisissement créateur et dessaisissement, prise narcissique et dépersonnalisation, contrainte testimoniale et legs cryptophorique. Si cette sanction dépressive que j'évoquais est pour certains auteurs un tribut littéraire, c'est qu'elle délaisse le dessaisissement créateur au profit d'un sursis moïque que représente l'œuvre à créer. Le projet ainsi poursuivi est magistral : il est rêvé que la signature de l'auteur soit la préconception de l'œuvre, qu'elle scelle l'alliance mystique de l'écrivain et de son écrit pour mieux conjurer le réel et affirmer une maîtrise symbolique, En somme, le rêve de l'écriture serait de nommer, hors toute contrainte pulsionnelle, une réalité psychique qui s'impose d'elle-même, sans que le travail créateur souscrive à l'idéal du dévoilement, du dénuement, en somme de la confession ou de l'aveu.

Ce rêve est le paradoxe fondateur de l'écriture puisque cette dernière ne s'affranchit de la contrainte du temps que pour mieux ériger une stèle qui donne matière à l'écrit. Freud ne s'y trompait pas quand il relevait une contenance narcissique chez l'artiste, contenance se caractérisant de façon paradoxale par la très grande fluidité de l'investissement libidinal. À l'encontre d'une idéologie de la sublimation, qui suppose une source pulsionnelle première faisant l'objet d'une dérivation, cette contenance narcissique perçue par Freud est le signe d'un mouvement alterné d'identification et de désidentification qui caractérise l'écriture. Le récit de soi tiendrait alors sa valeur de signer — indication manifeste d'intentionnalité — l'œuvre dans un acte d'expulsion qui est l'aveu d'une postérité qui oublie — c'est là où joue la contrainte narcissique — son antériorité. Voilà peut-être aussi ce qui constitue, toujours selon Klauber, la complexité de l'identité psychanalytique : les références à l'éphémérité sont patentes puisqu'elles indiquent, à travers la quête d'immortalité qui prend la forme du double, la reconnaissance de la mortalité. Freud écrit dans « Éphémère destinée » :

> Accroissement de la valeur, bien au contraire ! La valeur d'éphémère est au regard du temps une valeur de rareté. [...] Nous savons que le

> deuil, si douloureux qu'il puisse être, s'arrête spontanément. Lorsqu'il a renoncé à tout ce qui était perdu, il s'est également lui-même consumé, et voici notre libido de nouveau libre pour, dans la mesure où nous sommes jeunes et pleins de vitalité, substituer aux objets perdus des objets si possible tout aussi précieux ou plus précieux. Il faut espérer qu'il n'en ira pas autrement avec les pertes de cette guerre. C'est seulement le deuil une fois surmonté qu'il apparaîtra que la haute estime où nous tenons les biens culturels n'aura pas souffert de l'expérience de leur fragilité. Nous reconstruirons tout ce que la guerre a détruit, peut-être sur une base plus solide et plus durablement qu'auparavant [10].

L'éphémérité est l'enjeu d'une contrainte temporelle qui donne naissance à la valeur de l'objet. C'est le point de vue qui est développé par Freud : le culte de l'objet n'est possible que pour un sujet dont l'investissement libidinal impose l'attachement, octroie à ce dernier une pérennité dont le caractère narcissique est patent. Cet objet dont parle Freud dans « Éphémère destinée » appartient de plein droit à l'espace culturel. Il n'est pas étranger au propos de Freud que la formation de l'identification, reprise dans « Deuil et mélancolie », soit avancée au cours de la première guerre mondiale. Le désenchantement qu'exprime Freud accompagne une tonalité tragique qui fait valoir la puissance de la fin : la civilisation, si l'on suit la pensée de Freud dans « Éphémère destinée », serait cette identité, source d'attachement et d'identification. Freud écrit :

> Il n'y a pas à s'étonner que notre libido si appauvrie d'objets ait investi avec une intensité d'autant plus grande ce qui est resté, et que l'amour de la patrie, la tendresse pour nos proches et la fierté pour ce que nous avons en commun se soient brutalement renforcés [11].

Il s'agit bien, chez Freud, de l'affirmation d'un sentiment d'identité. L'attachement est requis lorsque la proximité de l'objet est menacée et que la constance de l'investissement libidinal est remise en question. Je mentionnais plus tôt que la contrainte narcissique résiste à la mobilité pulsionnelle, investit avec force la personnalisation identitaire. La contrainte narcissique rejette l'inquiétante étrangeté qui situe l'identité à partir de ses frontières. L'inquiétante étrangeté valorise l'extrême dissymétrie qui fait du désir de l'Autre la source d'une aliénation à travers laquelle le sujet perd et retrouve la source de son propre désir, toujours modifié par la présence de l'objet.

Or, Freud, dans « Éphémère destinée », adopte un point de vue moins radical. Il n'ignore pas la labilité de l'investissement libidinal,

10. Sigmund Freud, « Éphémère destinée » [1915], *Résultats, idées, problèmes I (1890-1920)*, Paris, Presses universitaires de France, coll. « Bibliothèque de psychanalyse », 1984, p. 234 et 236.
11. *Ibid.*, p. 236.

mais avance cependant la nécessité de la possession de l'objet. Ce dernier, écrit Freud, est l'être cher qui accompagne la destinée humaine. L'objet n'est pas seulement ce double qui signe la contrainte narcissique et qui crée l'identité à partir de la duplication d'un *self* indéfiniment répété... Freud nous dit bien ici que la culture peut être détruite et qu'un observateur ignorant de la destinée humaine ne saisirait pas la signification de ce passé lointain. Il s'agit bien, à suivre le parcours freudien, de la persistance de la métaphore archéologique. Si cette figure investit avec constance le corpus freudien, c'est qu'elle indique les pourtours d'une investigation à la poursuite des traces du passé. La vision que propose Freud est souvent euphorique puisque l'énergie du conquérant-archéologue, qui s'acharne littéralement à dépoussiérer le passé, est riche de découvertes qui assurent une continuité narrative entre l'espace culturel présent et la tradition.

Freud donne ici sa pleine valeur à la conquête d'un objet interne dont la possession est chérie. La métaphore archéologique, en témoigne la réflexion freudienne, traduit de plus la découverte de l'empreinte humaine, cette vision singulière d'une main qui tente de quérir la conscience de l'humanité. Il s'agit de retrouver cette beauté première qu'incarne la contemplation du visage humain. De retrouver l'Autre, faisant ainsi de l'objet perdu l'enjeu d'une préhension qui donne naissance à la pensée. Et le livre, j'entends ici la métaphore du Livre comme source de cette contemplation du visage humain, serait peut-être alors cette dissimulation-révélation de la singularité du désir de l'Autre. Le conquérant-archéologue, qui apparaît dans de nombreux segments de l'œuvre freudienne, serait à sa manière un amoureux de la chose psychanalytique désirant affirmer la possession totale de l'objet.

Nous retrouvons à cette occasion, Klauber le mentionne avec pertinence, la source identificatoire qui donne greffe à la possession de l'objet. Freud écrit que cette possession est éphémère puisqu'elle accompagne une narration qui épouse les contours d'une chronologie vivante. La narration serait-elle alors ce visage humain qui donne source à la pensée ? Et le livre, forme extrême de cette greffe de l'objet sur un derme qui en assure la permanence, n'est-il pas la concrétisation de cette narration ? Il me semble, à lire Freud sur cette question de l'éphémérité, que la source de l'identification, pour le psychanalyste, doit être pensée à la suite de cette opposition entre la rareté, dont Freud indique qu'elle justifie la richesse de l'investissement libidinal, et la puissance, si ce n'est l'omnipotence, d'un architexte freudien dense, foisonnant, qui multiplie, par l'écriture, les « histoires » psychanalytiques dont Freud aurait été le père tout-puissant.

Il est devenu chose commune, pour la réflexion psychanalytique contemporaine, de souligner la précarité du corpus freudien. De

Roustang à Derrida, le discours critique interroge l'absence d'uniformité de la narratique freudienne, l'oscillation parataxique qui disjoint les propositions théoriques, si ce n'est le principe de contradiction comme enjeu théorique. En témoigne la lecture faite par Derrida, puis Mahony, d'*Au-delà du principe du plaisir*. Une lecture « psychanalytique » audacieuse a donc osé contester le dogme institutionnel de l'unicité — et de l'unité — de l'œuvre. Les révélations troublantes qui font référence à la correspondance de Freud (Masson), les relectures de la légitimité de l'opération traductrice (Strachey), puis de la publication des œuvres complètes en langue française, enfin la mise à nu de l'autorité biographique (Jones) sont autant de facettes de cette contestation de l'identitaire psychanalytique qui se construisait comme preuve testamentaire. La psychanalyse y apparaissait comme un Grand Récit puisqu'elle s'auréolait de la puissance du Livre pour mieux authentifier la voix de Freud. Véritable processus d'hystérisation, la psychanalyse incarnait une voix séductrice et enchanteresse, implorant une nécessaire fidélité. Cette dernière sous-entendait la nécessité d'être le fils — ou la fille — de Freud ; posture qui représentait comme on l'a vu le lecteur-psychanalyste sous l'aspect de l'enfant unique : seul légataire de l'amour parental, seul témoignage d'une transmission qui le transformait en successeur glorieux.

Le spectre des œuvres complètes de Freud n'introduirait-il pas cette figure de l'enfant narcissisé, seul lecteur du livre unique ? En somme, n'y a-t-il pas, dans la spécificité de la narratique freudienne, cette jouissance de l'enfant à s'éprouver seul légataire du signifiant parental ? L'enfant-lecteur deviendrait alors ce prodige de l'écoute qu'est le psychanalyste. Plus encore, il deviendrait l'observateur des « scènes » d'autrui, retrouvant ainsi une tranquille passivité qui l'oblige en son for intérieur à faire jouer indéfiniment cette riche surface perceptive qu'il cherche sans cesse. Le rêve n'est-il pas, dans la pensée freudienne, l'aménagement narcissique qui correspond avec le plus d'intensité au premier corps à corps avec le signifiant parental ? Cet enfant-lecteur, qui fait appel à la vision afin de connaître un scénario écrit qui lui est transmis, rejoue à son corps défendant ce qu'il faut bien appeler une scène primitive. Le psychanalyste à sa manière est aussi cet enfant prodige de la littérature freudienne. Il a lu, mangé, puis digéré l'œuvre freudienne selon les exigences culinaires, les manières de table qui permettent d'apprêter le corps-écrit psychanalytique.

Lire une œuvre, surtout lorsqu'elle est dite « complète », c'est s'astreindre à un travail d'exégèse visant à intégrer la totalité d'un corps-écrit qui peut, si l'appétit passionnel s'en mêle, devenir indigeste, à moins qu'il suscite le dégoût. Nombreux sont les psychanalystes qui, lisant Freud, n'échappent pas à cette fiction qui consiste à

« tout » le lire. Et les candidats, lorsqu'ils suivent un enseignement prescrit, auront affaire, ce qui ne simplifie pas les choses, à la médiation d'un enseignant-psychanalyste qui tentera de situer le comestible et l'indigeste, de tracer la ligne de partage entre ce qui relève du plat de résistance, de l'entremets, ou encore de l'essai culinaire raté... On s'étonnera peut-être de ce retour du « comestible » dans la littérature psychanalytique puisqu'une telle métaphore est moins neutre que les figures de l'indicible, de l'impensé... ou encore du refoulé. Il y a en effet une certaine déformation professionnelle qui consiste à faire du livre, pour le psychanalyste, l'expression à peine différée d'une manifestation de l'inconscient. Tout se passe comme si le livre devenait un rejeton du processus onirique, à l'instar des enfants-revenants qui parcourent *L'interprétation des rêves.*

Le livre, s'il est rejeton, et il le demeure certes puisqu'il garde pour l'adulte sa puissance narcissique d'évocation d'une temporalité originaire, doit être lu afin d'être mangé. Quant à cette appropriation culinaire du corps freudien, le moins qu'on puisse dire est qu'elle prête à résistances. Manger, n'est-ce pas partager un signifiant qui doit être consommé et qui requiert le parricide à titre de figure de la dévoration ? Freud ne s'y trompe pas lorsqu'il indique les conséquences de la possession des femmes du Père. Par le recours à la figure du parricide, Freud fait du signifiant paternel le motif d'une filiation rompue par l'extrême violence du meurtre. Ce motif, Freud le reprend, accompagné de quelques modifications, dans le Moïse. La figure évoquée est puissante et fonde l'ordre social. Qu'il s'agisse de la possession des femmes ou de la captation de la parole divine, voilà autant de faits qui traduisent une autorité forte. Le meurtre sanctionne la violente appropriation du pouvoir paternel. Quant au Moïse, Freud indique que le Père, lorsqu'il obéit à un destin spirituel, est condamné à l'exil. Moïse est un étranger et contrevient à la foi de son peuple.

En somme, dévorer le Père ou condamner à l'extraterritorialité le porteur des tables de la Loi relèvent d'une même problématique qui fait de la violence le signe d'une entrée dans le monde de la culture. On reprendra ici les propos de Pierre Fédida qui soulignent cette mise à l'écart du parricide, comme moment organisateur de la socialité, lors de la conceptualisation de l'acte analytique. À cette occasion, c'est bien la meurtralité de l'acte analytique qui est esquissée, et toute une théorisation du contre-transfert qui privilégie le modèle d'une communication transactionnelle. N'y a-t-il pas, dans cette violence fondatrice de l'ordre culturel que Freud évoque, l'aveu d'un réenchantement du monde que l'écriture, à titre de signifiant qui recourt à la perception, sous-entend avec force ?

Freud indique dans « Éphémère destinée » ce singulier déni de la durée qui accompagne la perception de l'enchantement du monde. Ce déni a pour source le travail du deuil et ses conséquences, à savoir le renoncement à l'investissement libidinal pour un objet qui est perdu ou détruit. Cette destruction de la scène perceptive, qui correspond aussi pour Freud en 1915 à la catastrophe qu'est la première grande guerre, laisse néanmoins subsister la possibilité d'un réenchantement qui apparaît lorsque la reconnaissance de la perte de l'objet est acquise et métabolisée. Perdre l'objet, nous dit Freud, ne signifie pas une renonciation permanente. Il est vrai qu'un tel processus, lorsqu'il s'en tient à la perte dite irrémédiable de l'objet, obéit à la logique implacable du travail du deuil. Faire référence à l'irréparable, c'est alors s'en tenir à une structure mélancolique qui fait de l'incorporation un mode de pensée pour lequel la surface perceptive, sur laquelle nous tissons nos rêves, nos mythes, serait soumise à la destruction.

L'éphémérité qualifierait au contraire cette renaissance perceptive de l'objet, sa reviviscence pulsionnelle. Le point de vue freudien est étrange, pour tout dire optimiste, en ce qui concerne le deuil et ses avatars identificatoires. Que la valeur de l'objet s'éprouve à partir d'une contrainte temporelle, voilà ce que nous propose Freud. L'éphémérité caractérise cette saisie de l'objet dont la durabilité est perçue du fait de sa permanence. Mais Freud nous explique du même coup que cette permanence est illusoire, que le deuil de l'objet est à la fois une nécessité humaine, puisqu'elle obéit à l'identité personnelle que se forge un sujet à travers la narration dont il est l'agent, et un impératif culturel : la guerre est cette violente désintégration du corps social qui met en relief l'éphémérité. Le propos freudien, sur cette question de l'identité — et nous le verrons un peu plus loin, du livre qui est le garant de cette identité — souffre d'une réelle ambivalence. L'identité, nous dit Freud, est mortelle ; l'éphémérité est le complément nécessaire de l'identité. Les remaniements identificatoires, qui imposent une modification de l'investissement libidinal, sont une caractéristique de cette éphémérité. Le monde détruit que contemple Freud en 1915 offre la promesse d'une renaissance qui coïncide avec l'apothéose que représente ici le travail du deuil.

Rêve d'immortalité s'il en est un, l'objet maléfique, source de cette dissociation pulsionnelle que représente la guerre, se consumerait jusqu'à sa complète disparition. Le travail du deuil signe la promesse de sa propre fin. Freud ajoute que le deuil se nourrit, se consume de sa passion pour l'objet. Cette disparition est énigmatique puisqu'elle s'accompagne d'une réelle ferveur envers l'objet perdu. Ce dernier n'est pas simplement le marqueur d'une différence sémantique (ce réenchantement du monde que j'évoquais plus tôt) qui traduirait la distinction faite entre différence et identité. Freud insiste dans « Éphémère destinée » sur la singularité mystérieuse de l'objet investi afin de mieux qualifier son antécédence :

Mais pourquoi ce détachement de la libido de ses objets doit-il être un processus si douloureux, nous ne le comprenons pas et nous ne pouvons le déduire actuellement d'aucune hypothèse. Nous voyons seulement que la libido se cramponne à ses objets et ne veut pas renoncer à ceux qu'elle a perdus, lorsque le substitut se trouve disponible. C'est bien là le deuil[12].

Cette adhérence objectale est énigmatique. Elle caractérise, malgré les bouleversements qui proviennent du monde pulsionnel, une certitude que le Moi ne veut pas abandonner, convaincu que la possession de l'objet est la source de sa propre vitalité psychique. Le Moi est surtout convaincu que cette adhérence est le signe d'une passion à laquelle il ne sait résister; passion dont on peut penser qu'elle est représentée chez Freud par la figure d'un monde détruit et à reconstruire dont témoigne la première grande guerre. Mais le propos freudien, par la complexité de son hésitation, nous amène vers d'autres rivages : l'éphémérité est mortelle puisqu'elle témoigne d'une durabilité acquise au fil du temps. Il s'agit bien ici du temps de la vie, on pourrait ajouter du temps raconté de la vie, tel qu'il s'adresse à l'objet faisant figure de fidèle contenant, ou de matrice incarnant un lieu protecteur. Le temps de la vie est déterminé par les balises de la mortalité et de l'éphémérité. Cette éphémérité est la compagne de la rareté : la narration d'un monde dévasté que nous propose Freud est la forme tragique de ce motif. Le Moi, qui est à la source de l'identité personnelle contenant la mémoire de l'objet, est lui seul soumis à la corruption qu'impose cette précarité. L'objet introjecté, c'est la caractéristique première du deuil, ignore un tel processus. Tout à son affaire, l'objet introjecté réclame la permanence d'une adhésion qui ignore le temps, qui ignore la perte, qui ignore la précarité du narcissisme lorsqu'il constate, façon de parler, que les investissements libidinaux ne sont plus d'actualité.

Demeure l'étrange métaphore freudienne de l'attachement qui donne à l'éphémérité son actualité mélancolique et qui peut nous permettre de mieux comprendre le destin du narcissisme lorsqu'il est violemment contraint par les bouleversements de l'histoire. Demeure, c'est ce que nous dit Freud, à la faveur du vol de la permanence des choses et de la durabilité qui fonde l'identité personnelle, une intensité encore plus grande qui forme les diverses figures du familier : l'amour pour ceux qui nous sont proches, l'amour de notre pays et la fierté témoignée envers ce que nous partageons. Cette mise en scène de l'intimité est bien paisible. Elle représente, pour le théoricien contemporain du fait identitaire, la contestation de ce que signifie, dans le champ psychanalytique, l'inquiétante étrangeté. Freud se montre

12. *Ibid.*

ici prosaïque lorsqu'il souligne la nécessité des investissements objectaux et la permanence que ceux-ci permettent de fonder malgré le passage du temps. Ce retour du familier et de l'intime dans la pensée de Freud est du même coup une interrogation mélancolique sur le destin de la culture. Freud semble nous dire que celle-ci poursuit son cours de façon inéluctable. En somme, la reconnaissance du temps qui n'amoindrit pas la qualité de l'objet mais, au contraire, caractérise l'intensité de la valeur qui est octroyée à l'objet.

Si Freud affirme, à travers l'argument fondateur de « Éphémère destinée », que la quête d'immortalité est illusoire, que le lent et patient travail de destruction accomplit son œuvre, que l'objet culturel est un artefact soumis au passage du temps, il n'en évoque pas moins la possibilité, inscrite dans la psyché, d'éprouver le deuil comme un rite de passage et d'atténuer la douleur de la perte de l'objet. Ce renouvellement de l'investissement objectal est à sa manière l'indice d'une identité personnelle dont la réalisation est soumise à la conscience de soi, à la poursuite narrative d'une durabilité que Freud évoque dans « Éphémère destinée ». Le rite instaurateur du réenchantement décrit par Freud ne se trouve-t-il pas dans cette césure qu'introduit le deuil ? Nous avons fait valoir plus tôt l'inanité du protocole réparateur. Ce dernier situe en effet un ordre moral qui prétend fournir, par le biais de la position dépressive, une reconnaissance de l'objet total. Mais cette reconnaissance, assujettie au fantasme et à la temporalité disjointe qu'il contribue à façonner, est toujours l'élaboration secondarisée de la conscience de soi. Lorsque l'endeuillé prétend reconnaître l'objet manifeste de sa perte et qu'il lui attribue la passion de sa vie qu'il voit détruite, il se trompe puisqu'il fait de l'Autre le répondant ultime d'une détresse qu'il n'aura pas su voir en soi.

De même, lorsque le créateur — par exemple cet ami poète dont Freud relate la déambulation nostalgique — regrette l'absence de durabilité qui témoigne de l'évanescence des choses et des êtres, il fait de cette précarité la source de l'expérience du deuil et de la disparition qui est le lot de la vie. Freud, face à cet ami poète, dont je propose qu'il représente dans « Éphémère destinée » un double de soi, refuse cet abandon mélancolique. Il préfère plutôt faire de l'identité narrative du sujet ce qui constitue le temps raconté de sa vie. L'enfant prodige de la psychanalyse est ce sujet qui sait lire la réalité, qui décrypte ses artifices, qui donne en somme au réel la puissance qui lui appartient. Avoir été au cours de la petite enfance un lecteur, c'est-à-dire un fidèle observateur des scènes et scénarios parentaux qui prêtent corps au fantasme, n'est sans doute pas étranger à ce passage de la vision à l'écoute : véritable introversion, en son for intérieur, du désir de l'Autre. C'est une des tâches du psychanalyste que de savoir écouter et de résister à l'entendement qui impose de prendre le désir de l'Autre à la lettre. En ce sens, l'activité du psychanalyste possède de profondes ramifications avec l'acte de lecture. Lire est une expérience qui se construit par le recours à une motricité qui prend forme grâce au glissement des feuilles, l'une après l'autre. Lire est l'expérience d'un dévoilement. L'œuvre de Michel Leiris inscrit à cet effet l'écriture autobiographique au cœur d'un protocole qui fait se confondre le corps de l'enfant et le corps de la mère.

Il y a de la précocité dans l'acte de lecture, qui est à sa manière la mise en acte des pulsions sexuelles. Tout d'abord, un dévoilement de soi par cet effeuillage que représente la contemplation de la page blanche. Puis, une projection violente, par le recours à la vision, de ce qui peut être lu et qui contient le secret sexuel de l'origine. L'exigence de lecture s'accompagne enfin de cette grandeur narcissique qui est interrompue quand le livre est terminé, ou encore lorsque les contingences de la réalité externe imposent provisoirement d'en finir avec l'acte de lecture. Lire s'entend donc comme cette envolée du regard qui s'anéantit dans un objet qui est la matrice d'une connaissance, d'une intuition, dans tous les cas d'une adhésion vitale à un signifiant dont la portée est loin d'être scolaire. Lire permet notamment, par la rêverie que cette attention seconde requiert, de se situer en retrait à la manière d'un funambule ou d'un passant, de retourner en enfance, puis de se satisfaire du corps de l'œuvre comme matrice autoérotique d'un retour sur soi qui s'effectue dans la solitude.

Cet espace de la lecture, qui interroge les « contenus » attribués au corpus parental, met de plus à l'épreuve la fin du récit. Ainsi cette fin, qui est le savoir préconçu de notre mortalité, est jouée d'avance et remise en jeu à partir de la fabulation qu'en crée un agent-narrateur. Adopter le titre de lecteur, c'est alors pressentir ce moment vital où l'existence de la fin vacille. À cet égard, l'adolescence est pour beaucoup ce moment où la lecture devient littéralement l'écriture de la vie. La lecture traduit alors la dissolution du corps narcissique et des pulsions sexuelles. Elle exprime l'existence d'un objet-tiers qu'est le compagnon littéraire : éternel double qui n'est pas seulement, c'est la complexité du processus, la réduplication de soi.

L'acte de lire suscite d'emblée l'insatisfaction envers le Livre, qui, dans la précocité des interrogations qu'il adresse, crée la sexuation de la pensée. En somme le livre permet le passage d'une matrice, que constitue pour beaucoup le corps maternel, à un corps scripturaire qui autorise une sublimation plus ou moins réussie des conflits pulsionnels qui s'inscrivent sur la scène œdipienne. Ne soyons pas surpris, à la lecture de Freud, de constater que la métaphore archéologique repose sur une exhumation du littéraire : véritable abus de confiance qui consiste à faire parler le livre — comme Freud d'ailleurs tentait, aux débuts héroïques de la psychanalyse, de faire parler ses patientes. Le Livre ne saurait répondre à la *quæstio* que suscite une rhétorique passionnée par l'entendement et par la persuasion. Pour le conquérant-explorateur, il n'y a pas de jouissance plus grande que lorsque l'objet a échappé à la dégradation temporelle. Il en va de même du discours narratif qui prétend se constituer comme moule familier de l'identité personnelle et qui tente de contenir la mortalité dans l'espace d'une vie.

Peut-on parler ici d'une narration archéologique qui recherche une signification perdue pour mieux en préciser l'immortalité ? La préservation de l'objet, sous ce mode anti-métaphorique que représente l'incorporation, n'est-elle pas cette passion d'outre-tombe qui méconnaît la distinction nécessaire entre l'identité narrative et le récit posthume auquel le sujet-énonciateur recourt afin de situer son propre passé ? La quête de l'objet peut bien être cet arpentage du corps maternel qui situe une durée sans rupture, une autoperception de la psyché maternelle qui rappelle ce que Freud énonce tardivement à propos du mysticisme. Il n'en reste pas moins que cette passion de la découverte s'éprouve dans la discontinuité qu'instaure la disjonction entre la source perceptive et le monde qui est offert à la contemplation.

Freud, dans « Éphémère destinée », fait d'un monde détruit par la guerre la figure douloureuse d'un anéantissement catastrophique. Il n'est plus question, on s'en doute, d'un ordre du monde qui obéirait à la destinée d'une Loi se situant comme *a priori*. Pas plus qu'il n'est question d'une Loi qui stipulerait son efficacité en se situant en retrait afin de privilégier une forme commode d'extraterritorialité. Ce monde détruit a perdu sa signification : la guerre est bien ici cette horreur qui témoigne, par l'absurde, de l'absence de témoignage. Freud évoquera, toujours dans « Éphémère destinée », ce regard sur les reliques de notre culture, qui serait porté par une nouvelle civilisation ne comprenant plus la signification des écrits de nos poètes et de nos penseurs. Freud va même jusqu'à proposer l'hypothèse d'une époque géologique où toute vie animée aurait cessé. Le pessimisme est ici de rigueur puisque le propos freudien sur la disparition de l'humanité peut être assimilé à la résurgence de ce récit posthume qui permettrait imparfaitement de donner signification à la culture. Qu'arriverait-il à notre culture si un poète ne pouvait à son tour l'introjecter au cœur d'une réflexion personnelle ? En somme, qu'arriverait-il si ce poète, qui est chez Freud la figure idéalisée de la civilisation, ne pouvait surseoir à cet anéantissement, ne pouvait même plus narrer cet anéantissement sous l'aspect singulier du récit de soi ?

Freud admet que le deuil donne son éphémérité précieuse aux choses du monde. Mais il ajoute que ce silence est aussi le « risque » que la culture encourt lorsqu'elle ne trouve plus d'énonciateur pour pouvoir nommer ses pensées. Le propos freudien défini dans « Éphémère destinée » est mythique puisqu'il suppose un recommencement que le deuil permet d'instaurer. Ce dernier est la figure séquentielle, intermittente, qui donne sa pleine valeur au temps. Si, par contre, cet énonciateur-poète disparaissait, il n'y aurait plus de récit. Pour tout dire, il n'y aurait même plus de transmission d'inconscient. Le récit est véritablement cette figure ordonnatrice du monde qui donne contenance à la pensée. Freud inscrit encore avec une relative ambivalence cette question de l'identité. En témoigne sa fidélité à l'univers viennois, qu'il ne quitte que tardivement, lorsque l'exil s'imposera et obligera à renoncer aux idéaux cosmopolites et citoyens. Freud situe un monde tragique dont il est espéré que le destin préserve l'humanité d'une violence pulsionnelle associée à Thanatos. La tranquille persistance perceptive que l'on retrouve dans les nombreux écrits freudiens qui traitent de la culture est à cet égard révélatrice d'une origine pulsionnelle qui, si elle ne fonde plus un présupposé transcendantal, n'en demeure pas moins nécessaire.

À l'origine, nous dit Freud, il existe un penseur : ce dernier, poète, peintre, psychanalyste, configure un objet qui donne naissance à la pensée. L'acte de travailler la statuaire, qui fige l'objet dans cette dérive créant du mouvement à la faveur de l'extrême crispation de l'inanimé, n'est pas la même chose que de déployer le signifiant à travers l'ascèse scripturaire du poète qui démontre sa joie vocale avec infiniment de contrainte et de retenue. De même, le psychanalyste n'est pas vraiment un créateur s'il s'agit de définir la fondation de toutes pièces d'un objet culturel qui se caractérise par sa malléabilité. Le psychanalyste travaille bien sûr l'ordre du discours puisque le récit posthume représente cette préconception d'une passéité que l'analysant amène avec lui. En témoigne la certitude d'un passé déjà « dit », si ce n'est falsifié, par le recours aux multiples artifices qui octroient la certitude d'une identité psychosociale. Mais ce récit posthume laisse place à une interprétation que représente cette co-énonciation dont la portée majeure circonscrit les enjeux du travail analytique.

L'analyste, s'il se contraint à cette minutieuse ascèse que représente le travail du langage, n'est pas comme le poète passionné par la matérialité de l'objet sonore. Pourtant il y a présence d'une diction poétique dans le travail de l'analyse qui ne se contente pas de la narration et de la distribution séquentielle des « histoires de vies » qui sont racontées par l'analysant. Mais cette diction n'est pas révélée sous la forme d'une passion pour un objet culturel qui deviendrait alors l'enfant du poète, sa succession. L'analyste, c'est pour cette raison qu'il n'est pas habituellement « créateur », ne peut s'affecter de l'objet de cette diction poétique jusqu'à faire de l'analysant sa muse. Cette impasse caractérise l'écriture de Julien Bigras puisque le transfert identitaire, qui justifie l'entrée dans le monde des Lettres, introduit un brusque changement de registre d'écoute qui modifie durablement le protocole analytique. L'écriture adopterait une valeur confessionnelle et le dire réparateur qui s'ensuit permettrait littéralement de créer la « fiction » de l'analysant.

Une écriture de vive voix

Julien Bigras chercha sans cesse la relique de l'objet freudien afin de proposer une écriture « vivante », vitale, qui pouvait prétendre remédier à la sécheresse du récit de cure. Ce legs cryptophorique prit la forme d'écrits soucieux de rendre à la vie le Livre psychanalytique comme s'il s'agissait de précéder, par cette parole « contenante », le surgissement de l'inconscient en ordonnant sa mesure :

> Elle continua d'écrire son journal. De ce besoin, qui lui était aussi impérieux qu'une drogue, je n'avais pas réussi à la guérir, pas plus que je n'avais réussi à me guérir moi-même. Depuis, comme elle, j'éprouve ce besoin d'écrire tous les jours. Ce que je dirai sur Marie et plus tard sur mon fils, sur mes ancêtres et mes maîtres le sera à la manière d'un journal intime, avec tous les risques qu'une telle forme d'expression comporte [13].

Voilà ce qui caractérisa pour Julien Bigras le jeu d'une écriture de vive voix qui lui fit préférer les charmes de la communication primitive avec la folie. Un tel projet était lourd d'ambiguïtés puisque l'écriture, que Bigras revendiqua avec insistance, était du même coup perçue comme une sommation narcissique. En somme, Julien Bigras proposa une perception de l'écriture analytique qui renouait avec la figure de soi dont Michel Foucault a pu offrir une description particulièrement éloquente.

Foucault, dans un article qui porte précisément sur les configurations historiques de l'écriture [14], s'intéresse à la pratique scripturale de soi sous la forme d'un objet transmissible auprès d'un destinataire : un tel projet contestant la toute-puissance narcissique de l'écrit. Foucault propose à cet égard une analyse du rôle de l'écriture dans l'Antiquité, plus particulièrement chez Sénèque et Plutarque. Il faut préciser que Foucault indique que l'origine de l'écriture de soi ne prend pas la forme du « journal » mais bien de la lettre (adressée celle-là à un interlocuteur réel mis en position de juger et lui-même « jugé » sous ce même rapport

13. Julien Bigras, *Ma vie, ma folie*, Paris/Montréal, Mazarine/Boréal express, p. 39. Les citations extraites de cet ouvrage seront désormais suivies, dans le texte et entre parenthèses, du numéro de la page précédé de la lettre *V*.
14. Michel Foucault, « L'écriture de soi », *Corps écrit 5 : l'autoportrait*, Paris, Presses universitaires de France, 1983, p. 3-23.

de l'adresse à l'intérieur de la lettre). Foucault note de plus que l'écriture de soi n'est alors pas tant envisagée comme manifestation de soi que comme récit du rapport à soi par la médiation des autres autour d'objets privilégiés. En témoignent les interactions de l'âme et du corps, les loisirs, les impressions et le corps. C'est à partir de ce travail de remémoration effectué dans la missive que le journal apparaît, ou plutôt qu'une représentation diégétique de soi s'élabore. À partir de celle-ci s'organise tout le travail ascético-cognitif contenu dans une pratique de soi que revendique l'écriture. Cette dernière, telle que Foucault l'entrevoit, n'est pas la forme contemporaine de l'individualité. Elle n'a pas pour rôle de situer la génialité du processus créateur — entreprise qui, on le sait, appartient de plein droit à l'univers freudien. Il ne s'agit pas d'une représentation de soi qui se prévaut d'une identité formée par les contours de la Lettre. À moins de préciser que la Lettre, ainsi que Foucault l'entend, est autre chose qu'un point de fixation, pour tout dire la statuaire de l'Auteur, ou encore la figure pétrifiée d'un lecteur souhaité de toute éternité.

Michel Foucault indique que l'écriture a cette double fonction d'être une notation qui obéit à la figure d'un dévoilement de soi et qui acquiert pour cette raison une vertu ascétique. En témoigne cette citation de saint Athanase que rappelle Foucault :

> De même, écrivant nos pensées comme si nous devions nous les communiquer mutuellement, nous nous garderons mieux des pensées impures par honte de les avoir connues. Que l'écriture remplace les regards des compagnons d'ascèse : rougissant d'écrire autant que d'être vus, gardons-nous de toute pensée mauvaise. Nous disciplinant de la sorte, nous pouvons réduire le corps en servitude et déjouer les ruses de l'ennemi [15].

Que retenir de ce propos si ce n'est que l'écriture, du fait de l'acte projectif qu'elle soutient, correspond à l'expulsion de pensées qui autrement auraient pu être gardées secrètes ? Bien qu'il faille préciser que l'argumentation de Foucault est circonscrite historiquement, et qu'elle traite d'un des nombreux sédiments de l'écriture de soi, il demeure que l'acte projectif que je viens de mentionner suppose la mise à nu d'un secret. Voilà qui est l'envers d'une certaine *doxa* psychanalytique pour laquelle l'écriture n'est que sommation narcissique, ou pire encore : inféodation au pouvoir tout-puissant de l'imaginaire et servitude affirmée envers le monde de la *phantaisie*.

Freud affirme dans « La création littéraire et le rêve éveillé » que l'infantilité de la création permet de valoriser le pouvoir du jeu. Il

---

15. Saint Athanase, *Vie et conduite de notre père saint Antoine*, traduit par Benoît Lavaud, Bégrolles-en Mauges, Abbaye de Bellefontaine, 1979, p. 55. Cité par Michel Foucault, *op. cit.*, p. 4.

s'agit bien, comme Freud le remarque, de s'infantiliser par le recours à la création, qui peut dès lors fonder un espace interstitiel négociant à loisir les domaines réservés à la réalité externe et au jeu. Le créateur, toujours selon Freud, gagne sa toute-puissance à déclarer une sommation narcissique qui l'institue roi et maître de sa *phantaisie* tout comme il peut cliver habilement les registres défensifs et égotiques qui qualifient l'intervention de l'écriture. Cette dernière n'a pas seulement pour fonction de combler, avec toutes les imperfections qu'un tel discours suppose, une signification lacunaire qui ferait l'objet du refoulement. L'écriture ne caractérise pas uniquement une idéologie du manque et de la consolation réparatrice. Malgré cette sommation narcissique, l'acte d'écrire, chez Freud, signifie aussi que le Moi abandonne sa toute-puissance pour s'éprouver grâce au dessaisissement qu'inaugure la création.

Wilfred R. Bion reprenait un motif semblable lorsqu'il indiquait, dans *A Memoir of the Future*, que l'acte d'écrire suppose l'abandon de toute faculté de contenance. Bion rejetait en fait la métaphore du « corps de l'œuvre » et contestait la projection narcissique d'une identité mise en scène par le récit de soi. Un tel propos, énoncé par Bion, s'avérait décisif puisqu'il ignorait l'obsession identitaire que sous-tendait le legs cryptophorique. Il s'agit de cette certitude fondatrice qui qualifie l'illusion d'une « parole » première (Freud) dont la transposition serait fidèle à l'énoncé psychique. À l'encontre de cette perspective conservatrice, Bion fit appel dans *A Memoir of the Future* à la contestation de l'identitaire psychanalytique. En témoigne la description par moments ironique d'un *self* analytique en proie à la dissociation et façonné par l'inscription d'une multiplicité d'histoires de vie qui s'emboîtent, se désagrègent, se fondent et se fusionnent.

On pourrait penser, à la suite de l'article de Michel Foucault sur les figures de l'écriture de soi, que le ressort premier de la psychanalyse est sa trame confessionnelle. Mais un tel discours, qui sanctionne la vérité pour mieux la déclarer opératoire dans le cadre de la cure, demeure soumis à une dualité qui oblige à choisir entre vérité et mensonge, entre fabulation et vraisemblance, entre l'invention du discours et l'ordre de la répétition. On ne peut évoquer cette idée de « l'autobiographique analytique » pour décrire le mouvement de la cure puisque l'analyste tout comme l'analysant ne sont pas, ainsi que le laisse entendre la malheureuse expression de Schafer dans *Retelling a Life*[16], des auteurs. Ils le deviendront par la suite, qu'ils soient signataires d'écrits ou conteurs circonspects d'une expérience passée, car un tel rôle « public » leur assignera une autorité qui les rend posses-

16. Roy Schafer, *Retelling a Life: Narration and Dialogue in Psychoanalysis*, New York, Basic Books, 1992.

seurs d'une parole dont ils éprouveront la singularité au contact d'autres « dits ».

L'expérience analytique traduit une torsion de la remémoration narrative. Nous pouvons parler ici d'un récit premier dont la force associative est souvent affirmée et qui inscrit la passéité comme enjeu pour mieux la confondre avec un temps présent dont le seul critère est le maintien d'une énonciation vivante, personnelle et débarrassée des oripeaux de la mondanité. L'illusion autobiographique, dans le champ psychanalytique, serait donc un puissant leurre transférentiel qui fait de l'autorité freudienne la source de toute parole ultérieure ayant valeur de vérité. Ne serait psychanalyste que celui qui a introjecté cette identification première lui permettant de se dire à travers la parole — et le silence — d'un Autre. Ne serait psychanalyste que celui ayant mangé, par souci d'incorporation vengeresse, le corpus psychanalytique pour devenir ce sujet indivis, à la fois disciple et maître de Freud. En somme, l'illusion autobiographique se construit à partir de cette narratique première qui incarne le legs freudien et qui en autorise les modalités de transmission.

Le régime autotransférentiel

En témoigne notamment la résurgence d'un contre-transfert lectoral qui éprouve de manière plus substantielle qu'on ne le croit habituellement la poursuite de l'analyse personnelle, ou encore sa transposition, de façon plus « didactique », dans le cadre de formations analytiques instituées. L'illusion autobiographique serait alors le maintien de l'identification primaire à Freud par le recours à la force subjective de l'Auteur de la psychanalyse. Il faudrait alors évoquer la puissance d'un autotransfert mis en acte par le recours à un processus de lecture qui situe l'Auteur (Freud) face à la descendance symbolique qu'il engendra. Sans ignorer l'identification du lecteur qui, mis à la place de Freud, colmate cette descendance (c'est la prime de plaisir de toute jubilation esthétique qui ignore un moment la différence des générations) ou, dans le pire des cas, dénie cette descendance au profit de la forclusion psychotique.

S'intéressant avant tout à l'activité scripturale des analystes, et particulièrement à l'investissement souvent diversifié que représente chez ces derniers le travail de fiction, l'on peut penser, si l'on suit par exemple les notes de recherches avancées par Jean Bellemin-Noël[17], que le registre autotransférentiel, propre à l'expérience littéraire, s'oppose au transfert, qui, lui, anime l'expérience analytique. Quant

17. Jean Bellemin-Noël, « Lire: le duo des boucles auto-tranférentielles », *Psychanalyse à l'Université*, Paris, Presses universitaires de France, 1991.

au contre-transfert, qui suppose un facteur dialogique, il désigne la confrontation interdiscursive chez un même sujet, ou à l'intérieur de la communauté des sujets parlants, des pensées et des contre-pensées qui traduisent la dynamique de l'échange psychanalytique. Un tel point de vue suppose une gradation, si ce n'est carrément une « évolution », qui amène le sujet à éprouver les diverses figures de l'intersubjectivité. On notera d'abord l'incorporation moïque de l'altérité (c'est, par exemple, la caractéristique de l'autotransfert) qui laisse place ensuite à la figure de l'Autre, sujet idéalisé d'une différence qui se constitue sur fond de ressemblance identitaire (c'est l'une des définitions du transfert), jusqu'au moment où cette résonance extraterritoriale est gardée secrète afin de devenir le lieu de partage discret de l'inanalysé psychanalytique.

À privilégier une telle attitude, revendiquée par Bellemin-Noël, l'autotransfert deviendrait la magnification du récit de soi puisque le destinataire coïnciderait, dans une temporalité n'ignorant pas l'avènement du fantasme, avec son porte-parole auctorial. Bellemin-Noël écrira de façon incisive :

> J'ai envie de dire par provocation que *le transfert pur et simple n'existe pas*, non seulement comme mouvement unilatéral (du patient vers l'analyste, là-dessus nous sommes tous d'accord) mais en tant que mouvement « unilinéaire » c'est-à-dire mettant un pôle face à un autre pôle. Le transfert semble plutôt être *l'attelage, côte à côte*, pour un travail commun, *de deux auto-transferts* [18].

Le modèle proposé par Bellemin-Noël suppose que l'appareil psychique soit soumis à la puissance pulsionnelle que représente la quête de l'objet de désir. C'est ce que Daniel Stern évoque de son côté en valorisant une identité narrative qui associe la mère et l'enfant. Jean Bellemin-Noël revendique en somme l'existence d'une stase hallucinatoire qui coïncide avec le moment de la lecture puisque le désir de l'objet est tel qu'il se trouve magiquement incorporé sous la forme d'un signifiant pouvant être lu et de fait ingéré. Cette dévoration caractériserait-elle alors l'apogée d'un mouvement autotransférentiel ? La textualité, ce que Bellemin-Noël nomme le texte-moi, concrétiserait-elle alors une hallucination positive où le Moi du lecteur se trouverait projeté dans le réel ? Bellemin-Noël répond partiellement à cette interrogation en soulignant que l'ipséité, qui peut caractériser le récit de soi, n'est pas satisfaisante puisqu'elle nous ramène aux mirages du narcissisme primaire et de la toute-puissance du Moi :

> D'abord ce mot d'auto-transfert fait difficulté à cause d'un malentendu langagier. Le préfixe *auto*, selon l'étymologie, implique un retour de soi sur soi, l'effet du même sur le même, pour regarder

18. *Ibid.*, p. 184.

> comme pour agir. [...] Dans le domaine psychique il y a toujours au moins deux instances, *je* et *moi* quand je me regarde ou que je me flagelle, nous sommes deux, voyant-vu, frappeur-frappé. Il faut parler vite pour dire que c'est le même qui est actif et passif, sujet ou objet d'un verbe quelconque. [...] Quand « je » « s' »adresse et « se » dit à « moi », il y a vrai duo, les mots font à la fois lien et coupure. Pour ne pas laisser perdre cette différence, sous-entendons bien à chaque emploi « [auto-]transfert *parlant* » et pensons à la belle Écho plus qu'au pauvre Narcisse[19].

Bellemin-Noël a beau jeu ici de faire valoir la quête d'Écho plutôt que l'identification éperdue de Narcisse. S'écrire, comme s'entendre, comme s'écouter d'ailleurs font valoir ce mouvement d'affectation qui me semble être le lot de toute narration lorsqu'elle est aux prises avec le narcissisme primaire qui qualifie le récit de soi. L'autotransfert serait-il alors la forme à peine sublimée de l'autoérotisme qui souligne le désir exacerbé, parce qu'instruit à travers la trame œdipienne, d'un désir de soi rencontrant l'énigme du désir de l'Autre ? À moins que l'autotransfert coïncide avec cette trame préœdipienne qui fait du texte littéraire un substitut anaclitique permettant bon gré ma gré de penser — et de panser — la relation à cet objet perdu et d'autant magnifié qu'est la mère ?

Il s'agit bien, si l'on garde à l'esprit les propositions faites par Bellemin-Noël, d'un autotransfert inscrit dans la structure du langage et qui façonne, cette fois pour la psyché, une matrice narrative que structure la relation mère-enfant. Bellemin-Noël l'indique ici d'ailleurs d'une belle façon, tout en sous-estimant peut-être cette dimension maternelle qui fait du texte une « réserve » inconsciente dont le narcissisme primaire lui apparaît caractériser la force d'affirmation tranquille :

> Mais pourquoi dire nos boucles ? Je ne m'occuperai pas de la boucle propre à l'écrivain, pour me concentrer sur celle du lecteur. Je transfère, donc avec mon texte, ce *texte-Moi : en même temps je me* projette en *lui* et *il me* projette devant *moi* (cette dissymétrie est féconde : le rapport spéculaire vaudrait blocage). En d'autres termes, il est l'autre qui me renvoie mon discours comme je suis l'autre qui « lui », c'est-à-dire « me » renvoie le sien — en un jeu mutuel de transfert et de contre-transfert. Ce jeu, on ne peut pas dire qu'il se passe tout à fait « en moi », même si l'on ne peut pas dire non plus que le texte est un « vrai sujet » : le texte fonctionne exactement comme une instance du sujet que je suis, un des idéaux ou une des imagos qui me constituent et qui incarnent des figures archaïques de mon passé. Il matérialise à sa façon ce que l'analyste incarne dans la cure[20].

19. *Ibid.*, p. 185.
20. *Ibid.*, p. 190-191.

Le propos de Bellemin-Noël souligne cette identité narrative primitive qui joint à loisir le regardant et le regardé, l'enfant et sa mère, le lecteur et son Auteur : mouvement d'identification qui culmine par une identification primaire où le corps de la mère devient le contenant charnel qu'est l'enfant. De la même manière, la parole de la mère est l'énoncé primitif du désir de l'enfant et la lecture une transposition des idéaux qui sont attribués à l'auteur. Voilà peut-être ce qui caractérise pleinement la singulière ambivalence de l'autotransfert. Ce dernier dénie le principe dialogique qui est au cœur de l'interrogation herméneutique lorsqu'elle envisage le phénomène littéraire. De Blanchot à Derrida, la littérature s'est définie comme défaut, impouvoir, impossible. Il ne s'agit plus chez ces lecteurs-critiques de sanctifier la quête de soi mais plutôt d'en révéler la « vêture », de dégager par un brusque mouvement de non-appropriation ce qui constitue l'identité lorsqu'elle prétend devenir un alibi du Moi. Le propos de Bellemin-Noël ignore à sa manière ce principe dialogique. Il fait plutôt valoir la force projective de l'acte de lecture qui se traduit par une violente réversibilité des facettes narcissiques du Moi.

Le rêve-cauchemar

Le récit de soi n'est donc pas si différent du texte-rêve : énoncé critique qui obéit à la première topique freudienne et qui fait de la figurabilité l'un des facteurs déterminants qui contribuent à dessiner, si ce n'est carrément à portraiturer, la source pulsionnelle. Que le rêve entretienne des liens étroits avec la littérature et ce registre autotransférentiel défini par Bellemin-Noël, c'est ce que l'œuvre de Bigras ne cesse d'identifier à travers la problématique du legs cryptophorique.

> En effet, le bateau contournait le rivage d'une réserve indienne sur la rivière Trent, entre le lac Rice et Peterborough.
>
> J'avais fait mon cauchemar exactement là où mes ancêtres, coureurs de bois, venaient négocier les fourrures, baiser les petites sauvagesses et risquer leur vie, pendant que leurs femmes, leurs imposantes femmes blanches, restaient à la maison à se battre comme des chiennes pour survivre. Combien de fois les Bigras mâles, mes ascendants, ont dû faire ces mêmes cauchemars ? (*V*, p. 161)

Chez Bigras, je pense entre autres à *Ma vie, ma folie,* le rêve devient cauchemar et permet de rompre et de maintenir tout à la fois un espace d'affectation narcissique qui se caractérise par le maintien d'une surface projective. Le rêve-cauchemar est dans l'écriture de Bigras la machination d'un inconscient qui devient bouche dévoratrice, régurgitation d'un « passé » traumatique jusque-là incorporé.

> Alors ! Avions-nous tous sombré dans une totale confusion ? D'abord qui étions-nous, chacun d'entre nous ? Qui avait été le premier vam-

pire dans toute cette histoire, le premier « mordeur », ainsi que s'exprimait le fils de Marie — « ma mère est une mordeuse » : cette affirmation du fils avait été rapportée par Marie dans son journal. Oui, nous étions tous confrontés au même désarroi, au même désordre indescriptible, Alexandre, moi-même et le monstre nocturne, lors de ce cauchemar en terre indienne. Nous étions enchevêtrés les uns dans les autres, dans un même corps à corps, dans un même envoûtement, un même enfer de souffrances et de jouissances excessives. (*V*, p. 163)

Que l'œuvre de Bigras ait été en grande partie consacrée à la psychose, qu'il s'agisse de la fiction proprement dite ou des essais, nous amène à interroger en retour la marginalité de la folie. Cette dernière n'est pas forclose, elle ne correspond pas à un signifiant énigmatique qui disjoint les paramètres de la Loi du Nom-du-Père pour mieux situer un discours orphelin. Bigras, à l'encontre de ce que Lacan proposa, rejetait cette éviscération linguistique du psychotique condamné à rencontrer la statuaire paternelle et à éprouver l'exclusion qui caractérise l'impersonnalité de la Loi. À l'énoncé forclusif qui énonce d'en finir avec le jugement du Père, Bigras opposa l'effraction du cauchemar qui rompt la surface projective du Moi.

Pour Bigras, il ne saurait y avoir de texte-rêve, encore moins de texte-moi : peut-être seulement l'effraction du cauchemar qui dessine les pourtours de l'épreuve de réalité et qui assigne à la narration le rôle singulier de gardien de l'éveil. En somme, le cauchemar désigne l'inanité de la transmission narrative lorsqu'il s'agit de décrire ce qui ne peut être mis en mots, et que la coque interne du rêveur contient la scintillante surface de l'hallucination. Que Bigras ait fait jouer cette incarnation brutale de la « communication primitive », voilà qui contribuait par ailleurs à destituer le récit de sa toute-puissance.

On comprendra ici qu'il ne s'agit plus d'être fidèle au protocole de la cure ou d'en simuler les conditions de manifestation. Chez Bigras, la littérature est ce récit de soi où la fiction acquiert droit de cité et qui permet de faire entendre la puissance du legs cryptophorique que représente la figure freudienne de l'Ancêtre. L'acte d'écrire sa vie, face à l'autotransfert revendiqué par Bellemin-Noël, n'est-il pas alors une façon de s'identifier à un personnage possédant pouvoir et autorité ? On peut penser bien sûr à Freud ou encore à Winterman, masque littéraire de Conrad Stein, sans négliger pour autant la relation complexe entre Bigras et Ferron.

À sa manière, Julien Bigras lorsqu'il écrit à Jacques Ferron n'est pas si différent de Freud qui évite Schnitzler. Le premier ne cesse de solliciter l'avis de Ferron pour mieux partager ce qui prend la forme d'une passion psychanalytique foudroyée par la chose littéraire. Cette invite poursuivie avec insistance par Bigras se traduit d'ailleurs par l'aveu d'un don que Bigras aurait offert à Jacques Ferron à son insu. Le projet qui donne naissance à *Ma vie, ma folie* est offert à Jacques Ferron. Cette dédicace interne structure donc un projet littéraire, noué passionnellement avec Ferron, et qui rappelle étrangement cette communication primitive que Bigras créait avec ses patients psychotiques.

Il est rêvé que la littérature, à la faveur de cette dédicace, soit la poursuite imaginaire d'un projet commun. Il est rêvé que le fantasme généalogique qui tenaille, on le verra, l'œuvre de Bigras, soit partagé par Jacques Ferron et que cette communication primitive prenne la forme d'une transaction d'inconscient à inconscient.

Il ne s'agit donc plus ici d'être fidèle au protocole de la cure, de chercher à en simuler les conditions de manifestation. L'exigence du travail littéraire permet à la fiction d'acquérir droit de cité et d'échapper à cette emprise de la responsabilité référentielle. Écrire serait-il dès lors, face à cette figure du transfert littéraire, une façon de s'identifier à un personnage possédant tous les pouvoirs de l'autorité jusqu'au moment où cette dimension imaginaire perd de sa force et induit des effets d'écriture qui rappellent la puissance de l'inconscient ?

Qu'on pense à la relation ambivalente entre Bigras et Ferron. Ce dernier semble posséder droit de vie et de mort sur une source créatrice dont il serait le passeur. Bigras est littéralement hypnotisé par ce Maître qui incarne les idéaux grandioses de la maîtrise du langage et de la diction de l'inconscient. Le psychanalyste s'avoue ici piètre littérateur. Il souhaiterait partager cette passion imaginative qui est attribuée à Jacques Ferron, mais ne sait que quémander une attention soutenue par le recours à la correspondance. Que la fiction, ou l'impossibilité du passage à la fiction, se fasse entendre ici comme une poursuite de l'expérience analytique est un aveu de taille. Retrouverions-nous à cette occasion un legs cryptophorique faisant de Freud ce sujet enfoui par un arsenal métapsychologique qui contribue à faire oublier la Lettre de l'inconscient ?

Ce que Bigras croit découvrir dans ses divers ouvrages, qui valorisent un corps à corps violent et passionné avec l'inconscient, il ne fait que l'emprunter à Freud… Michel Schneider a bien noté dans *Voleur de mots* cette hantise du plagiat qui parcourt les générations successives d'analystes. C'est le lot des psychanalystes qui demeurent ébahis et anéantis par l'autoanalyse du père de la psychanalyse. *L'interprétation des rêves* est ce livre vivant qui dit la parole de l'enfant-revenant : qu'on se rappelle « Père, ne vois-tu donc pas que je brûle ? ». Il est aussi ce Livre mythique qui ordonne la narration à partir de l'empreinte du rêve. Enfin, il ordonne aussi la conceptualisation analytique à partir d'un ombilic qui correspond à ce que Guy Rosolato nomme la relation d'inconnu. Rappelons-nous que *L'interprétation des rêves* fut le livre d'un seul : forme littéraire de l'autoanalyse, tout comme de la conquête faustienne du royaume des mères et de la puissance des ténèbres. Cette écriture freudienne, à supposer encore une fois qu'elle se constitue sous le mode de l'affectation narcissique, renvoie au contenu même du rêve, qui prête sa surface perceptive à une infinité d'inscriptions ignorant la causalité du récit. Le rêve est à cet égard la ruse de l'inconscient, comme il est sans doute le fondement de l'activité analytique.

Tel est le destin de cette magie incorporante qui fait de l'analyste un bavard silencieux, qui transforme l'écoute en entendement et qui oblige l'analyste à se situer dans le corps même de la théorie psychanalytique. Certains évoqueront la sempiternelle figure du contre-transfert afin de traduire cette expérience qui contredit la sévérité du savoir analytique. D'autres préféreront parler d'identification projective pour qualifier la trame intersubjective qui noue l'analysant à l'analyste.

Wilfred R. Bion mentionnait souvent cette phrase de Blanchot afin de qualifier une écoute qui ne soit ni mémoire ni désir : « La réponse est le malheur de la question. » Cette parole de Blanchot est riche d'incidences pour ce qui a trait à l'expérience analytique puisqu'elle traduit aussi l'extrême limite de la pensée qu'incarne la littérature.

Revenons à cette « voix » intérieure dont la persistance, au cœur de l'écoute analytique, est lourde de significations. Ce bavard silencieux qu'est le psychanalyste méconnaît la fonction même de sa parole s'il croit que la « voix » intérieure peut être communiquée sans l'alibi d'un discours. L'analyste doit faire jouer une écoute qui soit respectueuse de la narration qui le délègue « personnage » parmi les nombreuses imagos qui peuplent l'imaginaire qui caractérise le cadre de la séance. À ignorer la narration, sous prétexte qu'elle se livre pieds et poings liés à la Loi de l'entendement, l'analyste se condamne à une effusion narcissique dont il serait la première victime. Ignorer la Loi de l'entendement, c'est en effet refuser ce poids de « réel » qui bon gré mal gré circonscrit l'espace de séance, en délimite les pourtours, en fonde l'existence. En ce sens, la narration contrevient à l'énoncé de Maurice Blanchot que Bion plaçait en exergue de sa réflexion psychanalytique. En somme, la narration obéit au principe de réalité puisqu'elle suppose la reconnaissance, à travers les multiples mondes fictionnels qu'elle engendre, d'un principe organisateur. La narration est fille d'autrui. Tout comme elle représente la figure de l'entendement. La narration psychanalytique correspondrait-elle alors à une mise en scène de l'écoute ? C'est ce que laisse entendre l'écriture de Julien Bigras.

L'œuvre de Julien Bigras nous montre, à la faveur d'un singulier « passage à l'écrit », que la littérature est investie d'un pouvoir démesuré. L'amour de la Lettre est en effet étourdissant puisque les cahiers et calepins deviennent autant de formes contenantes qui peuvent accueillir la folie et lui donner vie.

> C'est ainsi qu'un jour je m'aperçus que Marie faisait partie de ma maison. Elle occupait les lieux. Elle prenait toute la place. Comment s'y était-elle prise pour m'envahir, s'insinuer jusqu'au plus secret de mon être ? Il n'y eut pourtant nulle effraction, nul bris de serrure. Une nouvelle histoire s'était construite en mon absence, avec toute une kyrielle de fantômes, de morts, de maris et de pères jaloux, de femmes et de mères trompées, d'où naquit ce récit qui était mien, ou pouvait l'être, jusqu'à la moelle. (*V*, p. 10)

Il semble en effet que l'écriture soit appelée à remplir ce « vide » qui est à la source de la création. C'est le discours manifeste de Julien Bigras que l'on retrouve ici. Il importe que le vide soit rempli, j'irais même jusqu'à dire qu'il importe que ce vide soit enterré pour mieux nier la souffrance qui accompagne ce « passage à l'écrit ». Et de même le vide dans l'écriture de Bigras suppose-t-il son comblement, de même l'énoncé littéraire — ou la parole de l'analyste — doit-il acquérir une valeur instauratrice.

Car le projet littéraire de Bigras s'érige en contrepartie d'un interdit psychanalytique dont on a pu mesurer la portée, la confidentialité de la cure faisant de celle-ci un signifiant bordé par la censure. Encore faut-il s'entendre sur une possible définition de la clinique, surtout lorsqu'elle est transformée par la littérature. Si la clinique fait intervenir une plausibilité diagnostique qui authentifie la « réalité psychique » du patient, la littérature met en jeu la traduction d'un récit de soi qui conteste le vérisme de « l'histoire de malades ». Mais si la clinique détermine une causalité qui sanctionne le récit pour mieux ordonner sa fin, il n'est pas sûr qu'elle obéisse complètement à ce projet si commode. La clinique psychanalytique ne s'intéresse pas à la question de la fin. Tout au plus peut-elle prendre au sérieux l'inaugural, « l'amour des commencements ». Ce déplacement de perspective est important puisqu'il contribue à forger la figure d'un psychanalyste sans qualités. Faut-il voir chez ce dernier un personnage sans attribut, pour tout dire sans sexe, dont le seul silence tiendrait lieu de source élaborative ? Ce serait en faire un sujet dont l'évanescence, lourde de sous-entendus, qualifierait en retour le meurtre de l'analyste. Or, l'œuvre de Bigras conteste férocement cette figure du psychanalyste sans qualités dont l'étrangéité interne ne le qualifierait plus comme interprétant. En somme, Julien Bigras évoque une préoccupation majeure. Il s'agit de cette volonté, présente chez le psychanalyste, de reconnaître l'humanité d'une figuration qui échappe à la terreur, ou à la désensibilisation évoquée par l'hallucination négative.

On a assez dit que l'œuvre de Bigras était problématique, au nom de cette rupture de la confidentialité qui anime l'expérience analytique. Mais est-il si sûr qu'un livre, dont on conviendra pour un temps qu'il appartient à l'espace public, c'est-à-dire à la communauté qui accuse réception de l'écrit, doive obéir à cette loi de la confidentialité ? Comment envisager une écriture qui ne soit pas inhibée par le secret qu'elle donne à lire avec une impudeur extrême ? Comment faire jouer l'introjection de ce secret, qui sera alors adressé à la communauté des lecteurs, de façon à ce que la lecture ne soit pas entrevue comme la répétition d'une infraction ? On pourrait croire que l'écriture analytique rejette une telle illusion mimétique qui fait du récit la reconduction du travail de l'inconscient. On pourrait aussi avancer avec raison que le secret de l'écriture analytique est cet aveuglement qui touche aux frontières de la narration puisque le « discours rapporté » ne saurait d'aucune manière témoigner de la cure. L'écriture de Julien Bigras ne convoque-t-elle pas cette jouissance qui témoigne du plaisir à faire entendre ce qui ne peut être lu, mais qui est dévoilé avec une insistance extrême ?

L'*agir* littéraire

Qu'en est-il à cet égard de l'imaginaire de la théorie qui façonne le récit de l'analyste, notamment lorsque ce récit, par exemple certains segments de l'œuvre de Bigras, séduit l'analyste, l'oblige à être d'une extrême fidélité à soi, l'amène à prendre à la lettre le « sens » de la cure pour mieux prétendre en transmettre le discours ? Voilà ce qui est si radicalement intenable dans le travail littéraire dont Julien Bigras a pu faire un des éléments essentiels de sa réflexion psychanalytique. De *Ma vie, ma folie* à *Kati, of course*[21], la fiction, à moins que ce ne soit plutôt l'impossibilité du passage à la fiction, insiste lourdement. Le secret de la cure n'est posé que pour être transgressé ; le cadre de séance n'est instauré que pour être brutalement rompu. De façon assez paradoxale, et je crois que nous rencontrons ici l'essentiel du propos de Julien Bigras, l'analyse fonde un récit qui vaut par sa puissance de rupture. Celle-ci témoigne d'un *agir* qui est magiquement colmaté par l'écriture. Le narrateur-autobiographe ne s'en cache pas qui fait valoir la toute-puissance persuasive du récit.

L'imaginaire de la théorie est chez Bigras un fantasme analytique dont nous n'avons pas encore aujourd'hui mesuré toutes les conséquences quand il s'agit d'envisager les pourtours du récit de l'analyse. L'*agir* deviendrait littéralement l'objet de l'écriture, sa scansion interne. Et l'étrange aveuglement qui parcourt l'écriture de Bigras, dès lors qu'il faut traduire en mots l'expérience de l'analyse, méconnaît l'ordre du discours qui institue le récit. Que l'œuvre de Bigras se

---

21. Julien Bigras, *Kati, of course*, Paris/Montréal, Mazarine/L.R.P., 1980.

construise précisément à partir de cette immédiateté énonciative qui loge un noyau traumatique, voilà qui ne saurait être négligé tant la trame interprétative mise en scène reprend à son compte l'inscription d'un récit de soi.

En somme, Julien Bigras aura d'une certaine manière été happé par un piège narratif, que peut représenter la fiction, surtout lorsqu'elle revêt le masque commode de l'autobiographie. N'y a-t-il pas quelque chose de fascinant, qui rappelle l'inquiétante étrangeté, lorsque l'analyste croit véritablement pouvoir se reconnaître ? Et l'écriture autobiographique, qui correspond à l'une des trames du récit de soi, n'échappe pas à ce piège. Sauf que l'écriture analytique ne peut d'aucune manière être l'équivalent d'une assomption narcissique : table d'écriture grâce à laquelle le scripteur pourrait répéter indéfiniment le projet de sa vie. Dans *Ma vie, ma folie*, qui emprunte volontairement au registre autobiographique, dans *Le psychanalyste nu*[22], qui fait jouer une facture plus proche de l'essai, le narrateur-autobiographe s'institue pourtant comme ego. Il est étrange, tenons-nous en là pour l'instant, que le récit de l'analyse se construise comme la possible rencontre, j'ajouterais l'enfermement dans une vérité dont la diction est toujours proclamée immédiate.

Cet aveu d'une présence interne de la vérité inconsciente n'est-il pas au contraire ce qui gêne le psychanalyste, le trouble, en tous les cas le met en demeure d'une identité circonscrite ? Or Bigras, tel est l'enjeu de son écriture, nous fait partager un signifiant maternel dont l'envahissement ne fait pas de doute. L'autobiographie est bel et bien un protocole énonciatif dont le psychanalyste peut rêver. Il ne s'agit pas d'ailleurs, dès que Bigras aborde cette question de la vérité, d'une valse-hésitation précieusement entretenue. L'écriture n'est pas au plus près de la vérité, elle ne la borde pas. L'écriture est plutôt cette incarnation de la vérité qui prétend retourner à l'affect, au corps maternel, en somme au refoulement originaire pour mieux en assurer l'énonciation. À ce titre, Bigras aura magistralement « raté » son œuvre puisqu'il aura reproduit, après *L'enfant dans le grenier*[23] qui demeure un texte fort, l'aveu, déclaré authentique, d'une œuvre *dite* analytique. Il aura en somme répondu à l'appel trop séduisant qui fait du sujet un auteur incarné. Il est en effet troublant, pour ne pas dire terrifiant, que l'écriture de Julien Bigras méconnaisse le « lieu » de l'analyse, ignore ce qui caractérise son caractère « privé » pour proposer d'emblée une parole qui instaure une trame enchanteresse. On ne peut

22. *Id.*, *Le psychanalyste nu*, Paris, Robert Laffont, 1979.
23. *Id.*, *L'enfant dans le grenier : le récit comme thérapeutique des terreurs infantiles précoces*, Paris, Aubier, coll. « Écrit sur parole », 1987. Les citations extraites de cet ouvrage seront suivies, dans le texte et entre parenthèses, du numéro de la page précédé de la lettre *E*.

méconnaître à ce sujet une séduction qui est agie dans l'écriture. Cette dernière prétend faire du récit un « lieu » d'interprétation qui propose la mise en scène d'un signifiant partagé.

Ce qui gêne dans cette écriture, c'est qu'elle méconnaît la différence radicale qui sépare l'analysant de l'analyste. Le récit de *Ma vie, ma folie* reprend à son compte le motif de l'inceste pour en faire l'objet d'une trame narrative. Car ce signifiant partagé, n'est-il pas le signe même de l'inceste en ce qu'il prétend s'affranchir de toute contrainte ? N'est-il pas l'aveu d'une séduction agie dans l'écriture puisqu'il prétend incarner de manière inéluctable le désir de l'Autre ? Voilà l'ambiguïté de cette écriture. On pourrait croire, dans un premier temps, que l'écriture si singulière de Bigras instaure différemment la trame d'un récit de soi. En somme, que l'aveu narcissique constamment répété n'est que la face visible, par trop symptomatique, d'une problématique plus complexe.

Il est vrai que le « jeu » du contre-transfert est présent dans l'écriture de Bigras et que certains ont reconnu dans cet aveu impudique une forme de radicalité. Mais envisageons différemment cette question : que signifie le contre-transfert lorsqu'il est investi dans le cadre du récit ? N'y a-t-il pas une certaine naïveté qui consiste à faire valoir un contre-transfert librement consenti alors que son objet singulier est précisément l'écriture ? Ne doit-on pas avancer que l'illusion du contre-transfert, pour ainsi dire abréagi ou encore « converti » à l'écriture, est à mettre au compte d'une perception spontanée, mimétique de l'inconscient qui ignore ce qu'il en est de l'ordre du discours et de sa modélisation ?

Cette réflexion, que borne « l'imaginaire de la théorie » chez Bigras, n'est pas pour autant une mise en garde relevant de l'éthique. Il serait trop facile en effet de sanctionner Bigras écrivain à titre de sujet analyste. Trop facile d'induire cette *doxa* psychanalytique que Bigras interprétait — ou encore écoutait — de la même manière qu'il écrivait. À cet égard, le « dire » même de Bigras, énoncé par exemple dans *Le psychanalyste nu*, est à saisir avec toutes les nuances qui s'imposent. Le désir d'écriture n'obéit pas en effet aux mêmes lois internes de l'écoute que promeut la clinique psychanalytique. Nous pourrions en somme résumer l'impasse, agie autour de l'écriture de Bigras, sous l'effet d'une sanction qu'est la mise en œuvre d'un contre-transfert théorique : « Tu n'écriras point de fiction ». Tel est souvent ce que présuppose l'institution psychanalytique lorsqu'elle se mêle de situer, de repérer les « nœuds » de la formation psychanalytique. Que l'on me comprenne bien. Je n'entends pas par ce vocable « institution » l'Internationale et ses dérivés territoriaux qui cristallisent trop facilement, pour ceux qui se prétendent non affiliés, la censure psychanalytique. Il y a institution — ou effet d'inscription institutionnelle —

dès que ce contre-transfert théorique joue sous la forme d'un interdit de penser.

Voilà pourquoi, par moments, la psychanalyse est folle de désir, et d'aliénation dans l'imaginaire de la masse compacte dont Freud analysa pourtant la structure à la fin de sa vie. Il y a institution lorsque ce contre-transfert théorique dessine la cartographie de la pensée psychanalytique sous la forme d'un Nom qui soutient le Récit. Tu seras lacanien, kleinien... Face à une telle injonction, que révèle l'appartenance institutionnelle, ne répond que la parole d'un Maître déjà mort. Or, Bigras défait cette impasse. Je dirais même qu'il la défait au prix d'une certaine folie de l'écoute qu'il prend à revers de son interprétation usuelle. À côté de ceux qui écoutent leurs patients, Bigras écrira : « parfois la folie m'attire ». À côté des adeptes du Moi-peau professionnel dont Ferenczi, déjà, critiquait l'hypocrisie institutionnelle, Bigras opposera le psychanalyste nu. Il n'est pas sûr que l'on gagne à une telle perception manichéenne du travail analytique, mais n'empêche... À suivre Bigras sur ce terrain, à l'accompagner lors de ses campagnes d'écriture, il semble possible d'envisager en quoi cette écriture demeure troublante.

Revenons sur ce que j'ai appelé dans un autre contexte l'écriture réparatrice. Voilà une conception qui attribue à l'écriture quelque vertu instauratrice. Un tel point de vue néglige le refoulement originaire que représente la psyché maternelle et qui tisse toute élaboration psychique ultérieure. Faut-il alors, ainsi que le propose Bigras, considérer le corps à corps avec la mère comme la matrice perceptive de tout récit ? À soutenir ce discours, tel que le fait Bigras, ne resterait que l'inanité de toute transmission narrative. La mère ne serait plus alors un porte-parole ni un légataire. Elle n'introduirait plus l'espace du sens, encore moins celui de la Loi. Elle représenterait tout au plus un affect primaire à partir duquel la précondition même de la pensée serait envisageable. Cette emprise du signifiant partagé, à partir duquel l'écriture de Bigras trouve sens, est singulière. S'il y a bien sûr l'esquisse d'une écriture réparatrice chez ce dernier, il s'agit tout au plus d'une formation symptomatique : le désir obstiné de colmater ou encore de répondre de façon immédiate à l'absence du désir de l'Autre. Cet enjeu trame l'écriture de Bigras puisqu'il fait référence de manière explicite à la fascination du narrateur-autobiographe, qui constate l'union de la mère et de son frère cadet. Cet épisode de *L'enfant dans le grenier* revient souvent dans l'écriture de Julien Bigras, et il m'apparaît présupposer, à la suite du legs freudien, quelque chose d'insistant de la pensée analytique.

Freud, on le sait, constituera entre autres le modèle de la rivalité œdipienne à partir de la figure de Jakob. Quant à Julius, figure de l'enfant mort, ne permit-il pas à Freud de saisir cette « empreinte » qu'est Thanatos : double imaginaire et mortifère que représente la figure du « revenant » si souvent présente dans *L'interprétation des rêves* ? De façon singulière, l'écriture, chez Bigras, obéit au même dispositif. C'est l'enfant mort (Joseph) qui donne naissance à l'enfant imaginaire. J'ajouterai que c'est le fantasme de l'effraction de l'enfant mort qui donne naissance au récit. Tout se passe en effet comme si l'instance perceptive qui authentifie l'union de la mère et de l'*infans* était précisément ce regard hors-champ dont Julien, enfant jaloux, énonce le violent souhait de mort. Ce regard de l'enfant témoigne d'une intrication douloureuse de la mort. Si l'*infans* — cet humain gorgé de lait maternel — incarne une jouissance pour laquelle les mots sont autant de signifiants corporels, il en va autrement de l'enfant exclu (Julien) qui porte le poids de la mort de Joseph.

Face à ce souhait de mort ambivalent, reste alors la fascination de l'inceste mère-fils qui propose l'aménagement d'un signifiant partagé. La surdétermination de la figure de l'inceste, dans les divers romans et textes théoriques de Julien Bigras, concerne au plus haut point ce refoulement originaire qui correspond à la « représentation » du corps maternel. Car l'inceste, tel que conceptualisé dans les écrits de Julien Bigras, s'adresse aussi au représentant paternel dont l'inanité est éprouvée, à moins qu'elle ne soit le signe d'une jouissance absolue qui exécute le « réel » à travers le rituel pervers d'une défaite de la fonction paternelle. Il n'est pas sûr que les mots soient ici suffisants pour décrire pareille effraction. Car parler de l'inceste, comme Julien Bigras le souligne à plusieurs reprises, narre la feinte du non-représentable, de l'irréparable.

Si l'écriture de Freud, notamment lors de la correspondance avec Fliess, rencontre cette impasse troublante de la séduction paternelle, il faut ajouter qu'une telle élaboration scripturale se noua d'une culpabilité sans bornes menant à l'abandon de la *neurotica*. Freud n'était-il pas à cette occasion le « fidèle » successeur de Jakob ? Chaque fils ne devenait-il pas le « descendant » de ce protocole pervers ? Cette « folie » que la *neurotica* représenta pour la naissance de la théorie psychanalytique, ne fut-elle pas éprouvée de manière particulièrement forte grâce à la correspondance avec l'*alter ego* fliessien ? On a noté avec insistance la passion épistolaire qui anima, aux débuts de la psychanalyse, la correspondance avec Fliess. Que l'autoanalyse freudienne se soit notamment déployée à travers la trame d'une intense correspondance avec Fliess, voilà qui est lourd d'engagements si l'on s'en tient au « modèle », soumis ici à titre d'hypothèse, d'une analyse poursuivie par l'écriture. La correspondance, chez Freud, est véritablement un appel de la Lettre. Voilà peut-être la source de la fidélité freudienne envers la littérature qui fait référence à l'existence d'une protoanalyse culturelle dont Freud aurait été le premier patient.

La fidélité psychanalytique

C'est peut-être aussi au nom d'une telle fidélité que la question du récit de soi tenaille l'expérience analytique. « Être soi », et en faire le récit, c'est dans un premier temps souscrire à l'affirmation d'une cohérence somato-psychique dont Winnicott a pu être le vigoureux défenseur. Reste à savoir si cette unité que fonde le *self* est antérieure à la structuration psychique du monde interne de l'*infans* ; en somme si elle constitue un *a priori* grâce auquel le travail de la symbolisation pourra opérer. Un tel point de vue valorise en effet la dimension instauratrice du narcissisme primaire. Que signifie cependant cette affirmation, « Être soi », sinon la structuration d'un énoncé qui justifie l'état — et non pas la qualité — de l'identité ? On pourrait se contenter, du moins pour les locuteurs francophones, de dire « Être ». À moins que l'énoncé ne doive être complété par une affirmation qui relève de l'entrave identitaire : « Être français, italien, québécois ». En somme, l'énoncé est toujours porteur d'une attribution, même si celle-ci est solipsiste. « Être soi », c'est en effet redoubler l'énoncé d'une distance qui permet au sujet de se dire « existant » pour mieux se reconnaître, et ainsi s'authentifier par le jeu d'une délégation discursive. « Être soi », c'est peut-être aussi éviter les divers miroitements du Moi. Le narcissisme serait bien seul maître à bord s'il ajoutait à l'énoncé d'état l'idéal d'une complétude qui me fait, moi, sujet et objet d'une identité à laquelle j'obtempère immédiatement.

Le récit de soi traduit plutôt l'obstinée résurgence du désir de l'Autre, et gagne à être envisagé sous le mode de cette extraterritorialité discursive. Être l'objet du désir de soi, voilà certes une proposition qui peut être soutenue lorsqu'elle tente — tâche impossible — de déceler la matrice de l'inconscient. Être l'objet du désir de soi, est-ce si différent de l'emprise pulsionnelle du Ça, qui ne s'énonce que d'une voix impersonnelle pour mieux dégager la faillite de l'énonciation qui prétendrait en asséner la vérité ? Ce désir n'existe que pour une altérité qui forme le projet amoureux d'un lien de pensée. Si ce désir rencontre sa proie, comme c'est le cas dans une écriture attestant de soi, c'est pour mieux interroger les leurres que propose le Moi. Parler de récit de soi ne signifie pas l'aveu d'une reconnaissance dont le désir narcissique de similitude serait l'icône. Parler du récit de soi, c'est capter ce qui, dans le regard ou la voix de l'Autre, dérange, questionne, séduit... Parler du récit de soi, c'est accepter d'être saisi à son corps défendant par le langage, dont on sait qu'il ne peut être un fidèle ami. Cela ne revient pas à dire pour autant que le langage est un traître, qu'il suscite la passion de l'injure, de la destitution et de l'opprobre. Mais le langage, qui structure le récit de soi, conjugue les divers méfaits de la fidélité psychanalytique.

Gérard Pommier énonce avec justesse dans « Der Nebenmensch » que

> [...] le « complexe du prochain » se divise entre la chose et les pensées, entre ce qui est compréhensible et ce qui reste incompréhensible : l'ami est celui qui se tient en ce point critique. Cependant la divergence dont il témoigne ne divise pas le monde de façon symétrique, puisque l'incompréhensible, la chose, sera toujours saisie à partir du compréhensible[24].

Pommier ajoute :

> À l'endroit où la pensée s'évanouit, lieu d'adresse dénudé de la parole, l'interlocuteur présente cette singularité de répondre d'un ratage, d'une absence de dialogue. Il en répond, bien qu'il ne puisse rien y répondre. Il témoigne seulement. Il témoigne d'une impuissance à laquelle il ne peut que répondre, et ce témoignage est contraire en cela à la passion de l'impossible, exprimée par l'amour[25].

Ce « complexe du prochain » pose la question de la fidélité psychanalytique puisqu'il existe une différence entre s'adresser à un Maître, fut-il supposé savoir, à un écrit qui tient lieu de témoin, ou à un analysant qui formule quotidiennement pour l'analyste la prématurité de l'inconscient. L'analyste n'est d'aucune façon un témoin. Il est intégré au plus près d'une scène perceptive dont il métabolise le récit. L'analyste ne saurait pour les mêmes raisons être un accompagnant fidèle : l'anonymat radical que requiert l'attitude analytique interdit une telle transgression du « privé ».

Qu'en est-il alors de cette fidélité dont l'imaginaire analytique de la théorie pourrait s'autoriser ? Celle-ci désigne d'abord ce qui dans l'amour est vécu comme affirmation d'une réciprocité. *Fides* est à la fois l'expression du sentiment amoureux en ce qu'il s'affecte de l'amour exclusif de l'Autre. Mais cette fidélité peut aussi être abordée sous son versant religieux, puisqu'elle délimite ce qui de l'amour divin ne saurait être évité, tant il engage de responsabilité sous l'aspect de la croyance. Gérard Pommier écrit encore à ce sujet :

> La croyance dispense d'une preuve introuvable, elle est l'autre nom de l'amour à l'instant où la confiance donnée ne recevra jamais le moindre commencement de démonstration. Sans doute est-il logique que la foi soit convoquée lorsqu'aucune autre réponse n'est permise. Créance est ainsi accordée au possible de la jouissance, et, de la sorte, le symptôme se trouve noué. Le symptôme s'accroche de cette façon parce que le manque à jouir prend consistance au niveau de l'image, celle du corps propre ou celle du semblable, dans la foi organique ou le symptôme social[26].

---

24. Gérard Pommier, « Der Nebenmensch », Maurice Roche *et al.*, *L'amitié*, Paris, Point hors ligne, coll. « Problèmes actuels de la psychanalyse », 1984, p. 154.
25. *Ibid.*
26. *Ibid.*, p. 173.

On conçoit, à partir des remarques de Gérard Pommier, ce que la fidélité désigne ici, à savoir une certaine forme de réciprocité qui pourrait s'entendre à la suite d'un vœu partagé. S'agit-il, pour ce qui nous concerne aujourd'hui, d'épousailles psychanalytiques qui nouent l'analyste au corpus freudien, en somme de la perpétuation de cette affection idéalisée qui ne souffre aucune rupture, malgré les dissensions et les exclusions ?

N'est-il pas singulier à cet égard que la psychanalyse demeure le freudisme, qu'elle partage, étrange succession, le Nom propre de Freud et qu'elle le revendique dans la formation d'une théorie ? S'agit-il ici de fidélité ? S'il faut évoquer la figure du couple afin de désigner un tel parcours, il faudrait alors envisager, du côté de Freud, les liaisons successives : Freud-Ferenczi, Freud-Jung, Freud-Fliess... On voit que l'amitié redouble ici la question de la fidélité en ce qu'elle est garante d'une cohésion imaginaire que l'Autre atteste et qui se trouve nouée au « possible de la jouissance ». La fidélité psychanalytique incarne cette promesse que l'Autre ne pourra jamais combler, puisqu'il est le témoignage d'une impuissance face au langage, à l'incomplétude du réel. D'où l'étrange fortune de l'amitié psychanalytique qui chez Freud caractérise un parcours semé d'embûches. L'ami, Gérard Pommier le souligne avec pertinence, peut aussi se transformer en ennemi :

> Ainsi, saisir sa propre pensée inconsciente, porteuse d'un savoir sans sujet, réclame le détour du prochain, grâce à qui la pensée s'entend penser. La liberté du penser est cet assujettissement. Faire d'une pensée un acte, la rendre consciente, a comme préalable qu'elle s'adresse à quelqu'un. À cette condition, il est possible d'appréhender sa propre cogitation, mais il faut reconnaître que de ce point de vue, l'ennemi est aussi utile que l'ami. L'ennemi est fidèle, il veille fidèlement sur la pensée[27].

La figure de l'identification projective est ici patente. La pensée de l'ami — tout comme de l'ennemi — est dite nécessaire afin qu'un langage d'action intervienne, qui donne créance au réel et qui réponde aux impératifs de l'entendement. L'énoncé « Il veille fidèlement sur la pensée » n'est pas si différent du vocatif qu'instaurait le rêve « Père, ne vois-tu donc pas que je brûle ? ». Dans les deux cas, le discours de l'inconscient est assourdi par le destin de la narration. L'ami devient le répondant d'une pensée inconsciente dont l'actualisation est souhaitée. Quant au père, il accompagne son fils décédé, et le rêve constitue cette temporalité qui est le témoignage d'une survie impossible. « Il veille fidèlement sur nos pensées » : cet énoncé traduit enfin la puissance d'une anthropologie de la croyance. Gérard Pommier ajoute :

27. *Ibid.*, p. 160.

> L'acte de foi porte sur ce qui ne se voit pas, sur ce qui est au-delà de l'apparence et motive l'amitié. Cette dernière réclame la croyance. Plus, l'amitié comme la foi, trouvent leur force dans le même défaut[28].

Comment alors être fidèle à l'inconscient ? Ce projet semble impossible, car il désire présenter une énonciation non spécularisable qui témoigne d'une voix d'outre-tombe. Le rêve, tel l'entend Freud, décrète cette borne narrative qui clôt le récit au prix de sa mise à mort, de sa finitude. C'est sans doute ce qui départage radicalement la psychanalyse de la croyance religieuse. La première sait que la condition même de la fidélité est l'obéissance obstinée à ce qui rompt la croyance, à ce qui détruit les icônes. La seconde, au contraire, fait de la relation à Dieu la condition d'une adresse discursive qui se traduit sous la forme d'une révélation. Il n'en reste pas moins que ce partage entre la fidélité religieuse, qui s'incarne notamment sous la figure anobjectale de la *caritas*, et la psychanalyse n'est pas si évidente qu'il semble au premier abord.

« Il veille fidèlement sur la pensée », telle est aussi l'injonction paranoïde, tissée à partir de la croyance, qui se construit, dans le champ des communautés psychanalytiques, à partir du registre de l'exclusion de l'ennemi. Mais la fidélité, lorsqu'elle est jouée sous la forme d'une différence qui n'est pas exacte réciprocité, symétrie identitaire, peut créer de l'inédit, susciter une attente qui ne se concrétise pas sous la forme du strict respect envers la figure du Père mort (Freud). Gérard Pommier a raison d'indiquer avec quelle rigueur la pensée freudienne s'est construite à partir d'un scénario d'exclusion qui privilégiait la question de la Paternité et la totémisation de la théorie au rang de discours à transmettre. Que ce discours, également parole vive lorsqu'elle est portée par un énonciateur qui en connaît la richesse, se dégrade et devienne icône, cette image dont la puissance fait de la psychanalyse un corpus qui suscite ses propres croyances et qui façonne magiquement ses interdits, est à questionner.

Ce savoir vient en effet du corps-écrit de Freud. À lire ce dernier, à vouloir être fidèle à sa pensée (j'en prends pour exemple la nécessité du « retour à Freud » énoncé par Lacan), à la réévaluation du legs freudien, lacanien, bionien, winnicottien, une certaine forme d'agitation lectorale se traduit par l'incorporation de ce corps-écrit. Cette incorporation est tout le contraire du principe dialogique revendiqué par Bakhtine, puisqu'elle repose sur une anthropologie de la croyance dont ne sont pas mesurés les effets. S'agit-il alors de fidélité ? Certes pas si l'on entend par un tel mot l'accompagnement du corps-écrit freudien, constamment mis à l'épreuve par la philosophie, la littérature... La fidélité à Freud, serait-ce aujourd'hui la désaffiliation : forme

28. *Ibid.*, p. 172.

contemporaine du « devenir » analytique qui se constitue à partir d'un profond scepticisme envers les institutions psychanalytiques, quelles que soient par ailleurs leurs figures totémiques. La filiation peut être une forme de la fidélité : la reprise hypnotique d'un discours à valeur d'icône. Or, on l'a vu : le psychanalyste est un sujet sans qualités. Ce qui ne signifie pas par ailleurs qu'il ne s'affecte pas de son discours, de la certitude de ses énoncés, de la justesse de son discernement... Mais le psychanalyste risque la fatuité s'il méconnaît le pouvoir d'une fidélité qui n'est pas référence doctrinaire, sursaut identitaire, conviction paranoïde que l'Autre est l'objet nécessaire de ma détestation pour avoir pensé différemment. Il demeure que la fidélité psychanalytique peut être une forme d'aménagement domestique : elle crée des ancêtres, un patrimoine, une alliance conjugale théorique faisant du psychanalyste un sujet privilégié convoqué à célébrer des agapes imaginaires. Il s'agit alors de partager, non pas le meurtre totémique de la figure paternelle, mais les fruits de la passion psychanalytique. Être fidèle à Freud supposerait l'établissement d'une relation privilégiée pour laquelle il ne saurait y avoir que des enfants uniques.

On perçoit la dimension narcissique qui fait de cette progéniture autant d'enfants aveuglés par la certitude d'avoir reçu l'empreinte de la pensée du Maître. Il n'est plus question alors d'amitié, tel que Gérard Pommier pouvait le formuler : présupposition d'un sujet qui n'agit pas seulement à titre de double, mais qui peut aussi incarner la figure d'un témoin. L'ami est ce sujet qui fait office de passeur et qui peut éviter, dans le meilleur des cas, la dérive passionnelle pour laquelle le sexe opposé est souvent de rigueur.

Mais il arrive aussi que cette amitié, en témoignent les agapes imaginaires entre Freud et Fliess qui eurent pour objet la bisexualité, privilégie avec une telle intensité cette fonction du passeur — qui fut l'ancêtre du transfert — que la rupture est inévitable.

Or, il semble que nous n'ayons pas fini de vivre à l'excès les figures de cette filiation. Certains l'éprouvent au sein des institutions, qu'il s'agisse de l'Université ou encore des communautés psychanalytiques qui rêvent chacune le recel imaginaire d'une relique du corps freudien. C'est ainsi que certains sont freudiens, lacaniens, winnicottiens, kleiniens, comme si le désir d'incorporer la figure de l'Ancêtre se traduisait par l'irruption de ce censeur interne qui interdit le principe dialogique au cœur de la pensée psychanalytique. Il n'est pas étonnant de retrouver, sur la scène psychanalytique, ces prétentions au savoir et à l'incarnation d'un Nom qui fait office de relais quant à la transmission d'une pensée dont il est espéré qu'elle nous fasse les agents privilégiés de la connaissance psychanalytique. Une telle prétention s'entend ainsi : « Celui-là, je ne comprends pas ce qu'il dit. » ; ou encore : « Celle-ci, je ne sais pas d'où elle vient. »

La prétention à la fidélité obtuse est ici exemplarisée, puisqu'elle fait de l'Autre (cet « étranger » de la psychanalyse) le responsable de la rupture du lien narcissique qui fonde le discours institutionnel. Le psychanalyste, lorsqu'il est un fils ou une fille trop obéissante, vivra à l'ombre d'une figure parentale dont le pouvoir sera perçu comme un amour démesuré, une véritable érotisation de la Lettre psychanalytique. Celui-ci, mon Maître, l'a dit, ou encore écrit... Mais Lacan, mais Freud, mais Klein... Autant d'injonctions qui visent à réapproprier la transversalité de la science psychanalytique pour la rabaisser au statut de croyance insue. Car la croyance, lorsqu'elle est présentée comme l'obéissance aveugle à un dogme, n'est pas autre chose que cette religiosité que dénonçait Freud. Ne faut-il pas évoquer de plus, à propos d'une fidélité lectorale, une certaine fixation référentielle à la pensée freudienne qui se commémore et se répète à travers les communautés de croyants se réclamant sujets élus ?

Mais on peut entrevoir une autre perspective et faire de la « croyance » cet énoncé élémentaire qui nous fait penser, ce qui rejoint, tel que le perçoit Michel de Certeau, l'aventure mystique. Je me permets de citer ce long passage d'un texte de Michel de Certeau :

> On pourrait d'ailleurs déceler un horizon de rencontre entre la psychanalyse et la mystique et ce serait justement, même si cela semble paradoxal, une poétique, mais la poétique d'une éthique. Car l'expérience poétique se constitue d'un rapport du désir à l'impossible, en ayant fondamentalement pour langage une expression poétique, un discours instaurateur d'effets qui ne sont ni légitimés par des preuves ni par une réalité de référence. Par là nous retrouvons la « fable » en la redéfinissant comme cette poétique d'une éthique. Quel est le ressort en jeu dans cette poétique ? Les mystiques disent « croire », ce qui est affirmer que l'Autre est irréductible, qu'il ne cesse d'advenir, qu'on n'en finira jamais avec lui. C'est un principe de commencement indéfini, un postulat d'ouverture à ce qu'on ne sait pas et qu'on ne saura jamais. Chez Freud et chez Lacan, on trouve une position analogue. Mais leur insistance va plutôt à l'éthique. Un style plus austère accompagne une autre démarche de l'esprit. En fait, la psychanalyse n'a pas encore élucidé les aspects de sa poétique propre, depuis le dit du client pendant la cure jusqu'au recours permanent de l'analyste à des textes littéraires en tant qu'ils ont, comme poétiques, valeur théorique. Que Freud lui-même n'ait pas cessé d'autoriser les tournants de sa démarche analytique par des fragments de poèmes, ponctuant sa prose comme les dons que lui faisaient les poètes en le devançant, cela éclaire son œuvre, perpétuellement nourrie de mots d'esprit et qui finit par s'épanouir en fantastiques fictions théoriques, dessinant autant de figures mythiques et poétiques[29].

---

29. Michel de Certeau, « Mystique et psychanalyse », *Cahiers pour un temps*, Paris, Centre Georges Pompidou, 1987, p. 197-198.

Il s'agit bien de pouvoir dire l'impossible, de tenter de donner statut à l'indicible : le mysticisme n'est pas autre chose que ce ravissement de la parole (ce que Michel de Certeau choisira d'ailleurs d'appeler la fable) qui se transforme en affects dont l'extase est peut-être la figure privilégiée. La parole mystique, telle que la conçoit Michel de Certeau, privilégierait un « vouloir croire » qui échappe à tous les désaveux qui viendraient s'inscrire sur la scène du réel. Car ce réel est très précisément l'objet d'une épiphanie qui vise à transformer le monde en bruissement de signes : moments évocateurs d'une vérité (la présence de Dieu) que la fable permet de faire passer d'une rive à l'autre. Il en va tout autrement de la croyance psychanalytique qui est souvent attribuée à ceux qui se disent adversaires de la psychanalyse. Comme si l'Autre, par la détermination de son discours, la fermeture de son argumentation, ou encore par pétition de principe, voulait croire par-dessus tout que la psychanalyse n'existe pas. Un tel discours est commun en ce qu'il fabrique de toutes pièces l'objet de la détestation qui donnera naissance à la psychanalyse. Si l'Autre ne m'aime pas, je tenterai de surseoir au rejet, instruit sur fond de croyance, afin de créer l'intangibilité de la science psychanalytique.

Faut-il alors parler d'infidélité psychanalytique et se situer du côté de l'amour, forme de passion jalouse qui se structure grâce au ravissement que l'exclusion offre comme manque-à-jouir ? La fidélité psychanalytique, serait-ce alors la communauté des fidèles qui incorporent la pensée freudienne, qui se nourrissent de ce corps-écrit dont ils croient établir l'exégèse pour mieux savoir qu'une lettre, un mot du tombeau freudien sera ravi... Cette passion de l'exhumation, qui recoupe la métaphore archéologique, prégnante dans l'œuvre freudienne, est particulièrement significative d'un malaise psychanalytique. « Il veille fidèlement sur la pensée », serait-ce l'aveu persistant d'un régime postmortuaire qui caractérise la présence de Freud à l'intérieur de la communauté analytique ? Cette présence, on peut croire qu'elle est d'abord transmise par un sujet qui se réclame de Freud en ce sens qu'il pratique la psychanalyse.

On trouvera, j'imagine, l'expression désarmante, mais je crois nécessaire d'affirmer en ce domaine que la psychanalyse n'est pas un corps primitif qui pourrait faire l'objet d'une réévaluation, selon les prétendues exigences de l'expérimentation clinique. En ce sens, se déclarer psychanalyste et pratiquer la psychanalyse témoignent certes d'une formation, mais aussi d'un accompagnement de la pensée freudienne qui ne suscite pas ce que j'ai appelé, dans un autre cadre, l'effroi phobique, à moins qu'il s'agisse du ravissement amoureux. Freud, je crois aussi qu'il est nécessaire de le souligner, n'existe plus. Il est mort... Nous n'écrivons, ne pensons, n'associons, de l'intérieur du champ analytique, qu'à partir de ce récit posthume que représente l'œuvre de Freud. Ce n'est pas simple artifice stylistique que de faire valoir cette situation. Il n'y a de travail analytique que pour un sujet qui n'avalise pas Freud, qui ne le fétichise pas au titre d'un savoir, d'un rite de passage, d'une supervision, ou encore d'un statut grâce auquel un sujet peut prétendre se déclarer élu au rang de psychanalyste.

Je ne sais trop en effet si l'on est psychanalyste, l'attribution du possessif me semblant l'intrusion d'une violence passionnelle : être « moi » psychanalyste, recevoir « mes » analysants... L'être, comme on dirait être Moi. Ou encore, l'être comme on dirait être Soi. Ou encore, l'être comme l'on dirait être Ça. Il y a des différences certaines entre ces trois registres qui caractérisent diverses modalités de cette anthropologie de la croyance que Michel de Certeau décelait avec beaucoup de bonheur dans le discours culturel contemporain. Être « moi » psychanalyste serait bien désastreux si cette affirmation conduisait à la mégalomanie. Le Moi royal de l'analyste qualifierait une écoute authentique tuant métaphoriquement l'analysant devenu le calque de l'inconscient de l'analyste, la réduplication de sa structure psychique. On objectera que ce que j'avance n'est malheureusement pas chose si rare, que les équivoques de la contre-identification projective sont fréquentes, que nul n'est vacciné face à l'erreur. Reste le tact, ou encore le discernement : diverses formes qui traduisent une ressaisie du sujet qui, constatant sa méprise, écoute différemment afin d'éviter ce qui serait la conséquence d'une telle surdité : la rupture du travail analytique.

Que l'analyste se méprenne sur les mots à dire, ou encore sur les silences trop douloureusement entretenus, qu'il se méprenne sur la « fin » de la cure pour ne pas en avoir écouté les commencements, ce sont, aussi, des choses courantes. Quant aux succès, ou encore ce que nous croyons tel puisque l'analysant quitte son analyste et le laisse avec cette évaluation toujours un peu lourde de nostalgie, ils suscitent cette question : comment fera-t-il ailleurs, là, dans ce monde épris de référent, comment fera-t-il naître à nouveau son inconscient sans que j'y sois ? Il faut dire que les analystes doivent être modestes. La fidélité psychanalytique a mauvaise presse lorsqu'il s'agit, un best-seller récent au Québec en témoigne, « d'en finir avec les psy ». En outre, elle laisse entendre un asservissement, une complicité subjective qui ferait de l'analysant et de l'analyste des protagonistes égaux. Sans parler de la logique institutionnelle du bénéficiaire qui transforme l'inconscient en « besoin ». Ou encore du discours doxologique qui fait de l'analyste un éventuel *perpetrator* : ce « thérapeute » dont la visée manipulatrice (vouloir l'argent du patient, son inconscient, à moins de devenir le truchement grâce auquel l'analysant pourra réclamer auprès de ses géniteurs la somme due qui correspond à la liquidation d'un abus parental construit de toutes pièces) est manifeste.

La fidélité psychanalytique évoquerait du côté de l'analyste une sorte de fixation référentielle à la pensée freudienne qui se commémore et se répète grâce à la communauté de croyants qui se réclament sujets élus. Du côté de l'analysant, cette fidélité anéantirait l'anonymat de l'analyste. Le silence « dit » dans la cure serait insupportable, puisqu'il avouerait une complicité brûlante, l'aveu d'une effraction qui fait voler en éclats le processus analytique. Être « moi » psychanalyste, pour ne pas cesser d'y croire, façonne un leurre de taille qui se forme à partir d'une boursouflure identitaire: sorte de fantasme psychotique qui n'est pas étranger aux psychanalystes lorsqu'ils s'imaginent être le Père ou la Mère de Freud. Ce fantasme de retour aux origines se constitue précisément au moment où « moi » je prends place. Le Moi de l'analyste n'est pas indifférent à la place qu'il occupe, à « sa » place: dans l'institution universitaire, dans l'institution analytique, dans les communautés psychanalytiques. L'aveu de fidélité peut ainsi devenir l'équivalent d'un discours vampirique. Ce Freud que j'incorpore, tu ne le mangeras pas, à moins que je te le fasse dégorger pour que tes mots soient expropriés. Cette violence s'énonce sous un mode mélancolique qui pose la question, pour tout analyste, du fantasme originaire qui « dicte » la façon dont il entend, écoute, et se nourrit de psychanalyse. La fiction du sein maternel, du bon et du mauvais objet, que relève la pensée kleinienne, est à cet égard « tripière » (ainsi que l'énonçait Lacan), mais possède le mérite — dit intuitif — de situer cette incorporation qui avale la pensée plutôt que de la transmettre. Être moi, fils ou fille de Freud, ayant tué père et mère pour devenir psychanalyste, tel serait le lot de cette dévoration primitive dont le caractère dépressif est patent. Et s'il est vrai que l'expérience analytique, pour celui qui choisit d'en faire son métier, suppose que la pensée et le corps-écrit de Freud acquièrent le statut de signifiants aménagés pour la culture intime du sujet qui se dit psychanalyste, la dépression mélancolique n'est jamais loin puisqu'elle s'instruit à partir de cette perte du corps-écrit de Freud envers lequel sont éprouvées mélancolie et réparation maniaque.

Être fidèle à « soi » est-il alors un projet plus réaliste ? Peut-être, si le « soi » ne correspond pas à l'affirmation d'une identité qui serait accueillie par une énonciation à fortes connotations matricielles. Être soi, dans une telle perspective, ne supposerait plus que l'identité soit comparée à un réceptacle, à une proto-forme qui pourrait faire l'objet d'un investissement pulsionnel subséquent. Être « soi » psychanalyste ne serait plus la figure magnifiée et idéalisée d'un interprète tout-puissant. Surtout, le « soi » ne confondrait plus avec la même insistance les registres de l'identité civique (l'adresse du psychanalyste) et de l'énonciation analytique, qui, elle, s'accommode mal, du moins pour ce qui est de la conduite de la cure, des assurances professionnelles et des cautions symboliques qui en signent l'instauration. Être soi déterminerait alors une autre posture qui se paie de l'imaginaire pour mieux situer un manque-à-jouir qui demeure peut-être la condition du travail analytique. Car on n'est soi que pour un autre qui incarne tous les phénomènes de miroitement, de projection, d'introjection à partir desquels une identité particulière peut être pensée et, ajouterais-je, spécularisée. Si le Moi suscite la passion de l'interprétation et fait du psychanalyste, non pas un sujet, mais un être qui n'a même plus besoin de savoir pour parler la « voix » de la vérité, il en va autrement du récit de soi. On n'est « soi » que pour un sujet autre qui tient cette cohésion spéculaire dont la fidélité psychanalytique représente l'emblème. Savoir qu'on est « soi », c'est aussi adopter, à la faveur d'une temporalité, qui est celle du conte, et qui nous situe de plain-pied dans un cadre onirique, cette interpellation qui fait « être » psychanalyste.

On comprendra que, pour toutes ces raisons, je me situe à l'encontre d'une métapsychologie du *self* qui fait valoir le caractère nucléaire de la structure psychique. Parler de soi ne relève pas de l'évidence; il ne s'agit pas simplement de décréter une unité somato-psychique qui intègre la dimension narcissique de la personnalité pour que le « soi » existe. J'avancerais plutôt que le « soi » est constamment placé en porte-à-faux, que sa cohérence est remise en question par le récit qui prétend en représenter fidèlement la structure. La fidélité psychanalytique, serait-ce alors la narration bivocale qui lie le psychanalyste au dire du patient ?

On le constatera un peu plus loin, la notion de *retelling* (l'acte de « redire ») semble insuffisante pour traduire cette vocalisation d'un signifiant dont l'écriture, dans le cadre de la cure, instaure une polyphonie énonciative. Parler de soi, Michel Leiris le rappelait lui aussi, ne va pas de soi. Et il faudrait au contraire présupposer qu'une polyphonie énonciative est à la fois contrainte et validée par ce souhait d'une parole qui trouve un répondant qui serait le garant privilégié de l'adresse discursive ainsi instaurée. Pour l'analyste, le patient peut représenter cette surface d'inscriptions qui lui permet de penser. Encore que l'idée d'une inscription, conçue à partir d'un cadrage spatial, me semble tout à fait insuffisante pour décrire le processus analytique. L'analysant n'est pas une surface préinscrite grâce à laquelle il est possible de retrouver ce qui aurait été de tout temps gravé. Une telle conception immémoriale de l'inconscient, que l'on retrouve par exemple dans cette lettre de Freud à Zweig évoquée un peu plus tôt, suppose que le temps de la voix soit anéanti, pour tout dire neutralisé par la fonction régulatrice de l'écriture qui aurait pour rôle de créer les pourtours de l'appareil psychique. Quelle que soit la complexité de l'appareil psychique freudien, il n'en demeure pas moins que l'écriture est constamment mise en scène sous la forme d'une positivité qui trace à grands traits le modèle de l'inconscient. Si, pour l'analyste, le patient peut représenter cette surface d'inscriptions qui lui permet de penser, le créateur littéraire travaillerait-il à la suite de l'injonction surmoïque d'un dédicataire qui donne à penser et qui condamne au labeur scriptural ? C'est l'hypothèse retenue par Michel de M'Uzan, qui valorise un « but » assigné au travail littéraire, lequel concernerait au premier chef la fonction d'une imago parentale dont l'auteur pourrait avec plus ou moins de succès favoriser l'internalisation.

Dans les deux cas, qu'il s'agisse du « redire » de l'analyste, ou encore de la réception du travail littéraire, nous rencontrons une perception assez restreinte de cette « transformation » sémiotique qui est au cœur de l'activité d'interprétation. Encore qu'il vaille la peine de s'interroger sur cette prégnance de l'interprétation. S'agit-il de redire autrement ce qui a été entendu et que l'analyste serait seul capable de métaboliser en interprétations qui à leur tour pourraient acquérir la valeur d'*insights* pour le patient ? Ou encore, si l'on se situe du côté de la littérature, le dédicataire est-il cet interprète qui reçoit une œuvre préformée, œuvre qui lui serait attribuée d'office parce qu'elle répondrait, sous l'aspect d'une formation de compromis, aux exigences de l'inconscient. Dans les deux cas, la question de la fidélité psychanalytique demeure à l'ordre du jour. Il ne s'agit plus ici de la problématique de la filiation qui fait du sujet-analyste le légataire ambivalent d'un corpus : sorte de tombeau scriptural qui favorise la genèse d'un récit posthume. Il s'agit plutôt, du moins pour ce qui concerne la cure, de la narration comme fidélité psychanalytique à l'égard du dire du patient.

Roy Schafer[30], évoquant les théories littéraires poststructuralistes, fait valoir l'étrange amnésie qui caractérise l'espace analytique — et surtout la pratique des analystes — lorsqu'il est question de réfléchir à la nécessaire bivocalité langagière concernant « l'acte » de penser aux pensées du patient. Schafer met notamment en relief la naïveté qui accompagne le travail analytique lorsqu'il s'aventure du côté de l'acte d'interprétation. Ce dernier est en effet la reprise de significations multiples énoncées lors de la cure, prenant la forme de complexes nucléaires ou encore d'isotopies, qui feront l'objet d'une réduction signifiante. Il s'agit en somme d'un processus qui tente bon gré mal gré de former une signification dont le caractère multiforme est contraint.

L'acte d'interprétation est à cet égard paradoxal. Il place le sujet-analyste dans la position, somme toute inconfortable, d'être circonspect face au « dire » de l'analysant, tout en restant fidèle au « dit » qui

30. Roy Schafer, *Retelling a Life*, *op. cit.* ; voir également *L'attitude analytique*, trad. de Michelle Tran Van Khai, Paris, Presses universitaires de France, coll. « Bibliothèque de psychanalyse », 1990.

définit une énonciation dont le moins qu'on puisse dire est qu'elle ne connaît pas de point final. Schafer propose sur ce point précis une réévaluation intéressante de la métapsychologie freudienne. Il souligne que cette dernière s'est construite et complexifiée à partir du legs freudien dont on doit penser aujourd'hui l'héritage scientifique. En ce domaine, une certaine positivité est à l'œuvre qui « croit » à la vérité d'une validation selon le modèle dur des sciences naturelles, dont Freud fut l'héritier. Et la métapsychologie elle-même, bastion sacré du corpus freudien, intègre cette interrogation mécaniste sur le fonctionnement de l'appareil psychique. En somme, Schafer propose d'engager la personnalité (ce que j'appellerai le sujet du récit de soi, et que Schafer nommera de son côté le *self-narrative*) dans un processus discursif que caractérise le dialogue psychanalytique. Ce faisant, il avance des propositions proches des réflexions bakhtiniennes sur l'énonciation polyphonique, le mot étranger, la voix intérieure.

Si Schafer parle de dialogue dans le cadre de la cure, c'est pour mieux faire valoir une plate-forme conceptuelle qui perçoit le sujet comme actant de son appareil psychique, capable donc d'affirmer une certaine autonomie discursive à l'égard de ce qui se manifeste souvent, toujours selon Schafer, comme la métaphore analytique d'un emprisonnement dont l'analyste serait le tortionnaire plus ou moins volontaire.

Affirmer cette autonomie discursive, ce n'est pas refuser l'existence de l'inconscient (encore qu'il soit malaisé de le retrouver sous la forme d'une incarnation dont le sujet-analysant serait l'icône langagière), mais plutôt rappeler la dimension vivante de toute interprétation. L'inconscient, s'il est la Chose (*Das Ding*), n'est pas pour autant une chose, encore moins une chose muette. À moins de faire de l'analyste le complice d'un silence de mort et de pétrifier toute interprétation sous le signe d'une violence imposée qui méconnaît ce facteur dialogique au cœur de la cure, la parole en analyse ne saurait incarner la sanction d'un Maître-thérapeute.

Monique Schneider, j'ai eu l'occasion de le mentionner un peu plus tôt, fait de cette posture du Père mort une des figures essentielles de la pétrification postmortuaire qu'incarne le régime freudien. Faut-il qu'un enfant soit appelé au secours pour vitaliser le récit, lui donner consistance, en somme rompre ce silence de mort au profit de la non-distinction entre jeu et réalité que Freud reconnaît dans son article « La création littéraire et le rêve éveillé » ? Une telle perspective, qui recourt à un modèle développemental — et chronologique — ferait de l'analysant ce sujet ambivalent : nouvel avatar de l'idéal rousseauiste (être libéré de l'aliénation imposée par le pouvoir contraignant de la culture), ou du pessimisme freudien que l'on retrouve, par exemple, dans la *neurotica* (être soumis à la violence pure de la sanction sexuelle). Dans tous les cas, l'enfant — ou devrais-je dire l'infantilité qu'il représente pour les adultes que nous sommes — caractériserait cette narration archaïque qui ne souscrit pas à la distinction faite, depuis Benveniste, entre histoire et discours.

C'est que l'infantilité se caractériserait par la prééminence du discours : puissance narrative qui se constitue bien sûr grâce à ce porte-parole qu'est la mère, mais qui affirme déjà son autonomie. Ce discours qu'énonce l'enfant, ou devrais-je formuler, ce discours dont l'enfant est l'instance personnelle d'énonciation, construit une histoire dont il apparaît difficile, puisque nous parlons des origines de la subjectivité, de déterminer ce qui la départage de la narration que nous proposerons après-coup. Il est vain d'entrevoir un moment prédialogique qui échapperait quasi magiquement aux pouvoirs du langage et à la subjectivation qui accompagne toute interlocution. En ce sens l'analysant n'est jamais cet enfant imaginaire dont la parole serait, sinon plus authentique, du moins plus fidèle à un énoncé archaïque, inaugural, qui permettrait de faire coïncider le « dire » et le « dit ». Toute insertion subjective, dans le champ du langage, suppose ce primat dialogique qui ne ressort pas seulement de la combinatoire symbolique, mais qui appartient de plein droit au registre de l'imaginaire.

Parler, c'est bien sûr se situer dans le monde des signes, mais c'est plus encore être soumis à la difficile exigence de négociation que suppose l'existence d'autrui. Dans cette perspective, les remarques de Roy Schafer sont éclairantes puisqu'elles tentent de définir cette subjectivation de la cure grâce à un savoir hérité en grande partie des théories structuralistes et poststructuralistes. Il y a là une exigence qui ne concerne pas une possible mathématisation tant de l'inconscient que de l'activité d'interprétance qui qualifie le travail de l'analyste. On pourrait évoquer à cet égard les travaux de la philosophie analytique anglo-saxonne qui ont tenté de spécifier les conditions d'émergence et de régularité interlocutoire de certains énoncés. Mais la perspective adoptée par Schafer est beaucoup plus ample puisqu'il apparaît d'évidence que la psychanalyse ne saurait se satisfaire de ce discours préformé qui attribue au langage une efficacité cognitive et illocutoire qui fait en sorte qu'il rencontre quasi magiquement son objet. Roy Schafer fera plutôt appel à cette idée que l'analyste est amené, grâce à l'identité narrative qu'il porte, à « redire » (c'est la notion de *retelling* qui ici est fondamentale) ce que le patient n'a pas dit ou a voulu dire autrement. Si Schafer rejette le discours mécaniste de la métapsychologie freudienne pour opposer les figures d'un Soi multiple — qui n'est pas d'ailleurs sans rappeler la polyvalence du « mot » chez Bakhtine —, il n'en reste pas moins qu'il valorise cette idée d'un récit qui pourrait acquérir l'efficacité d'une action.

Mais redire, tout comme réparer ou encore restaurer, ne sont-ce pas justement des activités qui ignorent le caractère graduel, progressif, mais surtout, quant à la psychanalyse, déplacé de cette scène qui inaugure la parole de l'analyste et de l'analysant ? Il y a certes une équivoque, logée au cœur de la pensée de Roy Schafer, puisque le récit est construit grâce à un énonciateur qui peut malgré tout tramer une métahistoire dont le sens serait soudainement offert à l'analysant. Que cette histoire soit une cocréation, ainsi que Schafer le mentionne d'ailleurs avec justesse, ne réussit pas cependant à masquer les apories d'un tel propos. L'activité restauratrice consiste à donner vie à la parole de l'analysant en pensant que le discours ainsi offert puisse être saisi comme un énoncé dont il demeurerait possible de déterminer la signification potentielle. C'est peut-être ici que la pensée de Schafer bute sur des apories épistémologiques. En concevant le langage en analyse comme une forme d'action, Schafer abandonne la conception mécaniste freudienne — qui entrevoit la formation de l'appareil psychique à partir du modèle des sciences naturelles —, mais il reproduit très exactement cette conception mécaniste dans le champ de la discursivité. Pourtant Schafer insiste à plusieurs reprises sur cette nécessité de la cocréation du travail analytique (ce qui pourrait rappeler à certains égards la pensée bakhtinienne), de même qu'il interroge la validité du « je » comme instance pronominale : marqueur linguistique qui serait le signe d'une authenticité faisant de la narration un discours logeant à l'enseigne de la vérité.

On voit donc que Schafer est malgré tout prudent puisqu'il souligne dans son dernier ouvrage la nécessité de concevoir l'interprétation en analyse par le recours au constructivisme et au perspectivisme. En somme, il ne saurait y avoir une seule réalité psychique, tout comme la narration de soi constitue un moment transitoire puisque la subjectivation qui ordonne ce récit le condamne à ne pas s'achever. Il ne s'agit pas, tel que l'entend Schafer, d'une perpétuation narcissique, souscrivant à des idéaux défensifs grandioses et arrogants, faisant de soi le seul sujet ainsi mis en scène. Au contraire, Roy Schafer fait valoir, notamment dans *Language and Insight*, l'existence de Soi multiples qui ordonneraient des narrations différenciées. Schafer récuse donc l'idée d'une énonciation personnelle qui serait assumée par l'instance pronominale, laquelle, du strict point de vue linguistique, tient lieu de marqueur de toute énonciation. Ses remarques sont tout à fait pertinentes puisqu'elles laissent entendre que le récit de soi peut se constituer à partir d'une voix impersonnelle qui inscrit le sujet comme « il » ou « elle » à travers les instances allocutives qui le situent comme personnage créé par autrui.

De même, Schafer récuse avec perspicacité l'idée d'une clôture interprétative qui distinguerait commodément les champs de la psychanalyse clinique et de la psychanalyse appliquée. Il souligne que le dédain ou la suffisance manifesté envers la psychanalyse dite appliquée se construisent au prix d'une certaine naïveté à la fois linguistique et actorielle. Si l'analysant peut parler, répondre, en tous les cas se manifester (Schafer écrit « *talk back* »), le texte littéraire, lui, serait tout au plus une construction préformée qui susciterait la passion interprétative sans qu'une réponse ne soit donnée, qu'un accord ou un assentiment ne soient fournis. Schafer, reprenant des hypothèses amplement formulées par la critique littéraire contemporaine, souligne que le texte littéraire ne répond pas, c'est du moins ainsi que je perçois sa lecture, à l'exhumation de la métaphore archéologique freudienne. En somme, le texte littéraire n'est pas un objet, cette chose muette qu'évoquait Bakhtine : il est nourri, c'est d'ailleurs cette association de l'oralité festive et du carnavalesque qui fait toute la richesse de la pensée bakhtinienne, de ces multiples sources narratives qui font du mot un énoncé qui échappe à la Loi de l'entendement pour dériver vers ce que les analystes appellent, faute de mieux, la libre-association.

Le texte littéraire n'est pas autre chose que cette surdétermination narrative qui tente de créer du sens à partir de sa dispersion. Il y a en effet dans toute création, quelle que soit par ailleurs la posture adoptée par le sujet envers son propre corps-écrit, l'idée que cette dispersion peut faire l'objet d'un travail semblable à certains égards à ce que Freud lui-même a pu expérimenter dans *L'interprétation des rêves*. En somme, le texte s'écrit à partir de cette dispersion qui impose de rassembler le poids d'une écriture pour que surgisse la figure de l'auteur, maître feint d'une œuvre dont il aura cru, vainement, être le détenteur d'un signifiant originaire : trauma, fantasme, souvenir, ou encore simulation du trauma, du fantasme, ou encore appropriation des mots d'autrui puisque l'auteur, dit-on souvent, apparaît comme un voleur de mots.

Le psychanalyste, tout comme l'analysant, serait-il à l'abri d'une telle tentation ? Il me semble au contraire que le langage, fondement de la cure analytique, s'ordonne selon le principe d'une extrême fidélité à un « s'entendre dire », à un « s'entendre écouter dire » qui caractérisent, selon des modalités complexes, la malléabilité identificatoire de la parole en analyse. Que nous le voulions ou pas, cette responsabilité de la parole (une expression que ne désavouerait peut-être pas Roy Schafer) n'est pas simple projection instrumentale. On ne parle jamais simplement pour « dire » quelque chose, mais aussi pour s'assurer, en son for intérieur, que l'acte de dire peut être ainsi associé à une action qui donne consistance à l'énonciation. Cette action est en soi une signature. Leiris écrivait, dans son *Journal*[31], « Si je dis, je vais mieux », façon

31. Michel Leiris, *Journal 1922-1989*, Paris, Gallimard, coll. « NRF », 1992.

de marquer l'acte d'énonciation d'une action singulière, celle de façonner une fidélité discursive que le langage permet de créer. « Si je dis, je vais mieux », ce peut être aussi, disons du côté de la scène analytique, l'aboutissement de certaines cures. « Si je dis, je vais mieux », cela peut s'entendre comme un apaisement momentané (les locuteurs anglophones parleraient peut-être de *relief*), ou encore comme la formation d'un *insight* qui complexifie un premier récit, disons celui de la demande manifeste d'analyse, qui cesse alors d'être emmaillotée par un patient berçant sa plainte et la réitérant sous la forme d'un monologue.

Revenons à ces figures du « s'entendre écouter » et du « s'entendre écouter dire ». Ces modalités, qui concernent au plus haut point le pouvoir de la parole, traduisent l'irruption du discours dans le champ psychanalytique. Non pas de l'histoire — au sens où l'entend Benveniste — mais de la parole singulière qui crée, à partir de ce point cardinal qu'est l'énonciation, une réalité psychique qui traduit le « dit » de l'analysant. Le psychanalyste doit être fidèle à ce discours. Schafer mentionnera que l'acte d'interprétation peut être perçu comme un véritable rapt de la pensée d'autrui, et que la réification du « dit », sous la forme d'une traduction mécaniste : dire votre symptôme, votre résistance, votre ambivalence... — malgré toutes les subtilités de formulation — témoigne d'une surdité qui conteste le dialogisme de la cure. Schafer proposera donc, à l'encontre de cette rigidité interprétative, une conception transformationnelle de la cure analytique qui fait appel à la « déstabilisation » du premier récit de soi. Il s'agit, toujours selon Schafer, de contester l'unidimensionnalité de ce récit. Non pas que ce dernier soit faux, qu'il fasse obstacle à l'émergence d'un récit oublié ou qu'il l'empêche. Selon Schafer, ce récit est à la fois un symptôme (la nécessité de dire pour transmettre un événement dont on pourrait proposer qu'il se constitue sous la forme d'une action narrative) et la narration actualisée d'un oubli que le récit de soi, au fil des séances, se chargera de nuancer, de complexifier. On peut alors supposer que l'acte de « dire » en analyse, quelles qu'en soient les modalités aspectuelles, fait jouer ce pouvoir séparateur qui est attribué au langage.

L'important n'est-il pas pour certains analysants d'esquisser une histoire invivable qui leur permet, sans qu'ils le perçoivent alors clairement, de se situer dans une temporalité qui est celle du « discours » ? « Si je dis, je vais mieux », ce n'est pas, pour reprendre les mots de Leiris, affirmer le bénéfice cathartique que crée le libre-exercice de la parole, mais c'est accepter d'être fidèle au discours que j'écoute. L'exercice de la parole n'est pas la garantie d'un bénéfice thérapeutique à moins de « croire » aux pouvoirs réparateurs du langage, à la sanction performative que décrète l'entrée dans le monde des signes. Il existe des analysants qui non seulement sont confrontés à un récit de soi qui les laisse perplexes, déprimés, mais qui, plus encore, disent avec une parfaite exactitude une narration ordonnée, dont la segmentation se moule avec symétrie au cadre temporel de la cure. Reliquats d'une analité qui fait du récit un objet possédé envers et contre tous ?

L'analyste, on s'en doute, figure à cette occasion un témoin de circonstance. Toute interprétation sera désaveu de l'authenticité du patient ; toute parole de l'analyste, prudente, extrêmement prudente, devra être jugée à l'aune du cadre narratif que l'analysant s'est fixé. « Je n'y avais pas pensé », « Peut-être », ou encore un « C'est intéressant » : autant de figures qui témoignent de cette excessive fidélité à soi, de cette affectation haineuse que le sujet s'octroie afin de ne pas se retrouver sur une autre scène, ce que Winnicott appelle avec beaucoup de justesse « la crainte de l'effondrement ». Il existe en effet des histoires invivables, terrifiantes, que racontent certains analysants et qui sont « dites » avec détachement comme si l'énonciateur s'absentait, déléguait un porte-parole pouvant « rendre compte », sous la forme d'un procès-verbal, de ce qui est transmis traumatiquement à l'analyste. Jusqu'au moment où l'analyste, pour avoir été fidèle à ce qu'il écoutait jour après jour, entend que cette voix et ce corps énoncent silencieusement : « Si je dis, je vais mieux ».

L'affectation autobiographique

Peut-on rêver de la même conclusion pour ce qui est de l'écriture de l'analyste ? J'en doute. L'œuvre de Julien Bigras traduit cette infidélité extrême qui fait cohabiter le dénuement de l'aveu contre-transférentiel et la tentative, constamment avortée, de rendre compte d'une analyse. Ce projet impossible, sinon carrément insensé, fait de l'écriture le lieu d'inscription de l'inconscient. Voilà peut-être ce qui explique pour quelles raisons l'objet-livre s'apparente aux figures de l'*acting-out* : essai de projection hors-de-soi d'une affectation narcissique intenable. C'est ce dilemme que Bigras nous amène à lire, à constater. J'ajouterais que la question éthique, si souvent proférée sentencieusement, à travers la méconnaissance de la lecture de l'œuvre de Julien Bigras, trouve sa source dans ce même leurre imaginaire qui fait de l'écrit la répétition, sinon la réduplication de l'inconscient. S'il va de soi qu'une cure n'est pas un récit ordonné, faut-il en conclure au pouvoir tout-puissant de l'oralité, à l'impossibilité scripturale de rendre compte de l'analyse ? Pourtant, nombreux sont les séminaires, les journées d'études qui veulent énoncer la singularité du champ clinique. Étrange paradoxe que cette fidélité orale à l'objet freudien qui, encore une fois, assourdit la pensée freudienne d'un puritanisme que ce dernier aurait sans doute considéré avec scepticisme.

La littérature, à supposer qu'on s'épuise à en soutenir le mouvement « d'hainamoration », est l'objet d'une passion qui met à mal la clinique. Mettre à mal ne veut pas dire déformer, ou encore décrire d'une manière qui ne soit pas adéquate, ce qui correspondrait encore une fois aux présupposés autobiographiques de la transposition. Mettre à mal veut simplement dire rendre la clinique obscène, *insane*, foncièrement indécise quant aux objectifs qu'elle poursuit. Voilà sans doute pourquoi le « récit de cure », pratiqué chez les analystes, n'est souvent rien d'autre qu'une forme polie de journalisme, une apparence fidèle d'objectivité qui tue la littérature. Il ne s'agit même pas, au point où nous en sommes, d'opposer fiction et vérité (à la manière de Goethe relu par Freud), de distinguer l'imaginaire romanesque de la vraisemblance du récit de cure. Julien Bigras, lors de sa correspondance avec Jacques Ferron, fera état de ce défaut de transposition qui lui semble être un trait caractéristique de l'écriture du récit de cure :

> Au moment où me vient l'envie de publier *L'enfant dans le grenier*, contre son gré, il se produit tout un branle-bas. [...] Il se produit presque une rupture. Winterman est enragé. Il craint pour sa réputation. « On ne doit jamais parler de sa vie privée », me crie-t-il, « sauf lorsqu'elle est totalement transposée. » « Mais moi, je ne sais pas transposer », lui dis-je. J'écris comme ça se passe. Et ça se passe surtout la nuit, pendant mon sommeil. Je n'ai alors qu'à écrire les événements une fois que je suis réveillé[32].

Le débat, autour de cette éventuelle association du biographique et du récit, gagne-t-il en effet à être mené sur ce « front » de la transposition ? N'y a-t-il pas, qu'il s'agisse de Bigras ou de Winterman, la fiction d'un malentendu qui agit le récit et qui recourt au fantasme originaire d'une vérité demandant à être dévoilée, à moins qu'elle ne nécessite un masquage protecteur ? La transposition, si l'on s'en tient à l'argument précité, fonderait la destitution subjective à laquelle est enjoint tout analyste du fait de l'intimité des paroles qu'il reçoit. S'agit-il de modifier, de déplacer, en somme d'agencer autrement les figures du « récit de cure » pour que ce dernier, ainsi maquillé, prétende au titre de récit transposé ? Il y a fort à parier que, poursuivant une telle entreprise, l'analyste, parlant au nom de la vérité, se retrouve aux prises avec les présupposés les plus discutables de la psychanalyse appliquée.

Bigras, lui, ne s'embarrasse pas d'une telle précaution oratoire. À la transposition, il oppose le surgissement du rêve qui lui impose des paroles qu'il ne connaît pas, faute de les avoir entendues au cours de la journée. Nous ne sommes pas loin, à cette occasion, d'une pensée délirante qui trahit le sujet — en fait, tout sujet écrivain dès lors qu'il « se risque » à écrire sans savoir le contenu préalable de son énonciation. Si Winterman évoque l'éthique de la transposition, afin de

32. Julien Bigras et Jacques Ferron, *Le désarroi. Correspondance*, Montréal, VLB éditeur, 1988, p. 69. Dorénavant, les citations extraites de cet ouvrage seront suivies, dans le texte et entre parenthèses, du numéro de la page précédé de la lettre *D*.

contrecarrer une emprise transféro-contre-transférentielle saisie à même le matériau d'écriture, Bigras, de son côté, accepte cette destitution subjective en logeant son écriture au sein même du rêve et de la puissance maternelle qui lui est associée. L'un — Winterman — propose l'écriture comme poursuite de l'analyse à travers les dédales du « réel » lorsque l'intersubjectivité est prise en défaut, soumise au vide, ou au néant : formes diverses du « rien » grâce auquel un récit peut naître. L'autre — Bigras en l'occurrence — fait du rêve un *acting-out* pénétrant qui force la venue du récit, qui rejette la notation et l'attention : signes distinctifs d'une écriture analytique qui discernerait ce qui, au cœur de la narration, appartient à l'analysant ou à l'analyste.

Julien Bigras reprend à son compte la remarque de Donald Meltzer à propos de la vérité narrative que contient le rêve. Seulement, Meltzer fait référence à l'analysant et non pas à l'analyste. Rappelons les propos de Meltzer. Le rêve ne peut être compris que comme défaillance salutaire de l'activité de penser, mise à l'épreuve de la linéarité narrative qui fait de l'attention une caractéristique de la conscience. En ce sens, le rêve est bien l'équivalent des épiphanies joyciennes qui revendiquent, à travers la passivité du sujet qui en fait l'expérience, leur correspondance absolue avec un « réel » dont la signification est soudainement révélée. Le rêve serait de plus un singulier dessaisissement créateur : passivité du sujet qui s'éprouve affecté par les traces du récit spéculaire qu'il est condamné à investir à titre de rêveur-narrateur. Cette passivité foncière qu'implique l'acte de rêver concerne au plus haut point le secret qui anime l'expérience analytique. Raconter ses rêves, comme le souligne Donald Meltzer, n'est-ce pas souvent la « véritable » entrée dans l'analyse ? Je le cite sur ce point :

> Point n'est besoin d'une longue ou d'une vaste expérience de supervision d'étudiants ou d'autres analystes pour noter que la fréquence avec laquelle les patients apportent des rêves dépend directement de l'intérêt, de l'imagination et, grosso modo, de l'efficacité avec laquelle l'analyste les reçoit. [...] Relater un rêve, c'est probablement le moyen le plus commode dont dispose un patient pour être vrai avec l'analyste ; et cela vient en partie du fait qu'il ne voit pas comment il pourrait modifier le matériel sans simplement en diminuer la signification. Ainsi chez certains patients, ou bien à certains moments chez la plupart des patients, s'érige une résistance à se souvenir et/ou à rapporter les rêves, résistance qui exprime simplement leur refus d'être découverts. Cela veut dire ou bien qu'une phase de délinquance, susceptible de mener à un *acting-out*, est en œuvre, ou bien qu'une zone paranoïde a été touchée[33].

33. Donald Meltzer, *Le monde vivant du rêve : une révision de la théorie et de la technique psychanalytique*, Meyzieu, Éditions Césura Lyon, 1993, p. 192.

Et Meltzer ajoute un peu plus loin à propos de l'émergence de l'*insight* que peut contenir le rêve :

> Sous une forme ou sous une autre, une façon de considérer le transfert-contre-transfert comme le principal agent thérapeutique de l'analyse a remplacé une approche plus active et plus intellectuelle, ainsi que la pratique qui lui était liée (celle de l'analyste-« écran blanc »)[34].

Il est sans doute vrai, comme le remarque Meltzer, que le rêve est porteur d'un *insight* qui met littéralement à nu le sujet. Les diverses modalités de ce dessaisissement peuvent varier à l'infini. Ainsi dans « Père, ne vois-tu donc pas que je brûle ? », la découverte de l'enfant-revenant, telle que rapportée par Freud, se traduit par la singulière révélation de la nudité émotionnelle du rêveur. Le reproche que contient ce rêve peut être entendu comme la forme même de ce dénuement du père endeuillé qui constate, paradoxe violent, l'existence brûlante, sinon intolérable de son fils. Le rêve de « L'injection faite à Irma » obéit à une logique assez semblable, à cette différence que la nudité est ici l'objet d'une effraction. Le corps de la patiente est exploré afin de sanctionner une saillie interprétative.

Est-il tolérable cependant que l'analyste partage avec son analysant ce plaisir à éprouver, qu'il prenne plaisir à s'affecter par la narration de cette source onirique qu'il sait secrète ? Cette contrainte narcissique, qui fait de l'objet perdu dans le rêve non pas une structure incorporée, mais une riche surface perceptive qui revit nuitamment le jeu de mourir et de (re)naître, le psychanalyste peut-il raisonnablement en transmettre, sous la forme d'un récit littéraire, l'empreinte ? Cette question fondamentale est abordée, on le sait, dans *Ma vie, ma folie* puisque le narrateur-analyste partage avec sa patiente les fruits d'un cauchemar qu'il fait dans une langue étrangère. Le refus, chez Bigras, d'une esthétique de la transposition pose le statut d'un contre-transfert archaïque dont le rêve représenterait la première mise en forme. Raconter ses rêves, toujours selon Meltzer, c'est évoquer le pouvoir de la connaissance et de la créativité au détriment de la non-pensée que représentent les éléments bêta. De même, lorsque Bion fait référence à la *reverie* de l'analyste, il souligne que cette dernière activité n'est pas soliloque ou encore monologue. La *reverie* n'est pas l'infatuation narcissique d'un sujet qui se déclarerait omnipotent, trouvant plaisir à s'affecter dans la simple contemplation des traces mnésiques qui composent sa coque interne. La *reverie*, si elle correspond à un moment inaugural, qui se traduit par un dessaisissement créateur, nécessite l'existence d'une altérité interne qui métabolise cette source perceptive, la rend étrangère à elle-même.

---

34. *Ibid.*, p. 193.

C'est que la destitution subjective, telle qu'elle apparaît formulée chez Bigras, se caractérise brutalement par le dévoilement soudain d'une surface scintillante : masque personnalisé de l'auteur qui croit dire la vérité à travers la bouche du rêve. L'analyste retomberait-il alors en enfance, se plaisant à raconter les menus détails de sa vie ? À moins qu'il ne désire, par l'écrit, redevenir l'analysant soucieux de retenir et de préserver les émois transférentiels dont il *s'affecte* ? En prétendant parler la langue du rêve, et en faisant de l'écriture la traduction spontanée du processus onirique, il est vrai que Bigras reprend à son compte les *topos* les plus éculés de l'institution littéraire. Jacques Ferron, dédicataire « officiel » de *Ma vie, ma folie* n'écrira-t-il pas dans *Le désarroi* : « J'ai l'impression que vous avez tort de vous en faire : toute écriture est traduction. Il faut être un peu malade pour s'y mettre, ou manquer de disposition pour la parole » (*D*, p. 43) ? Puis :

> Quant à la facilité d'écrire, n'allez pas y croire, elle n'existe pas. Écrire est mortel, en ce sens que toutes les heures passées à écrire ne laissent aucun souvenir. Et cela, lorsqu'on le fait le plus facilement. Au début, on se bute à soi-même, on en arrive à se libérer et cela va assez bien pour quelques années, puis on se rend compte que les mêmes hantises ne cessent de revenir et l'on se retrouve comme au début, encombré par soi-même. Narcisse décrépit alors qu'on aurait voulu faire œuvre de Dieu [...]. Je vous suis reconnaissant, Julien Bigras, de l'attention que vous me portez même si je ne la mérite guère. (*D*, p. 33-34)

Les recommandations quelque peu désabusées de Ferron incitent Julien Bigras à la prudence. Si, pour Ferron, l'écriture n'est pas la transposition d'un référent biographique originaire, elle n'est pas non plus la « voix », à moins qu'il ne s'agisse de « l'entendu » du rêve, qui demanderait simplement d'être noté pour acquérir le statut de vérité.

Le psychanalyste devant sa table d'écriture est-il alors ce mélancolique qui s'acharne à retrouver un objet avec lequel il tenterait inlassablement de faire corps ? Cette obsession du corps-langage est évoquée chez Bigras avec une puissance extrême puisque le monstre maternel tient lieu de refoulement originaire qui donne naissance à la pensée. L'œuvre de Julien Bigras suppose qu'il faille se séparer des Mères afin d'écrire, de créer, par l'instrumentation de la Lettre, un pare-excitations narratif. L'acte d'écrire permet en somme de ne pas être dévoré par une Jocaste qui anéantirait l'auteur. Faut-il alors évoquer l'existence d'un récit qui s'insérerait au lieu même où le contre-transfert échappe à toute interprétation ? L'écriture de Julien Bigras n'est-elle pas l'aveu d'une défaillance du contre-transfert, qui ne peut être métabolisé dans le cadre de la cure ?

Une telle réponse peut sembler normative, puisqu'elle pose la question de la responsabilité du psychanalyste à l'égard de ce qu'il écrit. Certains avanceront qu'il ne peut en être autrement puisque le psychanalyste est ce sujet dont l'obligation de réserve l'oblige à maintenir une certaine distance, à moins qu'il ne s'agisse d'un effacement : autant de figures qui font valoir une évanescence du psychanalyste, son désir de ne pas occuper la scène dite publique. On avancera par contre que cet effacement peut être l'aveu commodément refoulé d'une omnipotence qui se trouve interdite sur la scène publique pour mieux s'installer dans le cadre de l'espace de séance. Il s'agit là d'un interdit psychanalytique de taille dont nous n'avons pas fini de mesurer les effets, car il concerne l'articulation de la clinique à ses manifestation sociales et culturelles.

Piégé par un récit

Julien Bigras, avec une impudeur extrême, s'est pour ainsi dire « dévoilé » sur la scène publique. Il faisait de l'écriture un signifiant théâtralisé dont le récit de cure était la forme narrative à peine modifiée. Voilà qui pose encore une fois la question de l'écriture analytique, si l'on admet que celle-ci est symbolisée au prix d'une double-entrave dont le maintien est le signe d'une impasse narcissique. On peut imaginer, c'est d'ailleurs ce que ne cesse de répéter Bigras, que le passage à la fiction permet de libérer la cure de ses artifices thérapeutiques, de la prétention scientifique qui recourt à la neutralité souveraine de l'analyste. En somme, l'écriture serait ici le signe d'une affirmation libertaire de soi. Il est étrange cependant que cette double-entrave se noue autour de la question de l'identité problématique du psychanalyste. Celui-ci, tel Bigras, se veut écrivain, mais ne cesse de répéter l'exercice narratif de la cure au prix d'une sanctification naïve du processus thérapeutique. Le même personnage se veut analyste, mais il raconte à Jacques Ferron le désarroi qui l'affecte alors même qu'il adopte la posture de « l'écoutant ». Le récit est l'enjeu de ce désarroi puisqu'il s'apparente à un discours rapporté dont la force vive (la performance) est relayée par une transformation narrative. Cela Bigras ne semble pas l'entendre, encore moins le constater. Tout se passe en effet comme si l'énonciateur du récit était pris au piège par une armature narrative qui le condamnait à faire coïncider, au prix d'une extrême ambivalence, les espaces public et privé de l'analyste.

Être piégé par un récit, est-ce si surprenant ? L'analyste, lui, ne devrait pas s'en surprendre lorsqu'il constate quotidiennement que l'espace de la cure est posé avec une fragilité renouvelée. Voilà quand même ce qui différencie la psychanalyse d'autres discours thérapeutiques qui font jouer la force coercitive de l'isolement. L'analysant, lorsqu'il rencontre *un* analyste, est libre de partager ses paroles comme il peut décider de partir, non pas de s'absenter provisoirement sur le divan comme un individu qui perd la mémoire, qui ne retrouve plus le fil conducteur de ses pensées, mais véritablement de quitter l'espace de séance et de réintégrer le monde, alors sans doute pour lui moins angoissant, de la référentialité. L'analyste, lui, le désirerait-il, ne peut s'absenter, du moins pas sous cette forme. Son absence, dira-t-on, est significative du fait qu'elle est métabolisée contre-transférentiellement par un appareil psychique qui permet de penser la représentation de cette absence, et non pas simplement de « l'agir » au prix d'un retrait associatif faisant de l'analyste un personnage pétrifié.

Voilà pourquoi le recours à la narration est significatif dans l'œuvre de Julien Bigras. Il s'agit, on l'a vu, d'un discours rapporté qui suppose la permanence d'une voix narrative dont la défaillance est constamment éprouvée. Chez Bigras, le « monstre maternel » dessine cette forme enveloppante qui ne se contente pas de circonscrire une parole, de la nourrir afin qu'elle soit partagée avec l'*infans*. Il s'agit plutôt d'une parole extraordinaire, puisque sa violence est imposée au récit avec une force qui ne tolère aucune dérogation. Voilà le sens premier de la narration dans l'œuvre de Julien Bigras : transmettre la parole d'un sujet qui incarne une altérité abjecte (le « monstre maternel ») pour mieux susciter une rage d'écriture. Que la narration soit ici un témoignage de la singularité d'un pacte transgénérationnel, je ne crois pas que cela soit contestable. Il reste néanmoins à interroger les modalités de ce pacte narratif afin d'en préciser les « figures ». J'insiste d'ailleurs sur cette figuration de soi que l'écriture autorise. Le « monstre maternel », dans l'œuvre de Bigras, tient lieu de « préentendu ». Il représente ce porte-parole à partir duquel l'énonciation advient. Voilà un truchement d'importance qu'il faut étudier d'autant qu'il donne naissance au récit. Julien Bigras mentionne dans ses divers écrits la force de ce porte-parole, sa violence. Le clan des Bigras, souligne-t-il, naît de la violence dévastatrice des femmes qui doivent lutter contre l'abandon des hommes. *Ma vie, ma folie*, mais aussi la correspondance avec Jacques Ferron laissent apparaître cette fiction généalogique qui donne tous pouvoirs aux femmes désormais abandonnées et ravies par une rage meurtrière qui ne connaît pas de fin.

Être le fils de ces Mères, serait-ce alors le fantasme originaire de l'écriture chez Bigras ? La narration, forme originaire d'une première empreinte discursive liant la mère et l'*infans*, signerait l'absence de témoignage paternel et la sanction de l'ordre symbolique. Que le narrateur-adulte, présentant l'identité professionnelle du psychanalyste, soit emmailloté dans ce langage-cocon qu'il retrouve dévoilé chez son analysante, voilà un détail qui ne saurait surprendre. D'autant que le porte-parole premier est pour Marie une mère folle, incapable de « voir » sa fille, nouée dans un corps à corps originaire qui crée de toutes pièces une magie incorporante dont le narrateur-analyste proposera le récit.

Julien Bigras ne cesse de signer son œuvre. Comment peut-il en être autrement : l'écrivain pour lui est un Auteur dont la présence revendiquée authentifie l'écrit, lui donne cohérence et fait de la fiction un attribut commode qui répond aux lois de la référentialité externe. L'œuvre de ce dernier, au premier examen du moins, laisse entendre une authentification de l'écriture par un narrateur-auteur qui agit à titre d'énonciateur privilégié. Un tel point de vue suppose que l'écriture souscrive à cette Loi de l'entendement, qui fait du récit un objet pouvant être communiqué et transmis. La littérature, chez Bigras, est placée à l'avant-scène d'autant qu'elle mêle les genres. La signature de l'œuvre peut en effet laisser entendre un maintien narcissique dont le Nom propre est la figure appropriée. L'autobiographie n'est pas que le récit de l'identité narrative d'un sujet qui se met en scène pour mieux s'affecter des indiscrétions ainsi mises au jour. Ces scènes que l'on retrouve évoquées avec une extrême impudeur dans les divers livres de Julien Bigras, et qui traduisent l'impasse passionnelle du processus analytique, sont la marque de cette affectation autobiographique. Mais cela explique-t-il que l'œuvre de Bigras ait été méprisée, sinon rejetée parce qu'elle était perçue comme un *acting-out* rompant la confidentialité de l'écoute analytique ? Qu'en savons-nous réellement ? Au delà des discours conservateurs, qui distinguent avec une facilité désarmante les registres de la cure de son « application » littéraire — et culturelle —, qu'en savons-nous ? La réponse, si elle se voulait un tant soit peu respectueuse du risque que Bigras a fait jouer au cœur de son œuvre, serait que nous n'en savons rien. Et que ce « rien » est peut-être la condition première pour que la lecture de l'œuvre de Bigras soit possible. Il est vrai que le lecteur peut faire preuve lui aussi d'une fabuleuse résistance lorsqu'il s'agit de pérenniser la statue de l'Auteur. Quoi ? L'œuvre de Bigras ne serait pas la vie de l'Auteur ? Et ce dernier, autobiographe, se serait masqué sous d'autres artifices afin de tramer une fiction plus complexe qu'il n'y paraissait au premier abord...

Voilà pourquoi l'œuvre de Julien Bigras est si troublante. Elle détruit, au fur et à mesure de sa constitution, la signature qui justifie la mise en scène d'une littérature personnelle. Julien Bigras ne cesse d'ailleurs de former des truchements qui ont pour rôle de métisser le récit. Qu'il s'agisse de Gengis, du monstre maternel, ou encore de Winterman, des destinataires sont convoqués afin de rendre compte de la lecture et de l'interprétation du récit. Ce métissage est-il réel ? Permet-il une rupture de l'affectation narcissique au profit d'une « écoute » qui respecterait un destinataire dont la prise de parole (ainsi Marie) ne serait pas refusée ? Rien n'est moins sûr cependant, car l'altérité est dévorée par le récit qui en borne les pourtours. Marie se suicide dans un rêve du narrateur : scène dont l'effraction est d'autant plus insupportable qu'elle traduit l'hésitation du « réel » face à la fiction qui acquiert un droit de regard décisif. Le rêve ici ne correspond pas à cette passivité de l'écoute qui mobiliserait l'oralité au détriment de la narration. Marie, personnage de *Ma vie, ma folie*, est véritablement tuée par la fiction possessive qu'instaure le récit. Tel est l'obsession du récit qui met en place une trame passionnelle dont l'enjeu est insupportable. La mort métaphorique de Marie permet d'assurer la continuité du récit. Le monstre maternel est bien vaincu, car il a fait l'objet de l'introjection meurtrière que représente le rêve du suicide de Marie. Prévaut encore une fois l'indécision entre les réalités interne et externe. De la même façon que le narrateur livre les fruits de ses rêves à sa patiente par l'entremise d'un échange téléphonique, le rêve du suicide de Marie trahit le poids d'une écoute qui se fait elle aussi délirante.

Car l'écoute, à vouloir échapper à l'entendement, peut devenir un délire dont l'intériorité laisse place à la littérature. Il y a une façon de délirer qui rappelle le babil littéraire, ce désir de retourner « en enfance », de chercher à tout prix l'Origine de la Lettre. Comme il y a une façon de retomber en enfance en vivant l'opprobre de l'exclusion paternelle. Winterman, dans l'œuvre de Bigras, est ce maître-interprète qui rappelle l'Origine psychanalytique du narrateur. Le maître est un Père, il sanctionne, grâce à sa propre chair, l'avenir du Fils. Or, le fils trahit cette filiation, à moins qu'il n'y renonce à la suite de son propre désir de faire acte de littérature. Il n'en reste pas moins qu'entre le narrateur-autobiographe et Winterman se joue une confrontation phallicisée qui ne cesse de trahir et de réduire l'objet de l'investigation psychanalytique. Deux hommes font de leur écoute des objets-livres qui répondent symétriquement à la demande d'autrui. Deux livres sont écrits [35] pour se répondre dans l'absolue dissonance de la fidélité qui désigne une trahison. « Tu m'as trahi » avancera l'un, « Tu n'as pas été à la hauteur de mes idéaux ». L'autre, adoptant la posture du Fils mélancolique, répondra : « Je ne t'ai pas trahi. Tu t'es toi-même expulsé en refusant de m'accueillir ». Ainsi la folie littéraire, lorsqu'elle est partagée, peut devenir la chose la plus dangereuse qui soit. Cette folie n'est plus celle du groupe, qui ne demande qu'à mieux s'incarner sous la forme des communautés analytiques qui créent de petits prétendants et de dignes successeurs. La littérature, chez Bigras, aura peut-être signifié le désir de rompre cette transmission mortifère, afin de trouver un signifiant vitalisé pouvant donner matière au renouvellement du travail psychanalytique.

---

35. Julien Bigras, *L'enfant dans le grenier*, *op. cit.* ; Conrad Stein, *L'enfant imaginaire*, Paris, Denoël, coll. « L'espace analytique », 1987.

Faut-il donc encore une fois revenir à cette figure de l'affectation narcissique pour comprendre la singularité de l'objet littéraire chez Bigras ? À l'encontre du rival paternel, la littérature, toujours selon Bigras, permet de créer un espace de fidélité à soi qui échappe à la sanction du plagiat. Cette littérature, pour laquelle Bigras vouait le plus grand respect, n'est pas un simple objet d'adoration. C'est pourquoi il faut relire avec prudence l'apparent rejet de l'arsenal métapsychologique qui accompagne l'écriture de Julien Bigras. Ce dernier rejette il est vrai avec la plus grande virulence toute pétrification théorique que représente la figure du Père mort. Selon Bigras, le corpus freudien est à lire, non pas dans la perspective d'un entendement qui serait l'alibi d'une fidélité psychanalytique à un objet momifié, mais avec le souci d'une écoute respectueuse des « agirs » de la chose littéraire. Est-ce pour cette raison que le facteur traumatique est si présent dans la littérature de Julien Bigras ? Nous rencontrons dans cette œuvre un étrange aplatissement de la temporalité, comme si le travail de l'inconscient butait sur un discours préalable auquel il était impossible de toucher sous peine de sanction.

Je le formulerai ainsi : Julien Bigras a voulu faire « acte » de littérature. Ce faisant, il se trouvait placé dans la position inconfortable de ravir une œuvre au Père pour mieux fonder un enfant imaginaire. Il rejetait ainsi l'enfant mort de la psychanalyse, assourdi par les récits théoriques qui veillent indéfiniment son agonie, pour mieux se déclarer le géniteur de « son » œuvre. Affectation, narcissisme, toute-puissance de la littérature : les figures sont diverses qui traduisent cette configuration du récit de soi. À vouloir faire une œuvre qui lui appartienne, Bigras ne cessait de redire son Nom propre en insistant sur la propriété symbolique d'une signature qui échappe constamment à la Chose littéraire. Cette dernière est en effet au plus près d'une écoute que Freud nommera autoanalyse. La fiction n'est pas le miroitement gémellaire de la figure de l'Auteur, qui croit retrouver son destinataire pour mieux sceller un pacte narratif où joue l'idéal d'une reconnaissance. La littérature n'est pas l'entendement ; elle n'est pas la compréhension d'une intrigue bien ordonnée et elle ne révèle pas le savoir d'une fin dont les lacis narratifs pourraient nous informer de la destinée. S'il l'on devait recourir à une image afin de traduire cet impouvoir qui caractérise la narration, il faudrait évoquer l'acharnement de la Lettre, sa résonance intime chez un Auteur qui perd son identité, ou ce qu'il croit être son identité.

La littérature, ou plutôt l'écriture qui en trace l'acharnement, n'est-elle pas l'extrême figure d'une destitution subjective qui rappelle à certains égards l'expérience analytique ? Si l'on ajoute que cette destitution s'éprouve dans le surgissement de l'écrit, dans sa soudaine manifestation, qui met à l'épreuve le caractère dit conventionnel du signe linguistique. Mais l'écoute de l'analyste, lorsqu'elle s'affirme pure résonance interne de la parole de l'analysant, peut aussi s'acharner au point de devenir folle. C'est d'ailleurs ce que l'écriture de Julien Bigras ne cesse de « mettre en scène » pour mieux dévoiler l'insupportable obscénité d'un tout-entendre qui peut définir le désordre passionnel de l'écoute analytique. Lorsque le narrateur de *Ma vie, ma folie* accepte le pacte nocturne que lui propose Marie, lorsqu'il accepte — à son corps défendant, mais avec la complicité de sa voix — de transmettre le contenu d'un rêve fait dans une langue étrangère, il obéit à cette Loi du tout-entendre qui à sa manière est aussi folle que l'ignorance de la folie.

Le narrateur s'enveloppe ainsi de l'affectation terrifiée que produit chez Marie le rêve d'autrui. Cette scène est radicale puisqu'elle se situe en deçà de la confrontation qui unit, pour mieux les séparer, Winterman et le narrateur. Pour ces derniers, il existe un récit dont les auteurs peuvent situer l'origine puisque chacun se situe comme géniteur d'une œuvre qui s'oppose à l'enfant inventé par autrui. La création se constitue ici grâce au vol d'un enfant imaginaire, et la sanction imposée, nous l'avons vu avec « Père, ne vois-tu donc pas que je brûle ? », est lourde à payer. C'est que la science psychanalytique se condamne à brûler l'enfant du rêve lorsqu'elle obéit au pacte méphistophélique qui l'oblige à conquérir l'inconscient.

La propriété psychanalytique, à moins qu'il ne faille parler de son excessive fidélité, ne serait-elle pas alors la traduction impossible du tout-écouter en un tout-écrire assourdissant qui prête forme à tous les désirs de vérité, à toutes les passions qui cherchent à incarner le secret de la cure pour mieux le dévoiler, ou encore le travestir ? Folie extrême que cette littérature qui se constitue à partir du Nom propre. Folie extrême que la littérature personnelle lorsqu'elle recourt à l'alibi autobiographique afin de mieux transmettre ce qui ne tolère aucun témoignage. Folie pure que cette narration qui oublie son statut de discours rapporté pour s'introduire au cœur de l'inconscient et le sanctifier tel un tribut payé au destin pulsionnel.

La réserve de l'analyste

Ainsi, quiconque a fréquenté l'écriture de Bigras est violemment saisi par un mouvement de recul. Il faut, afin de décrire une telle attitude, se mettre, comme on dit, à la place du lecteur qui perçoit dans l'analyse le règne d'une parole privée, échappant à l'assujettissement que requiert l'ordre de répondre — et de se justifier face à l'énonciation de pensées jugées secrètes. Or, Bigras, tel qu'il apparaît dans les divers récits dont il se proclame sans trop de réserve le narrateur autobiographe, est un incorrigible bavard. Il y a dans cette écriture, qui déferle avec l'obsédant souci de témoigner de soi, une témérité qu'il faut prendre le temps de questionner. Cette volonté d'afficher une véracité autobiographique s'apparente sous certains aspects à un masque dont la fonction défensive est clairement affirmée.

Tout se passe comme si le psychanalyste, acharné à s'écrire et à proposer les menus détails de sa vie, s'affectait par le recours à une narration qui le trompe et qui abuse le lecteur. L'extrême impudeur des écrits de Julien Bigras ne se retrouve pas seulement dans la façon dont il prétend rendre compte de l'inénarrable. Pour Bigras, les choses ne sont pas si compliquées. S'il y a de l'indicible, le récit doit pouvoir en assurer la transmission. De même, s'il y a de l'inanalysé, le pacte autobiographique qui lie l'analyste à son patient permettra d'en révéler la trame secrète. Voilà ce qui gêne le lecteur informé de psychanalyse, qui constate sous la profusion de souvenirs, de rêves et d'associations libres, un vide troublant. Julien Bigras, narrateur autobiographe, n'écrirait-il qu'afin de consolider l'emprise du récit sur sa propre vie ?

C'est ce que j'ai voulu suggérer plus tôt, mettant l'accent sur l'acharnement défensif qui amène le narrateur à proposer sa rédemption par l'écrit. Une telle attitude est pour le moins lourde d'implications, puisque le narrateur devient le légataire d'un inconscient dont il serait possible de transmettre la Lettre. L'ampleur diabolique de ce pacte n'est pas contestable si l'on constate, par exemple, la trame narrative qui caractérise *Ma vie, ma folie*. Nous ne sommes pas si loin à cette occasion de l'incarnation de l'inconscient qui anime le propos freudien dans ses démêlées avec Schnitzler, Zweig ou Fliess. Mais Bigras, parce qu'il demeure malgré tout un auteur à la prose autobiographique maladroite, fut prompt et d'une spontanéité déconcertante. Voilà sans doute ce qu'il faut aussi retenir de l'écriture de Julien Bigras.

Il y a chez ce dernier, de façon particulièrement manifeste, l'aveu d'une présence désarmante de l'auteur. Quelles que soient les réserves énoncées envers un tel projet, il reste que l'écriture analytique se veut fidèle à la trame du désir inconscient. La mise en scène de la fiction est troublante chez Bigras, car elle donne l'apparence d'un scénario rapporté qui valide l'énonciation autobiographique. Il n'est pas étonnant dès lors que le récit de soi témoigne d'une « parole » dont le truchement scriptural est à peine évoqué. En somme, Bigras aura rêvé d'une écriture, soumise au déferlement du processus primaire, qui rende justice à l'immatérialité du pulsionnel. Ce retour de l'(auto)biographique, nous savons qu'il suppose constamment l'aveu d'une « authenticité » qui singularise le travail fictionnel pour mieux l'assujettir à la loi de la narrativité et du quotidien.

Or, quel est l'ordinaire du psychanalyste si ce n'est ce silence obstiné qui l'amène à laisser surgir une parole « autre », celle de l'analysant dont il pourra espérer, le moment opportun, reconstituer la trame ? À sa manière, le travail analytique est tout entier contenu dans cette délégation discursive qui oblige l'analyste à se situer à la place d'un « absent ». Peut-on croire par ailleurs que cette « humilité » de l'analyste (qui le situe comme tiers exclu d'un discours dont il est l'interprétant « discret ») soit incompatible avec la position d'écrivain ? N'est-ce pas au contraire que la *doxa* psychanalytique fait de « l'auteur » un sujet idéalisé dont le savoir est précisément grandiose ? Ne faut-il pas pourtant envisager cette inscription de l'écriture dans le champ psychanalytique avec moins de vénération ? Qu'on pense à la fascination éprouvée par Freud à l'égard d'Arthur Schnitzler, cet étrange « jumeau imaginaire » (pour reprendre l'expression de Bion)...

Si l'analyse est cette mise en scène d'un interdiscours dont on peut s'attendre à ce qu'il informe du désir inconscient, la trame narrative ne représente-t-elle pas ce qui en limite — en circonscrit — le surgissement ? L'omnipotence de l'identité narrative — fondement du récit autobiographique — peut en effet interdire la déliaison qui situe l'enjeu du projet analytique. En somme la parole, dans le cadre analytique, conteste l'ordre narratif. C'est pourquoi l'écriture fictionnelle qui prétend « incarner » le style de l'expérience analytique est à envisager de façon circonspecte. Toute écriture qui prétend parler au nom de l'Autre — analyste ou analysant — permet au sujet de se constituer comme altérité représentée. Peut-être est-ce pour cette raison que le récit autobiographique apparaît toujours ambigu : énoncer le « je » comme attribut identitaire, c'est donner une consistance démesurée au Moi. C'est aussi affirmer que ce « je » existe d'emblée, que sa défroque n'est pas simplement d'apparat, mais qu'elle correspond à l'inscription d'une durabilité existentielle. Or, la psychanalyse — comme pratique — refuse ce postulat discursif.

L'écriture de Julien Bigras propose donc un registre autobiographique manifeste. Mais il ne faut pas s'arrêter à cette affirmation, maintes fois répétée par Julien Bigras. Je préfère plutôt retenir le concept d'autofiction, théorisé par Serge Doubrovsky dans ses divers écrits. Selon cet auteur, l'autofiction entremêle fragments autobiographiques et élaborations fictionnelles sans que l'on puisse évaluer avec précision si les faits sont véridiques, vraisemblables, ou tout simplement soumis à l'invention narrative. J'irais même plus loin en proposant que l'écriture de Julien Bigras intègre au cœur du récit une expérience analytique dont la non-terminaison — psychique — est ici mise en valeur. C'est ce que Julien Bigras écrira :

> Dans *L'enfant dans le grenier*, je parviens à explorer le noyau psychotique, avec toute la rage rentrée qui se cachait en moi. À travers les inoubliables pertes et disparitions — de Frank, de Smoky, de Douglevine, de « L'Ami », de La douce, enfin et surtout de la mère — se sont constitués les sentiments de chagrin, d'abandon et de rage. L'enfant en devient fou. C'est en écrivant ce récit, *L'enfant dans le*

grenier, que j'ai vraiment fait l'expérience d'être en psychanalyse et d'associer librement, que je me suis vraiment installé dans le processus psychanalytique comme dans une maison qui devenait mienne (*E*, p. 186).

Le projet d'écriture, dans l'œuvre de Bigras, n'est pas le résultat d'une élaboration secondarisée, soumise au pouvoir tout-puissant de la conscience. Au contraire, la trame associative du récit est ici mise en valeur comme si le « processus analytique » était lui-même enrichi par ce passage à l'écrit. Comment alors comprendre la conceptualisation de l'acte d'écriture lorsque ce dernier est étayé par l'expérience analytique ? Dans quelle mesure l'œuvre de Bigras élabore-t-elle de manière radicale un point de vue inédit sur ce qu'il est convenu d'appeler la littérature personnelle ? On connaît ces situations où l'analysant se risque au témoignage hors cure. Qu'en est-il, dans un autre registre, de l'activité même du psychanalyste qui recourt à l'énonciation autobiographique, même si cette écriture laisse une grande place à l'élaboration fictionnelle ? Ce passage à l'écriture, tel qu'entrevu par Bigras, n'est pas l'affirmation d'un simple divertissement narratif, mais témoigne d'une urgence certaine. C'est, me semble-t-il, l'enjeu déclaré du travail d'écriture de Julien Bigras :

> L'écriture scientifique ne parviendra jamais à rendre compte de cette langue primitive. L'écriture scientifique est presque insultante à cet égard tant elle est réductrice. Par ailleurs, lorsque je transpose, dans un conte, une histoire ou une nouvelle, une situation de transfert, si terrifiante et violente soit-elle, il m'arrive de constater que le patient en question se sent beaucoup plus respecté, car il est impliqué dans un processus de vie alors qu'un écrit scientifique à son sujet l'aurait figé dans un processus de mort. (*E*, p. 187)

On peut se surprendre de la vigueur avec laquelle Julien Bigras circonscrit, dans le passage cité, des polarités irréconciliables. L'écriture scientifique entrave le mouvement de l'inconscient parce qu'elle amenuise la portée des émois transférentiels remodelés lors de l'élaboration narrative. Quant à l'écriture vive que représente la fiction, elle permet tout au contraire de donner vie à l'analysant et à l'analyste. C'est sous le signe de la survie psychique que peut être comprise l'œuvre autobiographique de Julien Bigras. On peut ajouter, en suivant les propos de Bigras, que l'élaboration fictionnelle, dans le mouvement d'après-coup qu'elle institue face au cadre analytique, interroge l'acte d'interprétation exercé dans la cure. De la même façon que l'écrit — de fiction — autorise l'analyste à dévoiler « l'écrivain » qu'il a incorporé. On perçoit sans doute les questions radicales posées par l'écriture de Julien Bigras. Peut-on être psychanalyste sans cette nécessaire métabolisation de la fiction ? Quelle est la fonction du contre-transfert qui lie l'analyste à l'analysant lors de l'élaboration fictionnelle du « récit de cure » ? Selon quelles modalités un analysant « idéal » est-il « construit » grâce à une cure inventée par la fiction ? Ces interrogations touchent de très près les enjeux discutés par la pratique scripturaire de Julien Bigras. Le point de vue adopté par ce dernier diffère donc d'une perception plus conservatrice pour laquelle l'écrivain-analyste, parlant de son métier ou de ses analysants, concrétiserait discursivement un passage à l'acte. Toute élaboration narrative ne souscrivant pas à l'alibi du protocole scientifique sera alors considérée comme un résidu non analysé qu'il faudra taire.

L'écriture de Julien Bigras est peut-être subversive du fait qu'elle inscrit narrativement la relation d'inconnu qui est à l'œuvre dans tout travail analytique. Freud revient avec force à cette non-conclusion de l'analyse à la fin de sa vie pour indiquer notamment les facteurs qui interdisent — ou rendent impossibles — la terminaison du processus analytique. Il semble à cet égard que Bigras ait reconnu, dans ses divers écrits, la force disruptive du travail fictionnel qui accompagne cette non-terminaison de l'analyse, quoique l'écriture soit aussi le cadre qui permet « d'habiter » ce noyau vide à propos duquel Bigras soulignera :

> De ce même noyau vide, s'origine ou peut s'originer quelque chose comme la folie, une schizophrénie ou une mélancolie ; mais de là peut tout aussi bien naître une œuvre d'art, une création, ou un mouvement transférentiel vers l'analyste, mouvement qu'on pourrait appeler un acte d'amour, pourquoi pas ? (*E*, p. 192)

Et Bigras ajoute :

> Écrire, c'est écrire à partir du vide, mais jamais à vide. Quand j'écris un poème, un récit, et même un essai, je parle à quelqu'un, je m'ouvre à quelqu'un. Sinon, cela n'a aucun sens. Je suis dans un processus d'appel à l'autre, dans le même phénomène que celui du transfert. (*E*, p. 193)

La création littéraire a ici une valeur dialogique certaine. L'émoi transférentiel est investi dans le cadre de la fiction :

> La psychanalyse peut même délier l'écriture. Aujourd'hui, la majorité de mes patients viennent à moi après avoir lu mes écrits littéraires ; c'est donc qu'ils sont interpellés par l'écrivain et non pas seulement par le théoricien. (*E*, p. 187-188)

Le discours de Bigras, s'il obéit dans un premier temps à une demande de reconnaissance qui est l'objet d'une inscription littéraire, n'en fait pas moins appel à une confrontation. Tout se passe comme si l'acte d'écriture invoqué souscrivait à un projet identificatoire où l'analyste, avec l'aide de l'analysant, était à même de révéler le caractère inédit d'une violence transférentielle et contre-transférentielle qui avait été jusque-là incorporée. C'est l'enjeu qui est présenté dans *Ma vie, ma folie* :

Arrivé à la maison, j'allai directement dans ma bibliothèque. Je repris mon cahier noir. Je n'avais plus qu'une envie : écrire sans arrêt, pendant des jours et des jours. J'avais décidé d'annuler tous mes rendez-vous avec mes patients, sauf ceux avec Marie. (*V*, p. 81-82)

Quel est le statut de l'écriture dans le cadre de ce projet analytique ? Peut-être l'élaboration fictionnelle doit-elle percer le secret de Marie et ainsi juguler une altérité insupportable. L'acte d'écrire permettrait de situer au loin — pour mieux la représenter — la féminité de Marie qui est la figure du désir de l'Autre. On peut aussi imaginer qu'écrire offre l'occasion d'échapper à ce langage-cocon qui berce le psychanalyste et sa patiente au rythme des séances :

À quel moment me suis-je vraiment rendu compte que c'était précisément ce même « langage-cocon » qui nous unissait ? Était-ce une certaine qualité de silence mêlé aux bruissements des feuilles d'un arbre situé juste devant la fenêtre de mon bureau qui faisait que Marie et moi avions le sentiment de vivre dans un nid ? Mais il faut bien l'avouer, c'était le langage de Marie, uniquement le sien qui avait cours entre nous. C'était devenu un pacte entre nous. Je n'avais plus qu'à me laisser porter par son langage, par son rythme et ses humeurs. (*V*, p. 27)

L'œuvre littéraire, chez Julien Bigras, prétend échapper au « récit de cure » malgré que sa formulation discursive n'en soit pas éloignée sous de nombreux aspects. Il est vrai que la figuration du cadre analytique n'est très souvent, chez Bigras, que le prétexte à des interrogations plus globales sur les conditions de l'analyse et les limites de l'interprétation. L'analysant n'est pas l'objet d'une interrogation distanciée. La faculté de jugement — et de discrimination nosographique — est mise en retrait au profit d'une fascination pour Marie, Gengis, Jonathan, patients de l'analyste-narrateur. En témoigne le souhait de Julien Bigras, exprimé dans *La folie en face*, qu'une demande identificatoire de la part d'un patient puisse trouver résonance — et même s'incarner — dans les objets culturels dont le psychanalyste est le producteur et qui sont diffusés sur la place publique :

Et d'ailleurs il [Gengis] m'interpelle personnellement en m'objectant que je serais moi-même un expert dans l'art de fabriquer des images. Or, c'est ici qu'apparaît l'ambiguïté fondamentale du rôle qu'il m'assigne ; serais-je cet expert en tant qu'écrivain ou en tant que psychanalyste ? Curieusement, cette question, avec Gengis, me choque beaucoup moins qu'au début, alors qu'elle m'apparaissait comme un dilemme insurmontable. Peut-être l'antinomie entre l'écrivain et le psychanalyste ne serait pas aussi radicale que je le pensais, tout au moins avec Gengis[36].

---

36. Julien Bigras, *La folie en face*, Paris, Éditions Robert Laffont, coll. « Réponses », 1986, p. 225. Dorénavant, les citations extraites de cet ouvrage seront suivies, dans le texte et entre parenthèses, du numéro de la page précédé de la lettre *F*.

Cette interrogation, je ne crois pas qu'elle intéresse uniquement les psychanalystes pour lesquels le travail de la fiction est prédominant. Toute écriture théorique, même la plus impersonnelle, intègre en son sein le fantasme d'un patient imaginaire. Tout « récit de cure », même sous la forme de l'intervention orale, pose la question des paramètres théoriques qui permettent d'interpréter, de saisir — par la construction d'un modèle narratif — un analysant rétif parce qu'indiscernable. Peut-être le projet d'écriture élaboré par Julien Bigras souscrit-il à un contrat de lecture où l'Autre (analysant) est représenté sous la forme d'un sujet qui suscite chez l'analyste le désir de dévoiler le noyau vide qui constitue la matrice de son écriture. Cette remarque est importante, car elle circonscrit, au cœur de ce projet identificatoire qui est revendiqué par Bigras, diverses modélisations du transfert et du contre-transfert.

L'émoi

Dans *L'enfant dans le grenier*, Julien Bigras fait référence à ce respect manifesté envers le patient, respect et éthique de la différence que l'écriture peut mettre en œuvre. On peut donc croire que les histoires de ces « récits de cure », parce qu'elles font l'objet d'une traduction fictionnelle, inscrivent un projet narratif qui éloigne l'analyste de l'analysant, qui évite de plus la proximité incestueuse d'une communauté d'inconscients. De même, Julien Bigras nous présente dans *La folie en face* des « récits de cure » où la narration des limites du transfert et du contre-transfert est sans cesse rejouée. La valorisation du récit tient alors à sa fonction protectrice. Écrire aide à structurer l'absence :

> Un événement, lorsqu'il est intégré dans un récit, perd sa valeur anecdotique pour acquérir une puissance nouvelle. Il sort de la feuille écrite ou de la bouche qui le raconte pour aller rejoindre l'autre au lieu même où cet autre s'est immobilisé ou paralysé par une peur, une souffrance, voire une terreur. L'important n'est pas l'histoire privée, mais la rencontre amoureuse que peut déclencher chez l'autre un récit qui l'interpelle, alors que lui-même, le destinataire, peut y construire son propre récit, à partir de son propre « chagrin d'enfant ». (*E*, p. 194)

Que révèle donc cette écriture ? Elle n'est pas, Bigras nous le rappelle, assujettie à la trame autobiographique de l'énonciateur-analyste. En ce sens Julien Bigras nous signale que l'écriture se constitue contre-transférentiellement à partir des matériaux personnels, mais aussi fictifs, que l'analyste propose. En somme l'écriture construit le « portrait » de l'analysant tel que ce dernier peut être rêvé, inventé dans un mouvement d'après-coup qui caractérise la fiction. Mais l'écriture élabore aussi une éthique du respect. « Rêver l'autre », pour reprendre l'expression de René Major, c'est, dans le cadre du transfert singulier qui a pour enjeu la transmission d'un écrit, lui révéler une passion, une souffrance qui peut cependant être médiatisée symboliquement par le langage. Or, cet univers signifiant est la source même de l'expérience analytique. On peut donc se demander ce que la création littéraire octroie au psychanalyste sinon la possibilité de faire jouer dans l'écriture les chicanes du transfert et du contre-transfert.

À cette question, Bigras ne répond pas vraiment. Il souligne que le récit a une fonction interlocutoire, qu'il inscrit un signifiant (traduit sous forme d'œuvre) dans lequel le patient pourra reconnaître la singularité de son expérience :

> Le patient n'est donc pas seul à devoir revivre dans la cure l'irrémédiable et l'inceste (l'irrémédiable de l'inceste). Le psychanalyste passe par là lui aussi. Aussi lui faut-il constamment continuer sa propre psychanalyse, psychanalyse que, de mon côté, je poursuis notamment par le travail de l'écriture. Par contre, la possibilité de construire des récits n'appartient pas qu'aux écrivains et conteurs. Dans le traitement des fous, le premier mouvement, je le répète, doit venir du psychanalyste et ce mouvement vise à aider le patient à amorcer son propre récit. (*F*, p. 248)

On ne peut malgré tout sous-estimer, dans l'économie de cette écriture, le fantasme d'une parole commune (liant l'analysant à l'analyste) qui, loin d'être uniquement le lieu de transmission d'un signifiant, pourrait révéler un savoir partagé. Il est en effet singulier de constater que le récit nous amène à percevoir la perplexité de l'analyste, qui cherche désespérément, mais sans y réussir, à retrouver « l'origine » de la folie de ses analysants. À la limite, il serait possible pour l'analyste « d'entendre » la folie, en acceptant de partager cette langue secrète au risque d'un dérapage contre-transférentiel.

Ma vie, ma folie de Julien Bigras m'apparaît assez significatif de ce vacillement du processus analytique dont seule l'écriture rétrospective permettra de rendre compte. Tout se passe en effet comme si « l'échec » de l'analyse de Marie devait être incorporé à titre de récit afin de révoquer la faillibilité de l'analyste. La folie partagée du narrateur et de Marie est racontée au cours de cette belle scène où la terreur de la patiente est atténuée par la présence de l'analyste qui énonce :

> Or, c'était moi qui avais peur. Une semaine passa. Un soir, il était près de minuit, elle m'appela. Je l'entendis silencieuse au bout du fil, sa respiration était saccadée, haletante. Malheureusement, j'étais épuisé, comment pouvais-je l'aider ? [...] « Laissez le téléphone décroché toute la nuit, lui proposai-je, déposez l'écouteur sur votre oreiller. Je ferai la même chose de mon côté. » Nous avons donc dormi l'un près de l'autre, l'un avec l'autre, cette nuit-là pour la première fois. Nous avons recommencé les nuits suivantes, pendant près de deux semaines, jusqu'au moment où tout danger de suicide fut effacé. (*V*, p. 37-38)

L'acte d'écrire ne serait-il pas à cette occasion le témoignage d'une dérive de l'analyse qu'il convient de transformer en « récit » puisque les mots ainsi évoqués peuvent transmettre une explication quant à la fin prématurée de la cure ? À moins d'y voir le souhait, inscrit narrativement, de sa prolongation par l'écriture.

Une telle explication n'est satisfaisante que partiellement. Elle laisse entendre que l'analyste-écrivain doit nécessairement recourir aux matériaux de sa propre existence pour mieux en extraire la structure de son écriture. Mais l'œuvre de Bigras ne peut être réduite à la reproduction mimétique de l'expérience personnelle de l'analyste, car la fiction interroge les masques divers du sujet énonçant. L'écrit scientifique, nous dit Bigras, est mortifère parce qu'il tue l'inconscient. C'est la pétrification de la parole du patient qui est acceptée alors que l'émoi de l'analyste est mis en réserve. L'écrit scientifique, nous rappelle Bigras, est un discours « rapporté » qui ignore la contemporanéité énonciative de l'expérience analytique. C'est que, pour Julien Bigras, la transmission de la parole analytique ne peut se faire sans cette parole vive qui intègre, au cœur de l'interprétation, des signifiants qui sont partagés.

Plus encore, cette parole vive suppose l'antécédence d'un référent autobiographique sur lequel bute toute analyse personnelle. C'est sans doute pourquoi l'écriture de Julien Bigras est si troublante. De façon manifeste, le narrateur parle aussi de l'auteur. Et la fiction, même lorsqu'elle prétend s'affranchir du « récit de cure », y est irrésistiblement soumise. Alors que l'évocation du processus analytique est constamment interrogée — et réinterprétée — sous l'angle de la fiction. L'expérience littéraire, ainsi que l'entrevoit Bigras, acquiert véritablement une dimension exploratoire qui correspond assez justement à ce que Bion, lui-même fasciné par l'autobiographie, voyait sous la forme d'un « changement catastrophique ».

Nul doute que l'écriture de Bigras et, nous dit-il, sa pratique furent durablement modifiés par cette insertion de la fiction. Il y a en effet dans l'œuvre de Bigras la certitude que le récit permet une interprétation mutative dans la mesure où celui-ci intègre une interrogation sur la signification de ce « temps pour comprendre » (Aulagnier) qui structure la psyché. Par conséquent la scansion interprétative que l'on retrouve dans l'analyse est obligatoirement abandonnée au profit de l'irrésolution même de l'écriture comme processus créatif. Le récit pose la question du « pourquoi » des choses et élabore une trame narrative qui donne « corps » aux mots. Julien Bigras, par son désir de joindre l'interrogation psychanalytique et l'élaboration fictionnelle, reprend à bien des égards un vœu freudien. C'est Freud qui souhaite que les analystes soient informés de littérature. C'est Freud encore qui avoue à Schnitzler sa fascination pour la littérature : ce mode d'exploration de l'inconscient qui n'est pas sans parenté avec l'aventure psychanalytique. L'idéalisation freudienne de la « chose » littéraire est aussi l'aveu d'un désir. L'écrivain, par son maniement intime des mots, ferait surgir les linéaments de l'inconscient. Dans cette perspective, l'écrivain (ou l'auteur) en appellerait à une intentionnalité ou à une préhension créatrice laissant apparaître, sans aucune médiation, l'inconscient.

Mais les interrogations suscitées par les écrits de Julien Bigras sont bien plus radicales. Il n'est d'écriture possible qu'à partir d'un « vide » qui permet l'investissement langagier. À la perception, somme toute ingénue, qui laisse entendre que l'écrivain parle tout naturellement un langage dont il est le propriétaire, l'œuvre de Julien Bigras oppose un autre point de vue. Dans *Ma vie, ma folie*, c'est « le vide », « l'absence » — la rupture de l'attachement à un objet maternel inscrivant une première métabolisation de l'originaire — qui justifie le travail créateur. Si l'on suit rigoureusement la pensée de Bigras, toute littérature — dont le projet identificatoire qui lui donne naissance est autobiographique — affronte ce vide qui doit, pour être convenablement introjecté, faire l'objet d'une élaboration signifiante. On rencontre à cette occasion une exigence créatrice qui traverse toute l'écriture de Bigras et qui indique la place de ce caveau intrapsychique qui pourrait loger, chez le psychanalyste, un écrivain « à part entière ».

Les écrits de Bigras suscitent en effet des questions troublantes. Ce dernier écrit-il à titre d'écrivain ou d'analyste ? Où est-ce une hybridité qui mêle l'écoute de l'analyste et le travail scripturaire de l'écrivain que l'on retrouve chez Bigras ? De toute manière, peu importe la solution adoptée, c'est la modélisation du « travail » d'écriture face au métier d'analyste qui est riche d'enseignements. Selon quels critères en effet le psychanalyste-écrivain peut-il prétendre à l'invention littéraire ? À quelles règles — analytiques et fictionnelles — le psychanalyste obéit-il lorsqu'il élabore une fiction qui se constitue peu ou prou, comme c'est le cas chez Bigras, à partir du modèle du « récit de cure » ? Encore faut-il ajouter que l'œuvre de Bigras est relativement éloignée de cette perception mimétique du « récit de cure » qui prétend, sous le masque de la fiction, énoncer durablement et fidèlement un référent clinique inaltérable, car un tel postulat obéit à une logique qui fait prévaloir la répétition. Tout se passe, dans cette perspective, comme si l'analyste-écrivain devenait le truchement grâce auquel la parole du patient était soudainement dévoilée. Et la fiction ne peut être alors que la copie plus ou moins exacte de ce qui est entendu dans la cure. Un tel point de vue nie le travail symbolisant de la fiction, qui n'est pas, on s'en doute, la simple copie de la réalité externe (le cadre et les contenus de la cure analytique), mais plutôt l'enjeu d'une traduction qui transforme la cure en écrit, la parole analytique en élaboration fictionnelle.

Si le point de vue dévoilé ici souscrit à une perspective mimétique, qui cherche à raconter le « secret » qui entoure la cure, c'est qu'il est présupposé que l'acte d'écriture puisse rendre compte avec satisfaction de l'expérience analytique. L'œuvre de Julien Bigras, malgré la complexité de sa trame fictionnelle, n'échappe pas toujours à cette perception idéalisée de l'acte d'écriture. Mais le caractère radical du projet que Julien Bigras instaure l'amène à constater la nécessaire déception qui accompagne tout passage à l'écrit. Car écrire, c'est aussi se départir d'un idéal, le déléguer, ou encore l'enfouir dans une œuvre, comme le fait Bigras dans *Ma vie, ma folie*, afin de mieux exhumer l'insanité de l'analyste-narrateur. Il n'en reste pas moins cependant que plusieurs paramètres qui sous-tendent l'idéalisation analytique de l'écriture me semblent devoir être soulignés. Le récit peut d'abord être entrevu comme une parole « vive » sans que la question de l'interprétant soit envisagée dans son cadre narratif. Toute écriture contribuera de fait à créer le « modèle » discursif d'un patient dont on peut penser qu'il correspond au désir de l'analyste-écrivain. Il est donc réputé que le récit propose, par le biais de la fiction, une réinterprétation de la cure sans que le patient, qui représente vraiment alors un tiers exclu, puisse modéliser le cours de l'écrit. On perçoit le fantasme d'omnipotence qui accompagne une telle démarche. L'analyste-écrivain croira au pouvoir tout-puissant de la fiction, à sa fonction restauratrice qui lui permet de « réparer » et de « colmater » les hésitations de la cure au profit d'un récit parfaitement maîtrisé qui ignore la scansion de l'interprétation.

Mais on peut aussi envisager une autre perspective : le récit devient un « objet transitionnel » qui fait circuler un signifiant énigmatique de l'analyste à l'analysant. C'est le sens de cette réflexion énoncée dans *L'enfant dans le grenier* :

> D'ailleurs je n'ai jamais cessé par la suite de recourir à l'écriture littéraire, comme si avec *L'enfant dans le grenier* j'avais goûté à une puissance magique, celle du langage de l'enfance sans doute, et que je ne pouvais plus m'en passer. (*E*, p. 187)

L'élaboration du récit justifie ainsi la création d'un espace interprétatif qui offre à l'analysant la possibilité d'inscrire ses propres réminiscences. Cette malléabilité du récit est au cœur de l'écriture de Bigras :

> À mon sens, c'est bien plutôt en nous laissant porter par une certaine écoute faite d'humour, de poésie, de regards, de jeux, de contes et de récits, que nous avons pu retravailler ensemble certains éléments bannis du roman familial de notre première enfance. (*E*, p. 191)

Julien Bigras ajoutera cette remarque :

> Avec un patient particulièrement difficile, par exemple, il m'est arrivé de me laisser entraîner dans un affrontement qui mettait en

> cause l'enfant dans le grenier lui-même. Au cours de deux longues psychanalyses précédentes, ce patient, Gengis, n'avait jamais pu laisser s'exprimer la rage effroyable et indicible qu'il ressentait. Il a failli en devenir fou. Avec moi, le transfert s'est curieusement construit sur le modèle de *L'enfant dans le grenier*, non pas seulement sur le contenu du récit, mais surtout sur le style de celui-ci. (*E*, p. 191)

La malléabilité du récit, si elle permet l'investissement interprétatif du patient qui peut alors projeter, dans le cadre narratif, ses propres réminiscences, est semblable à ce noyau vide auquel le narrateur de *L'enfant dans le grenier* fait sans cesse référence. Il y a là, je crois, une mise au point particulièrement importante, car l'espace narratif n'est pas investi d'une présence qui fait autorité. Quoique *L'enfant dans le grenier* présente à plusieurs reprises la « quête » de l'œuvre comme l'affirmation d'une salutaire autonomie à l'égard d'un père omniprésent :

> « À cause de moi, mon père a connu la honte de sa vie. Comme j'aimerais pleurer. Mais il est mort lui aussi. Il est mort quand j'avais dix-huit ans et il m'a laissé avec ma promesse d'enfant. Qui me délivrera de mon serment ? Comment puis-je réparer ma faute et celle de ma mère ? » Il est malheureusement trop tard pour réparer. Il est toujours trop tard. (*E*, p. 93)

L'aveu est troublant. Le récit rétrospectif ne peut d'aucune manière réparer cette « faute » qui est associée au décès du père. Malgré le désir d'esquiver la pensée de la mort, le récit qui élabore cette perte témoigne d'une dissymétrie temporelle. On ne parle de l'Autre — dans un récit — que pour mieux situer une identité projetée narrativement. Si le récit fonde un projet identificatoire qui met en scène l'analyste et son analysant, c'est à la condition d'investir un objet discursif dont l'inscription diégétique fait appel à l'invention narrative.

Car le récit prête parole à d'autres personnages. Quoiqu'il permette aussi, on l'observe dans l'œuvre de Bigras, de susciter un désir autobiographique. Sans que l'on sache d'ailleurs précisément si c'est la fiction qui dit la « vérité » (sur l'analysant et l'analyste) au contraire d'une opinion répandue selon laquelle l'autobiographie serait le témoignage d'une singularité identitaire. Il me semble en effet que l'écriture de Bigras se joue de l'alibi autobiographique pour mieux inscrire l'autofiction comme antidote pouvant contrecarrer la répétition romanesque du « récit de cure ». Il n'en reste pas moins que l'acte d'écriture, même s'il est puissamment soudé à la pulsion épistémophilique, ne peut remplir ce « noyau vide » qui correspond à une hallucination négative dont l'absence est terrifiante. C'est ce que sous-entend l'écriture de *L'enfant dans le grenier*.

Est-ce Julien Bigras, narrateur du récit, qui atteste l'inscription autobiographique du texte qu'il écrit ? À moins qu'il ne faille y voir la délégation discursive de Joseph, cet enfant mort-né qui hante les pages de *L'enfant dans le grenier*? Il s'agirait alors de la figuration d'un « absent » dont l'inexistence signe, malgré tous les souhaits de réparation narcissique, la perte qui accompagne la création du récit.

La mère du narrateur écrira à son fils pour lui rappeler cette incorporation dévastatrice de l'enfant mort-né :

> N'étant pas confortable dans ta peau, tu décides de te réincarner en Joseph, l'enfant mort-né, le plus chanceux de la famille comme disait la grand-mère. Nous tous y avons pensé, comme toi, à certains moments de notre vie. Il est pourtant né, lui aussi, des mêmes parents ; c'est quelque chose, la voix du sang, tu sais, ça ne trompe pas. Mais lui, le vrai Joseph, n'a pas d'histoire. (*E*, p. 126)

Que contient ce reproche de la mère adressé au fils ? Tout se passe comme si la faculté d'élaboration créatrice, qui permet au narrateur d'écrire, instaurait du même coup une « histoire » dont le roman familial est la figure privilégiée. Le psychanalyste-écrivain apparaît dans *Ma vie, ma folie* et *L'enfant dans le grenier* comme ce personnage qui incorpore la figure d'un absent. À l'exemple du narrateur, dont la mère l'accuse d'avoir dévalué — et modifié — la signification des événements qui ont trait à Joseph, l'enfant mort-né, la littérature personnelle, lorsqu'elle investit la psychanalyse comme lieu d'énonciation, ne peut, chez Bigras, que rencontrer un vide abyssal. Le récit trouve sa source à partir de l'articulation archaïque d'une mort tapie au cœur de l'inconscient et dont l'énonciation reconstitue la trame. C'est d'ailleurs cette fragilité énonciative qui rend possible l'élaboration narrative et qui octroie au psychanalyste-narrateur le statut de fabulateur.

L'écriture pourra alors suppléer tout provisoirement à l'absence. Un peu à la manière de l'analyste (le Docteur Douglevine) qui, dans *L'enfant dans le grenier*, écoute Joseph en faisant savoir que, lui, ne l'a pas abandonné. En somme la littérature personnelle, chez Bigras, ne recoupe pas le volontarisme d'une autobiographie psychanalytique. Bigras ne nous décrit pas de façon didactique le « métier » d'analyste, pas plus qu'il ne s'installe explicitement à l'intérieur du protocole qu'est le « récit de cure ». Le propos est beaucoup plus ample. Il y est question de l'enfant imaginaire qui accompagne cette inscription de la mort de l'infantilité dans le projet littéraire. C'est ainsi qu'écrire peut contribuer à accompagner le deuil de cet « enfant dans le grenier » qui hante l'inconscient du frère demeuré vivant :

> Joseph est seul à ses funérailles. Il le remercie de l'avoir délivré de leur secret et de leur pacte. Agenouillé près du cadavre de l'enfant, tout doucement, il trace sur son front, avec l'ongle de son pouce, le signe de la croix. Puis il le dépose dans la fosse. [...] Lorsque le trou est plein, la croûte sèche et brune est devenue noire elle aussi. Et on ne voit plus le trou. Alors Joseph s'en va, sans se retourner. (*E*, p. 88)

Le récit (l'élaboration narrative) permet à cette occasion de signer et de métaphoriser un abandon auquel il est intolérable de penser. C'est l'enjeu de l'interrogation présente dans *L'enfant dans le grenier*. La trame diégétique inaugure une réflexion sur ce noyau vide de l'absence qu'il faut colmater afin d'écrire. Cet enfant mort-né qu'est Joseph représente une absence qui suscite une énonciation particulièrement violente. Car c'est la crainte de ne plus pouvoir parler, de ne plus pouvoir penser qui revient de façon obsédante dans ce récit de Julien Bigras. À cet égard, la littérature personnelle détermine l'élaboration complexe d'un travail du deuil face à cet « absent » qui hante l'œuvre. On ajoutera que tout récit qui recourt à l'inscription de la psychanalyse et qui interroge — sous le mode de la fiction — les enjeux qui sous-tendent le travail clinique pose aussi la question de la signature de l'œuvre.

Doit-on parler ici d'une signature « partagée » qui associe analyste et analysant, processus qui me semble présent dans la cure analytique mais aussi dans le récit qui métabolise, par le biais de la fiction, la signification de l'acte d'interpréter dans la cure ? La signature d'un écrit autobiographique renvoie en effet, de manière particulièrement exemplaire, à un travail d'appropriation narcissique ; travail qui suppose la présence ténue d'un « absent » inscrivant la genèse de l'œuvre. Chez Julien Bigras, c'est l'analysant qui, à l'instar du frère mort-né qu'est Joseph, donne naissance à l'écrit. Mais l'immortalité d'un enfant imaginaire est de plus revendiquée :

> Il se rappelle clairement qu'hier, au dîner, il a taquiné l'Ami en lui disant : « C'est " L'Enfant imaginaire " qui est mort au château ; c'est lui qui a crié et qui s'est tué. » Joseph a donc, hier soir, attaqué l'Ami en s'en prenant à l'une de ses idées, à celle-là même qui lui tient le plus à cœur. Il s'est attaqué à son livre. L'Ami n'a même pas eu besoin de se défendre : « Mon pauvre vieux, " L'Enfant imaginaire " est immortel », lui a-t-il simplement fait remarquer. (*E*, p. 72)

N'est-ce pas un des paradigmes de la pensée de Freud (qu'on pense à la controverse le liant à Fliess) qui fait du vol des pensées un motif de la création ? Cette résurgence d'une violence infantile — prenant la forme d'une effraction narcissique — intervient donc lorsque la singularité du travail créateur est dépossédée de sa valeur fondatrice.

Le psychanalyste qui est aussi écrivain fait face à un lancinant paradoxe. Si l'on admet que le métier d'analyste se caractérise par la mise en retrait de la signature qui désigne une identité sociale, l'espace de séance n'a alors de valeur qu'au prix du « vide » ainsi investi par le patient. Voilà pourquoi l'espace analytique situe une frustration essentielle qu'il est possible de métaboliser grâce à l'exercice d'une parole librement consentie. Mais celle-ci n'est pas un préconstruit qu'il s'agit simplement d'actualiser au gré des séances. On peut alors se demander si l'écriture — pour le psychanalyste — n'instaure pas, même provisoirement, une signature qui promeut la terminaison — toujours insatisfaisante — du processus analytique. On a vu de quelle manière Julien Bigras, dans *L'enfant dans le grenier*, faisait de l'écriture la condition d'une mise à l'épreuve du métier d'analyste. C'est que l'impersonnalité de l'écriture — ce code partagé, même si diversement approprié — offre à l'analyste un lieu propice au travail d'élaboration psychique. De même que ce travail d'élaboration s'effectue dans un après-coup narratif.

L'écriture de Julien Bigras est en effet singulière par son impudeur. Il faut comprendre dans l'acharnement scripturaire de Julien Bigras ce constat radical que l'écoute analytique peut se révéler assourdissante. Que pour bien écouter, il faut aussi raconter ce qui surgit d'inconnu, d'insensé lors du travail fictionnel. L'acte d'écrire permet de contrecarrer cet engluement dans la parole de l'Autre et de situer les limites du projet analytique. C'est ainsi que le narrateur de *Ma vie, ma folie* écrira :

> Je me rappelais surtout les sueurs nocturnes que m'avaient causées *L'enfant dans le grenier*. Le phénomène était étrange : tous mes rêves, sans exception, ne parlaient plus désormais que de l'histoire que j'écrivais, ou plutôt de ce qui s'écrivait dans cette histoire. Et présentement, j'étais de nouveau envahi. Dans mes cauchemars, je revivais la nuit ce que Marie avait vécu le jour dans ses hallucinations et ses délires. (*V*, p. 153)

La formulation qu'emploie le narrateur est révélatrice. Il n'est pas question de la maîtrise d'un récit mais de son effraction qui surprend le psychanalyste sous la forme d'un cauchemar. Tout se passe comme si le récit contrecarrait la continuité bien ordonnée du protocole analytique au profit d'une transgression inavouable. Qu'on se rappelle à cet égard l'un des scénarios les plus déroutants de *Ma vie, ma folie*. Le psychanalyste, devant l'affolement de sa patiente, lui offrira le récit de ses cauchemars dans une langue étrangère :

> « Laissez le téléphone décroché toute la nuit, lui proposai-je, déposez l'écouteur sur votre oreiller. Je ferai la même chose de mon côté. » [...] À notre quatrième nuit, coup de tonnerre pour elle qui ne dormait pas : elle m'entendit faire un cauchemar à haute voix. « Dans une langue totalement étrangère », me précisa-t-elle le lendemain. Elle n'allait pas oublier de sitôt cette divagation nocturne. (*V*, p. 37-38)

Il y a dans ce passage l'aveu d'un « secret » du narrateur. Si l'écriture, selon la constatation même de Julien Bigras, lui permet de mieux comprendre ses patients, c'est qu'elle ne détermine pas seulement une faculté de contention, mais qu'elle se caractérise de plus par la symbolisation atténuée d'un « agir » qui peut ici trouver sa place. Peut-être faut-il en conclure que le passage à l'écrit offre la chance d'un renouvellement de l'écoute de l'analyste.

La filiation secrète

Cette présentation de l'écriture de l'analyste est certes euphorique. J'ai voulu cerner au plus près la singularité de l'écriture de Bigras, qui fait appel aux figures de « l'agir » et du « passage ». L'écriture, on l'a vu, n'est pas la simple manifestation d'une faculté de contenance. Elle trouve au contraire sa force dans le déploiement d'une relation singulière avec un sujet dont l'altérité est sans cesse revendiquée. C'est le cas de *Ma vie, ma folie*, de *La folie en face*, de *L'enfant dans le grenier*, qui situent un débordement pulsionnel dont le scripteur arrive avec peine à rendre compte. On peut émettre l'hypothèse, afin de cerner la singularité de l'écriture de Bigras, que l'agir est la trace d'un corps à corps archaïque avec un dédicataire maternel. L'écriture, au contraire de ce qui est mis en œuvre chez Freud, n'est pas cette revendication passionnée du royaume monothéiste. Il ne s'agit pas de quérir cette Loi, encore moins de lui donner forme par l'invocation de l'écriture. Le dédicataire maternel témoigne au contraire de la persistance d'une altérité qui menace et hante le sujet-narrateur. S'il ne s'agit pas chez ce sujet d'habiter le royaume monothéiste, c'est que la question de la perméabilité des frontières est sans cesse posée dans l'œuvre de Bigras. Le corps à corps avec le monstre maternel témoigne de cette fusion violente qui altère le sujet.

Parler de folie, ainsi que l'énonce Bigras, et revendiquer l'attirance que crée cette folie, c'est peut-être s'engouffrer dans un tumulte passionnel qui ne connaît pas de frontières. L'inceste ne représente-t-il pas à cet égard l'absence d'un signifiant de démarcation qui abolit la différence des générations pour créer la répétition vengeresse de l'infanticide ? Bigras n'aura-t-il pas affronté avec témérité cette puissance de l'oubli qui anime le collectif ? N'est-ce pas la figure de l'infantilité qui se voit, dans ses divers écrits, menacée, inquiétée ? Julien Bigras tenta peut-être désespérément de faire du Livre l'empreinte négative de Thanatos et de la violence instinctuelle. Il fallait à tout prix écrire, afin de rompre la transmission de cette violence générationnelle.

Ainsi *L'enfant dans le grenier* insiste sur la facture autoanalytique du récit de soi. Dans *Ma vie, ma folie*, la mise en scène du monstre maternel correspond à un impératif mimétique commode puisqu'il s'agit de représenter l'emprise de la jouissance féminine. C'est toujours dans *Ma vie, ma folie* que le collectif québécois est appelé à témoigner de l'inquiétante familiarité du personnage amérindien. Faut-il s'étonner que Bigras se soit intéressé avec force à cette généalogie fantastique dont le métissage donnait naissance à la psyché québécoise contemporaine ? Cette perméabilité des frontières que j'évoquais plus tôt trouve sa figure magnifiée avec le personnage amérindien qu'est Marie : femme, folle, sujet condamné à l'enfermement. Le couple analyste-patient rejoue cependant d'une étrange façon l'appropriation d'une identité dont l'archaïsme pulsionnel est encore une fois revendiqué. Il s'agit de retourner à la source imaginative de la psychose, tout comme le narrateur tentera bien maladroitement de quérir auprès de sa mère le secret de ses origines.

L'écriture de Julien Bigras est tenaillée par ce « secret » qui ne cesse de se redire sous la forme bénigne de l'autobiographie analytique. Le narrateur a beau offrir rêves, témoignages et souvenirs de la turbulence émotionnelle qui le possède, il n'en demeure pas moins que le souci de soi est omniprésent dans ce projet d'écriture. L'impudeur du narrateur ne serait donc qu'un vêtement d'emprunt, la consolidation d'une structure défensive qui fait de la narration de soi la source d'un projet égotique. Le secret n'est pas, dans l'œuvre de Bigras, cet atermoiement autobiographique qui consiste à se déclarer sujet privilégié d'une investigation scripturale permettant de dévoiler l'inconscient. Le secret est plutôt ce vide terrifiant qui résiste à toute poursuite littéraire, révélant non seulement la perméabilité de frontières identitaires, mais cette destruction de soi qui échappe à toute mise en récit. Il n'y a plus à cette occasion de narration qui puisse assurer une transmission qui aurait valeur d'enseignement, ou encore d'expérience. Le secret est précisément ce vide qui ne peut trouver matière à symbolisation. L'œuvre de Bigras témoigne de cette volonté tenace d'étreindre la psychose comme si un rituel de passage permettait de toucher le noyau archaïque de la psyché. Elle témoigne aussi, cette fois sous une tout autre forme, du désir de comprendre — et de soigner — la blessure de l'inceste. Cette passion pour les lieux du secret devait affronter l'idiolecte psychotique, qui ne se partage que parcimonieusement. Mais elle devait aussi rendre compte du meurtre de l'infantilité, que l'inceste incarne avec une brutalité extrême. Il s'agit peut-être là du seul secret dont l'œuvre de Julien Bigras est le destinataire. La quête identitaire a beau prendre les formes complémentaires de l'altérité, c'est l'exemple de Marie dans *Ma vie, ma folie,* le secret que pourrait dévoiler le passé est ce vide terrifiant que ne peut saisir l'écriture.

La figure de l'Indien chez Bigras est à cet égard exemplaire. Le narrateur de *Ma vie, ma folie* ne cesse de déclamer cette obsession identitaire qui lui permettrait de découvrir la source d'une violence instinctuelle enfouie. La création d'une généalogie fantastique, permettant d'élucider la genèse de cette violence habitant le clan des Bigras, accompagne le récit des entrevues avec Marie. Le personnage amérindien représente ici cette identité oubliée qu'il s'agit de quérir afin de donner sens rétroactivement à la psyché québécoise. Un tel point de vue est bien naïf, et ce pour diverses raisons. Le legs cryptophorique que j'évoquais précédemment est pour ainsi dire actualisé sur la scène de l'histoire. Il faut évoquer, afin de comprendre cette fiction historique proposée par Bigras, l'actualité d'une maladie mélancolique qui traduirait la psyché québécoise. Le propos n'est pas inintéressant, mais Bigras confond de manière surprenante l'élaboration du fantasme, qui prend comme point d'ancrage une réalité historique dite factuelle, et un discours de la stéréotypie identitaire qui ignore son fondement idéologique.

Quant au personnage amérindien, il représente ce destinataire archaïque des désirs et des contraintes du collectif québécois. Marie, tout comme le monstre maternel qui hante les rêves du sujet narrateur, incarne une historicité niée qui refait surface violemment. Voilà l'ambiguïté mise en œuvre de façon répétée dans les écrits de Julien Bigras. La scène historique, mais tout aussi bien le théâtre individuel de la psyché souscrivent à une économie du dévoilement qui offre, à qui veut bien la voir, la vérité refoulée du domaine inconscient. Plutôt que de prendre en considération les liens complexes tissés entre fondation et discours identitaire, Bigras nous propose une fable somme toute très conservatrice des relations entre la psyché individuelle et ce que l'on appellera, à défaut d'autre expression, l'inconscient collectif. Retrouver l'origine de l'historicité québécoise, c'est somme toute tenter de localiser ce moment premier où la source pulsionnelle n'était pas tarie par l'impératif civilisationnel. La violence instinctuelle, refoulée par le collectif québécois, pourra enfin s'exprimer librement; et le psychanalyste, ainsi le sujet-narrateur, pourra capter ce désordre afin de lui offrir une trame explicative.

Il est étrange que la représentation du personnage amérindien soit silencieuse sur ce truchement narratif qui donne naissance à la fable historique. Julien Bigras, en écrivant *Ma vie, ma folie*, reprend à son compte la métaphore archéologique qui anime l'écriture freudienne. Il ne s'agit pas chez Bigras de dévoiler un passé inanimé dont les vestiges tiendraient lieu d'empreinte pulsionnelle. Freud tient ce discours à de nombreuses reprises, les réflexions sur l'éphémérité situant par exemple cette conscience de la temporalité qui fixe l'inertie de l'objet afin d'en dégager la puissance passée. Le passé qu'évoque Bigras dans *Ma vie, ma folie* est au contraire tout à fait actuel. Il témoigne de la confrontation de temporalités divergentes qui à leur tour rendent compte d'une relation singulière à l'histoire et à la fondation du territoire.

On pourrait en somme reprocher à Bigras de ne pas avoir su être ce psychanalyste du collectif québécois, d'avoir succombé avec facilité au mythe identitaire que représente l'Amérindien. Si Freud fut ce conquérant-archéologue qui tenta de saisir les sédiments de la civilisation occidentale, un tel projet ne gommait pas la pluralité des lectures historiques. Rappelons-nous l'effroi de Freud face à la contemplation de la Rome éternelle, qui l'amenait du même coup à saisir les strates historiques — et inconscientes — gênant ce qui aurait pu être une simple déambulation. L'historicisation de la psyché individuelle ne peut céder, sur cette question fondamentale du collectif, à la simple passion d'être un Autre.

C'est pourtant ce que fit Bigras avec une insistance démesurée. Il ne s'agissait pas pour ce dernier de revêtir le masque commode du conquérant-archéologue. À ce titre, Bigras fut courageux puisqu'il ne reniait pas ce tuf pulsionnel que l'on retrouvait déjà avec *L'enfant dans le grenier*. La figure des origines est représentée dans ce dernier cas sous l'aspect de la terre matricielle qui permet la création du Nouveau Monde américain. Mais cette terre est aussi l'occasion d'interroger la généalogie fantastique qui hante l'œuvre de Julien Bigras. Qu'y a-t-il en effet dans cette volonté exacerbée de nommer les lieux qui ponctuent la « naissance » du collectif ? Comment comprendre cette hantise de l'inceste, qui parcourt l'écriture de Bigras, et l'aveu d'une impossible séparation d'avec cette terre matricielle qui tient lieu d'origine ?

Il semble que l'écriture de Bigras reprenne ici avec une vigueur peu commune ces figures de « l'agir » et du « passage » que j'évoquais plus tôt. Le personnage amérindien est l'incarnation d'un tumulte passionnel dont la symbolisation historique est particulièrement ardue. C'est le cas de Marie, dont l'enfermement est le seul signe distinctif. La privation de mobilité est associée au mutisme de Marie et à l'emprise insupportable d'un corps à corps archaïque avec la mère. Le psychanalyste deviendra alors le truchement narratif permettant d'assurer la symbolisation de l'absence et d'en favoriser la transmission auprès du collectif qui y trouve matière à secrète jouissance. C'est en effet l'analyste qui peut décréter la ligne de partage des origines, et qui dégage les traces d'un passé enfoui. C'est toujours le psychanalyste qui est possédé par de violentes hallucinations qui lui font vivre ce tumulte passionnel où la figure de l'Amérindien occupe une place centrale. Il est question dans *Ma vie, ma folie* de la naissance de la Nouvelle-France. Or cette naissance, parce qu'elle consacre l'origine tout en exhibant la différence qui en permet l'apparition, est présentée de façon tout à fait singulière.

La naissance est peut-être ce lieu extrême dont le souvenir, favorisé comme toujours par l'intrusion du discours rapporté, permet de se dire soi grâce au truchement d'autrui. Et lorsque ce truchement qu'est le père ne peut nommer avec l'amplitude nécessaire le « travail » de la mère de son enfant, il y a fort à parier que le silence tenu sur l'origine surgisse plus tard avec une violence extrême. L'œuvre de Julien Bigras est assez significative de cette élaboration radicale du récit de soi. Nous avons pu le constater, l'écriture est ici la forme à peine atténuée d'un « agir » qui demande à être saisi au vol.

Julien Bigras ne cesse de faire valoir l'urgence d'écrire, faute de mieux... Cette passion de « rendre compte », qui prétend rompre avec la neutralité du discours théorique, ne faut-il pas l'entrevoir comme la volonté forcenée de témoigner de sa propre naissance ? Il y a là, ainsi que j'ai eu l'occasion de le préciser, la mise en jeu d'un « s'entendre écouter dire » qui caractérise au plus près l'acte analytique. Le monstre maternel tient lieu à cet égard d'altérité fondatrice grâce à laquelle la subjectivation du soi est rendue possible. C'est en effet l'altérité maternelle qui est chez Bigras la matrice du récit de soi. La mise en place d'interdits, qu'il serait possible d'associer à autant de frontières psychiques ou corporelles, possède une étroite relation avec cette altérité fondatrice.

Quitter le royaume maternel, c'est affronter la littérature, qui tient lieu de difficile signifiant séparateur. Il est souhaité que l'écriture trace, par la forme même de sa structure narrative, les balises de ce passage. À défaut de combattre le monstre maternel, le sujet-narrateur se donne comme tâche singulière de le domestiquer. C'est ce dont témoigne *Ma vie, ma folie* puisque le personnage amérindien représente un insu primordial à qui il convient de rendre la parole. Mais l'exercice n'est pas aussi facile qu'il y paraît. Autant la volonté féroce de « rendre compte » peut sembler présomptueuse, à propos du « secret » de la parole en analyse, autant le désir de « rendre la parole » est parsemé d'embûches. Le sujet-narrateur s'aveugle obstinément au fur et à mesure qu'il poursuit la conduite de la narration. À vouloir rendre la parole à Marie, il est véritablement le protagoniste d'un rapt d'inconscient dont les conséquences sont majeures.

Il est étonnant et malheureux qu'un psychanalyste n'ait pas compris que ce passage vers le monde amérindien n'était que la trame de son débordement contre-transférentiel. À cela d'ailleurs, rien à redire, si ce n'est justement que l'idéal de primitivisme pulsionnel ne cesse *d'agir* l'écriture de Bigras. Cependant, les choses se compliquent singulièrement lorsque l'analyste prétend faire parler l'histoire et en rendre compte par le biais de Marie. Certains trouveront peut-être qu'évoquer un rapt d'inconscient traduit un jugement sévère et péremptoire. Mais le choix, bien manifeste puisqu'il s'agit d'un récit publié, d'insérer la trame amérindienne au cœur du royaume inconscient, ne pouvait ainsi négliger cette histoire dont nous sommes les légataires.

La question de la responsabilité doit ici être posée, car il ne s'agit plus d'être fidèle à l'idéal rousseauiste ou à son envers menaçant qui prend la forme du fantasme de dévoration. Bigras, là encore, aura été excessif. La pensée psychanalytique ne peut nier l'historicisation du sujet. Cette historicisation n'est pas l'histoire monumentale qui répond aux impératifs de *Chronos*. En ce domaine, la psychanalyse s'affiche marginale et heureuse de porter l'attention requise à la psychopathologie de la vie quotidienne. La cure n'est pas la reprise parfaitement maîtrisée d'un récit dont la trame serait connue de tous. Il y a dans le processus d'historicisation un secret qui demande à être connu, bien que l'analyste et l'analysant sachent que cette histoire demeurera forcément subjective. Toute cure est forcément incomplète. Mais cette subjectivité du construit identitaire est plus sérieusement ce qui permet au sujet de « situer » sa place et de connaître les modalités de transmission qui le font devenir sujet pour un autre que soi. Bigras aura méconnu magistralement, pour mieux la sanctifier, cette place de l'altérité. Voulant laisser parler Marie, il la condamnait au silence. Plus encore, voulant faire parler l'histoire de sa folie grâce au récit, il faisait de sa patiente un faire-valoir qui, on le verra, correspondait de manière troublante aux propos littéraires développés par Breton dans *Nadja*. Enfin, l'identification du sujet-narrateur à cet effroi que lui fait éprouver Marie cantonnait la complexité du référent historique amérindien à l'exotisme.

Il aurait été possible de transmettre la singularité de cette défondation. La folie de Marie n'est pas étrangère à cette effraction traumatique pour laquelle le sentiment d'identité est à la fois un objet désiré et honni. Mais le sujet-narrateur préféra s'engouffrer au cœur de cette folie pour y retrouver le secret à peine altéré de ses origines. Breton ne faisait pas autrement lorsqu'il prétendait renouer avec la folie de Nadja. L'histoire amérindienne, telle qu'elle apparaît dans *Ma vie, ma folie*, n'est pas autre chose que ce continent noir qui ignore la passion de la découverte. L'analyste-conquérant, pour avoir voulu s'identifier amoureusement aux origines de Marie, aura contribué à perpétuer cette perception asymbolique du monde amérindien. Il est difficile en effet, lorsqu'il s'agit de la question amérindienne, de ne pas succomber à un vertige identitaire à la fois troublant et réconfortant.

Voilà pourquoi on lira, au cours des pages qui suivent, une étude croisée du *Ma vie, ma folie* de Bigras et de *Vive le peuple brésilien* de João Ubaldo Ribeiro[37]. Si la détresse mélancolique et le fantasme d'un métissage impossible sont au cœur du roman de Bigras, la perspective est tout autre chez Ribeiro. Il y est question d'une anthropophagie primordiale qui inaugure le métissage de la société brésilienne. Prévaut à cette occasion le motif de l'incorporation, qui fait de l'Amérindien la figure première d'un métissage dont il sera peu à peu exclu. Alors

37. João Ubaldo Ribeiro, *Vive le peuple brésilien*, Paris, Pierre Belfond, 1989.

que *Ma vie, ma folie* offre la mise en scène du spectre amérindien qui ne cesse de hanter le collectif québécois (le « *remember me* » hamletien répéterait-il ironiquement le « Je me souviens » ?), *Vive le peuple brésilien* situe un métissage premier qui condamne cependant l'univers amérindien à l'implosion symbolique. Si j'ai proposé un « compagnon » littéraire au récit de Bigras, c'est afin de montrer qu'il n'existe en ce domaine que des lectures croisées. Penser le mythe identitaire de l'Indien, ce n'est pas prendre sa place, encore moins le nier. Mais il importe alors d'afficher rigueur et discernement afin que les « absents de l'histoire » (Michel de Certeau) ne soient pas encore une fois condamnés au silence.

Que signifie parler du métissage sous l'angle de ce que l'on nomme en psychanalyse un « fantasme originaire[38] » ? Cette interrogation, je la mènerai en cherchant à saisir ce que représente « l'indianité », comme représentation du fantasme de l'origine, dans ces deux romans brésilien et québécois.

Dans ces romans, la mise en scène de la figure de l'Indien (dont on aura bien sûr compris qu'il s'agit d'une « construction » culturelle) opère selon des voies qui circonscrivent des projets sociaux et culturels fort différents. Ainsi *Vive le peuple brésilien* de Ribeiro fait du cannibalisme l'élément fondateur de l'histoire brésilienne. Le caboco propose une anthropophagie culturelle (selon l'expression de Oswald de Andrade) vécue sous le mode de l'incorporation. Le consensus social apparaît alors véritablement sous la forme d'un fantasme originaire où il s'agit d'être mangé par l'Indien afin de pouvoir constituer, par cette fusion archaïque, la mise en relation de l'unité et de la multiplicité.

Chez Bigras, la question de l'indianité — et du métissage — est soumise à l'incorporation produite, selon l'expression du narrateur, par un « monstre nocturne » maternel. Marie est cette jeune patiente iroquoise, ensorceleuse, qui envoûtera le narrateur — où l'on reconnaîtra sans peine la figure de Julien Bigras — au prix d'une incorporation dévastatrice. La problématique du métissage est présente dans *Ma vie, ma folie*, et elle est toujours envisagée comme un fantasme originaire qui donne sens aux agissements de la lignée des Bigras :

---

38. Selon Laplanche et Pontalis : « Si l'on envisage maintenant les thèmes qu'on retrouve dans les fantasmes originaires (scène originaire, castration, séduction), on est frappé par un caractère commun : ils se rapportent tous aux origines. Comme les mythes collectifs, ils prétendent apporter une représentation et une " solution " à ce qui pour l'enfant s'offre comme énigme majeure ; ils dramatisent comme moment d'émergence, comme origine d'une histoire, ce qui apparaît au sujet comme une réalité, d'une nature telle qu'elle exige une explication, une " théorie ". Dans la " scène originaire ", c'est l'origine du sujet qui se voit figurée [...]. » Jean Laplanche et J.-B. Pontalis, *Vocabulaire de la psychanalyse*, Paris, Presses universitaires de France, coll. « Bibliothèque de la psychanalyse », 1967, p. 158-159.

> Je me rappelai alors le rêve du loup de Marie, et celui que j'avais fait moi-même. Marie et moi, c'était évident, provenions de la même lignée. Comment se faisait-il que le chant du loup ait été inscrit en nous depuis si longtemps et que ce soit lui qui nous ait fait nous rencontrer, à notre insu, dans la même descendance des coureurs de bois ? Ce rêve du loup, je m'en rendais compte, faisait partie de notre héritage le plus ancien, le plus précieux, à Marie et à moi. (*V*, p. 96)

D'une certaine manière, ce « secret » que représente la filiation amérindienne est semblable à ce que Nicolas Abraham et Maria Torok ont défini, à propos des états mélancoliques, sous le nom de « crypte mortifère[39] ». Il s'agit en somme d'une incorporation — inconsciente pour le sujet qui en est la victime — d'un traumatisme qui est vécu sous un mode transgénérationnel. Le fantasme encrypté — objet de haine et de mépris — est précisément ce savoir inconscient présupposé par la collectivité sans que celle-ci prétende en avoir connaissance.

Le métissage, dans le roman de Julien Bigras, est énoncé au féminin. On observe le désir de former de la pluralité à partir du constat d'une différence où la sexualité féminine est inscrite de manière déterminante — bien que, dans *Ma vie, ma folie*, la perception de cette différence soit aussi problématique :

> « *Quand maman se regardait dans un miroir, elle ne me voyait plus, elle me perdait et je la perdais, même si j'étais à côté d'elle. Elle se regardait et je la voyais se regarder, se refléter dans le miroir, et je ne la reconnaissais pas et je la perdais parce qu'elle me perdait.*
>
> *Indienne, sauvagesse, sauvage, étrangère, étrange, autre, voilà ce que j'étais à ses yeux. Être squaw était ma honte. Pourtant ce* « *sang-mêlé* » *qui frappe tant les gens lorsqu'ils me regardent n'est qu'un pâle reflet de ce que je suis intérieurement.* »
>
> Comme moi, Marie se posait maintes questions sur ses origines :
>
> « *Où ma mère est-elle allée chercher cette couleur de peau ? De qui peut bien provenir cette hérédité maudite ? Pas de mon père. Ça vient sûrement de maman et de ses ascendants.* »
>
> Récemment Marie m'a conté que sa mère aurait fait l'amour avec un Iroquois interné à l'asile en même temps qu'elle lors d'une de ses « attaques de folie », et que ce serait lui son vrai père. (*V*, p. 17-18)

Ce fantasme originaire (naissance énigmatique puisque l'anonymat du père est maintenu) esquisse une interrogation sur la fondation de l'identité. Chez Bigras, la folie de Marie est associée à cette mésal-

39. Nicolas Abraham et Maria Torok, « Introjecter-Incorporer : Deuil ou mélancolie », *Nouvelle Revue de psychanalyse*, nº 6, automne 1972, Gallimard, p. 111-122.

liance qui unit la mère à l'Iroquois interné dont plus aucune mention ne sera faite au cours du récit. L'union de la mère avec l'Iroquois interné signifierait alors l'incorporation impossible du personnage amérindien, condamné dès lors à incarner la maladie mélancolique de « l'accueillant » qu'est Marie. Le surgissement de cette mélancolie — sous la forme d'une véritable maladie du deuil — se traduit dans *Ma vie, ma folie* par la recherche toujours déçue d'une origine dont la découverte est entachée d'incertitudes.

> Mais il y avait surtout un beau souvenir d'enfance qui me revenait à l'esprit. Je me rappelais de nouveau que, lorsque j'accompagnais mon père dans la forêt le dimanche matin, il aimait me montrer le monticule qui s'élevait au centre d'une clairière dans le bois. [...] Mon père était fier de m'indiquer qu'à cet emplacement les Indiens avaient autrefois cultivé du maïs. (*V*, p. 89)

Cependant la quête des origines est vaine. Elle cache une violence dont le surgissement mortifère est traduit sous la forme de la folie de Marie et de la morsure du psychanalyste :

> Du côté des femmes, ma première ancêtre, Marie Brunet, s'était installée en 1691, dès son mariage avec François Bigras, à l'âge de treize ans, dans cette même région de Lachine. L'endroit était le plus mal famé et le plus dangereux de toute la colonie. C'était là qu'avait eu lieu, en 1689, le fameux massacre historique (soit deux ans avant que Marie s'y soit fixée) au cours duquel des Iroquois avaient tué en une nuit une cinquantaine de Blancs, éventré les femmes enceintes et mangé sur place les enfants qu'ils avaient fait cuire. (*V*, p. 92)

Puis la narration de cette violence laisse place au métissage qui tisse la généalogie honteuse de la famille des Bigras : « Lachine était le poste frontière le plus avancé en terre ennemie, un lieu d'échanges de toute sorte. » (*V*, p. 92) Car le fantasme originaire dans ce roman recèle la mélancolie d'une filiation irrémédiablement étrangère puisque déjà hantée par l'indianité.

Dans *Ma vie, ma folie*, l'indianité révèle à sa façon le secret de l'identité québécoise. Mais ce secret fait de l'Amérindien le prisme d'une « sauvagerie » qu'il faut attribuer à un personnage obscur, toujours solitaire, qui est responsable de la déchéance du lignage. Ce sera le cas de Marie, patiente iroquoise du psychanalyste, qui permet à ce dernier d'éprouver, à son corps défendant, la violence dévastatrice de l'engloutissement maternel et de la fusion amoureuse.

> L'enfant regardait aussi vers la fenêtre puis vers moi et de nouveau vers sa mère. Il se sentait bien et je ne trouvais rien à dire à cette entente entre la mère et son enfant. Marie avait senti mon désir puisqu'elle dit à son fils que j'aimerais sans doute le prendre sur mes genoux. C'était vrai. J'avais envie de prendre ce petit garçon dans mes bras. [...] Je le berçai silencieusement. Tout à coup ces mots me

> vinrent aux lèvres : « Si vous saviez, Marie, combien j'aimerais être à la place de votre fils. » (*V*, p. 175)

Qu'y a-t-il de si insupportable dans cette mélancolie qui accompagne tout fantasme originaire sinon l'angoisse du vide qui fait de l'individu un sujet voué à perpétuer une symbolisation énoncée pour un être absent ? C'est que le sujet fait appel à l'absence problématique de l'Autre afin de constituer l'enjeu psychique d'une symbolisation. Le recours massif à l'incorporation est d'autant plus actuel qu'il est présenté pour le sujet comme l'acte de sauvegarder à l'intérieur ce qui aura été, à l'origine, à l'extérieur de soi.

Chez Bigras, cette incorporation a trait à « l'absence » d'un personnage maternel, dont on peut supposer qu'il fut, à la suite de la reconstruction fantasmatique qu'en fait le narrateur, violenté par le clan des hommes au cours de l'histoire de la fondation de la Nouvelle-France. Quoiqu'il ne faille pas négliger l'image de l'ogresse maternelle — représentée notamment par Marie — dont la dévoration — par le regard — peut être signe de folie.

Dans *Ma vie, ma folie*, le signification de cette violence transmise, par delà les générations, est soulignée par la soif de meurtre, la violence faite aux femmes, la perte du contrôle de soi. La constitution de l'histoire dans ce roman de Bigras semble en effet adopter une dimension traumatique, comme si l'événement enkysté (la violence des hommes à l'égard des femmes) avait la propriété singulière de réapparaître à peine modifié. Le narrateur fera ici référence aux cauchemars qui peuplent ses rêves. Il soulignera de plus les crises somnambuliques du père, qui semblent reprendre, sans grandes modifications, les passages à l'acte du fils — dont l'épisode de la morsure est certes le plus significatif. Le narrateur ajoutera :

> Les Bigras mâles repartaient aussitôt en voyage mais ils avaient vu, entendu, enregistré ce qui s'était passé dans le lit matrimonial. L'empreinte du monstre était à jamais gravée dans leurs esprits et dans leurs corps. Les uns, les mâles, prenaient la clé des champs, emportant la terreur d'avoir laissé derrière eux, à leur misérable sort, les femmes et les enfants. Les autres, les femelles, ne se laissaient pas abattre pour autant. Elles savaient que l'homme n'oublierait pas ce qu'elles étaient vraiment, des ogresses, des reines de Hongrie. Et maintenant je me rendais compte que le monstre s'était transmis de génération en génération jusqu'à m'atteindre au cœur même de mon être dans le cauchemar que je venais de faire. (*V*, p. 161-162)

J'ai mentionné que la figuration de l'histoire dans ce roman fait appel à un fantasme qui privilégie le motif de l'exclusion. Il ne s'agit pas, comme chez Freud dans *Totem et tabou*, du meurtre du père archaïque et du partage sanguinaire des femmes par les fils, ce parcours qui inaugure, dans la pensée freudienne, la structuration œdipienne et l'interdit de l'inceste. Nous retrouvons plutôt chez Bigras un scénario traumatique où la femme, exclue par le clan des hommes, revient violemment hanter les générations futures sous la forme d'un personnage dévorateur, dont la sexualité est dévastatrice :

> Je le savais. Je venais de vivre, moi, une tout autre loi qui ne pouvait venir que de la femme — *la mère* — celle qui restait à la maison. Elle avait été abandonnée à son sort et le sort allait se retourner contre ceux qui l'avaient trahie. (*V*, p. 165)

Ma vie, ma folie fait donc appel à une détresse mélancolique qui recourt à l'incorporation ambivalente du personnage amérindien. Ce dernier est toujours solitaire, voué à la marginalité. Ce personnage est de plus le révélateur d'une « ancestralité » violente qui traverse les générations. Je cite un passage qui m'apparaît significatif :

> Pourtant, dans la légende, il n'avait jamais été question d'une parenté, même lointaine, avec les Indiens. Mon père était le seul de la famille à penser, presque en secret, que la vie des Indiens ne lui était pas étrangère [...]. (*V*, p. 90)

Puis :

> D'abord j'appris que mes premiers ancêtres étaient toujours assignés au gouvernail et que c'était même eux qui enseignaient le métier de coureur des bois aux nouveaux venus. Ils connaissaient par cœur les routes de navigation et leurs réflexes avaient la vitesse de l'éclair. [...] Faire naufrage, se faire scalper, échouer leurs canots sur les rochers, constituaient pour eux des risques quotidiens : ils connaissaient tout des lieux autant que les Indiens, ils savaient tout de leurs habitudes. Il s'étaient approprié la science indienne. (*V*, p. 95)

On retrouve dans ces propos le dévoilement d'un secret qui hante la famille des Bigras. Le souvenir des ancêtres défricheurs s'oppose à la reconnaissance violente de l'appropriation territoriale qui impliqua meurtres et spoliations. De même, la lignée commune qui associerait le narrateur et Marie est à la fois promesse éperdue d'un métissage et quête obsessionnelle d'une « mêmeté » que nous retrouvons dans ce roman sous la forme de l'inceste maternel. Marie somme toute est condamnée à la différence : femme, folle par moments ; le rêve du loup signe par ailleurs la modification radicale de son humanité :

> *Un loup me poursuivait. Évidemment j'avais très peur et me sauvais. Le loup m'a rattrapée et m'a mordu la main. J'étais assise dans l'herbe et le loup était assis à côté de moi mais il ne relâchait pas ma main. Ses dents me serraient et je pleurais, pleurais. Tout à coup le loup m'a regardée, et dans ses yeux j'ai vu que quelque chose avait changé, comme si ses yeux étaient devenus ceux d'un humain, comme s'ils exprimaient la surprise et la peur. Et c'est à ce moment-là que je me suis rendu compte que mes pleurs avaient tourné en*

hurlements. Je hurlais à la mort, comme les loups dans la nuit, et je ne pouvais plus m'arrêter. (*V*, p. 62)

Si l'on s'en tenait à cette perspective, il serait juste de croire cette perception de l'indianité très stéréotypée. Nous rencontrerions le mythe d'un « primitivisme » que Marie, la femme-loup, iroquoise de surcroît, incarnerait puisque sa déraison resterait son seul mode d'expression. On ajoutera que, dans *Ma vie, ma folie*, le personnage psychanalyste, dont la lignée semble connue, est à la recherche d'un « secret » identitaire transmis partiellement par Marie. La révélation de la violence des Bigras est en effet associée à cette reconnaissance d'une différence que l'indianité représentera. Ce n'est pas un hasard d'ailleurs si le « monstre nocturne » maternel est vu notamment sous la forme du personnage amérindien, Marie. Le cannibalisme « psychique » est perçu ici comme la réalisation d'un corps à corps incestueux avec la mère.

Il est étrange en effet que cette violence attribuée au clan des hommes fasse retour selon des modalités plus archaïques qui qualifieraient la peur d'une incorporation par le personnage maternel. C'est bien le sens des injonctions du narrateur. La volonté de se maintenir à distance, d'échapper au regard — et à la folie de Marie — révèle une emprise fusionnelle qui désigne à la fois la crainte de l'inceste et le désir du métissage. Voilà somme toute l'ambiguïté de ce récit de Julien Bigras. Marie est perçue comme un personnage qui échappe totalement aux critères de la conformité. À ce titre, elle représente un sujet dont l'altérité radicale est signe d'inconnu.

En somme, le personnage blanc dans ce récit de Julien Bigras est mélancolique d'une indianité incorporée. On retrouve ici les analyses pertinentes de Maria Torok et de Nicolas Abraham à propos du motif de l'incorporation mélancolique : mise en scène d'un objet qui est secrètement maintenu dans l'inconscient et qui fait surface violemment, à la suite d'un événement traumatique qui agit comme un révélateur. On pourrait alors proposer que l'incorporation de la figure de l'Indien (sous la forme de l'acte sexuel redouté) est associée à un fantasme originaire qui précède toute historicité.

À cet égard, les hypothèses de Nicolas Abraham et de Maria Torok sont particulièrement justes quant à ce travail mélancolique qui fait du narrateur, dans ce roman, un être hanté par l'impossible perte et reconquête de l'indianité. Lorsque le narrateur de *Ma vie, ma folie* remet en question le lignage qui lui faisait percevoir la famille des Bigras comme une honnête famille de défricheurs, il ne conteste pas le fantasme originaire, échappant à toute spécularisation, qui transforme la figure de l'Ancêtre en personnage mythique. Au contraire, l'Amérindien inaugure une identité pleine, même si parfois maléfique, qui peut donner la clé de cette « folie », de ce désir de mordre auquel le narrateur est en proie.

Retournons aux propositions de Torok et Abraham. Il y a incorporation, selon ces derniers, lorsque le refus du deuil et de ses conséquences amène à vouloir recréer magiquement l'introduction à l'intérieur de soi de ce qui, par ailleurs, a été perdu. Il faudrait alors supposer que

> [...] la « guérison » magique par incorporation dispense du travail douloureux du remaniement. Absorber ce qui vient à manquer sous forme de nourriture, imaginaire ou réelle, alors que le psychisme est endeuillé, c'est *refuser le deuil* et ses conséquences, c'est refuser d'introduire en soi la partie de soi-même déposée dans ce qui est perdu, c'est refuser de savoir le vrai sens de la perte, celui qui ferait qu'en le sachant, on serait autre, bref, c'est refuser son introjection[40].

En somme, l'incorporation, dans *Ma vie, ma folie*, justifie le maintien d'un fantasme originaire où le personnage amérindien — emblème d'une altérité radicale — représente celui qu'il faut être pour exister. Comme si ce personnage permettait d'exprimer, sous la forme d'un secret qui révèle un doute sous-jacent quant à la « pureté » de la transmission généalogique, l'incorporation d'une perte narcissique, paradoxalement inavouable[41].

L'incorporation apparaît ici comme un mécanisme de défense dont la fonction première est de mettre à l'écart toute résurgence mélancolique. En somme, l'incorporation permet de nier la reconnaissance de la perte de l'objet. C'est ce qui est démontré sous diverses formes. La folie de Marie n'est-elle pas pour le narrateur le symptôme d'un secret associé à une naissance de père iroquois inconnu ? Le narrateur, psychanalyste, ne cherche-t-il pas, au cours de cette relation thérapeutique, à retrouver en lui, enkysté, le caveau intrapsychique (pour reprendre l'expression de Torok et Abraham) d'une violence insoutenable où alternent la violence du clan des hommes et la fusion mortifère du clan des femmes ? Car la relation thérapeutique avec Marie permet sans doute au narrateur de percevoir à son corps défendant l'étrangeté qui l'habite. L'épisode de la morsure est alors la répétition

---

40. *Ibid.*, p. 112.
41. Selon Torok et Abraham : « On voit que toutes les pertes narcissiques — soient-elles soustraites à l'introjection — n'ont pas l'incorporation pour destin fatal. *Tel n'est le cas que pour les pertes qui ne peuvent — pour quelque raison — s'avouer en tant que pertes.* Dans ce seul cas, l'impossibilité de l'introjection va jusqu'à interdire de faire un langage de son refus du deuil, jusqu'à interdire de signifier que l'on est inconsolable. À défaut même de cette issue de secours il ne restera qu'à opposer au fait de la perte un déni radical, en feignant de n'avoir rien eu à perdre. Il ne sera plus question de faire état devant un tiers du deuil dont on est frappé. Tous les mots qui n'auront pu être dits, toutes les scènes qui n'auront pu être remémorées, toutes les larmes qui n'auront pu être versées, seront avalés, en même temps que le traumatisme, cause de la perte. Avalés et *mis en conserve.* Le deuil indicible installe à l'intérieur du sujet un caveau secret. » *Ibid.*, p. 115-116.

de ce scénario traumatique où les hommes délaissant les femmes préfèrent vivre seuls. Est-il surprenant que la levée de ce refoulement — de ce caveau intrapsychique — soit permis par une femme amérindienne ?

Anthropophagie et culture

La problématique est tout à fait différente dans *Vive le peuple brésilien*. Si *Ma vie, ma folie* met en scène l'indianité sous la forme d'une figure marginale — solitaire — qui révèle l'incorporation d'un métissage dont l'histoire aurait effacé toute trace, le roman de Ribeiro situe une problématique anthropophagique manifeste. Le texte de Bigras propose un cannibalisme partiel (la morsure du narrateur en étant peut-être le plus bel exemple, qui permet de symboliser un corps à corps entre le père et son fils), alors que le roman de Ribeiro inscrit un rituel de fondation où l'Indien agit comme porte-parole d'une anthropophagie culturelle. Dès les premières pages du roman, la dévoration du Hollandais Eijkman justifie un récit mythique qui donnera sens au métissage futur de la société brésilienne. Manger autrui permet de se l'approprier et du fait même de nier son altérité en l'incorporant. On observe donc à l'œuvre une dynamique très proche de « l'oralité » (au sens psychanalytique) pour laquelle la fusion du même et de l'autre est fondamentale.

Le métissage signifie, dans cette perspective, la réalisation métaphorique d'un cannibalisme qui suppose une incorporation réussie de l'altérité du sujet dévoré. Ce discours n'est pas sans rappeler — chez de Andrade notamment — le caractère illusoire, utopique de l'anthropophagie culturelle qui prétend assimiler l'autre au nom d'une violence que le métissage doit représenter[42]. Il s'agit bien de construire une nation brésilienne grâce à l'amalgame des différences. Et l'anthropophagie, si elle signifie pour Oswald de Andrade la mise en acte d'une transgression, n'en est pas moins toujours liée à l'observance d'un tabou[43].

---

42 « L'anthropophagie identifie le conflit existant entre le véritable Brésil, le Brésil caraïba, et l'autre Brésil qui n'est qu'un nom. Car au Brésil, il faut distinguer l'élite — européenne — du peuple — brésilien. Nous sommes avec celui-ci, contre celle-là. En faveur du métis, de l'Européen mécontent, du bon aventurier absorbé par l'Indien, et contre la catéchèse, contre la mentalité colonialiste, contre la culture occidentale, contre le gouverneur, contre le Scribe, contre le Saint-Office. Et c'est ainsi que nous devons construire, au Brésil, une nation brésilienne. » Oswald de Andrade, *Anthropophagies*, Paris, Flammarion, coll. « Barroco », 1982, p. 288.

43. Je cite de Andrade sur ce point : « Les anthropologues n'ont vu dans l'exogamie qu'une loi tribale, un tabou. C'est une simple fatalité. Un fait humain. Ce que l'homme fait biologiquement, il le fait par cycles. Anthropophagiquement. Le désir d'absorber conduit à l'infraction du tabou. Psychologiquement, l'anthropophagie

Il y a en effet, dans le discours d'Oswald de Andrade, la mise à jour d'un fantasme cannibalique qui pourrait justifier la création de la nation brésilienne. La figure de l'Amérindien est à cet égard associée à l'incorporation d'un « corps » étranger qu'il faudra assimiler. On pourrait à cet égard, en faisant référence à Freud, parler de la persistance d'un narcissisme primaire — ou de la consécration d'un sentiment océanique — qui permet de faire de l'Indien ce personnage qui transforme la différence en unité. Mais les propos de Andrade sont quelque peu contradictoires puisqu'ils prônent à la fois la valeur assimilatrice du cannibalisme (l'incorporation des valeurs attribuées à l'autre) et la nécessité d'enfreindre un tabou.

Que signifie en effet une assimilation qui serait transgression ? La distinction, faite par Claude Lévi-Strauss, entre anthropémie et anthropophagie est ici pertinente[44]. Dans *Ma vie, ma folie*, la recherche d'une « vérité » généalogique qui pourrait donner sens à la folie ponctuelle du narrateur sous-entend le secret d'une indianité exclue de l'histoire et dont le nomadisme serait à la fois désiré et craint. En somme, Marie incarne — pour la constitution imaginaire du sujet narrateur — le fantasme « originaire » d'une identité inaltérable. Cette exclusion correspond à l'anthropémie qui cherche à construire la « fiction » d'un sujet totalement « autre » dont la différence est si radicale qu'elle prend la forme du rejet.

On peut penser que la mort « rêvée » de Marie signe cette exclusion de l'indianité qui est pensée sous la forme de la détresse mélancolique du sujet narrateur. Dans ce roman, l'indianité est un miroir qui révèle au narrateur les enjeux de sa propre lignée. Personnage solitaire, Marie sera dévorée psychiquement, au gré d'un débordement contre-transférentiel, grâce auquel le narrateur trouvera la source

---

élucide la doctrine de la chute et la formation de l'idée de péché. L'erreur, c'est la solution contrite, le transfert dans l'absorption par la communion. L'anthropophagie commande le sens biologique. Absorber toujours et directement le Tabou. » *Ibid.*, p. 281. Et ce passage décisif : « L'anthropophagie a remédié à l'impossibilité de fermer les ports par un procédé nationalisateur des plus ingénus et bien brésilien qui consiste en l'assimilation des qualités. Seule la communion anthropophagique résoudra le problème de la formation de la langue brésilienne et du Brésil brésilien. Sans vêtements. Sans artifices. Plein de facettes et de personnalité. Parce que l'Indien nu est l'image décisive de l'ingénu, du sincère, du réellement juste. » *Ibid.*, p. 292.

44. Lévi-Strauss distingue les sociétés « [...] qui voient dans l'absorption de certains individus détendeurs de forces redoutables, le seul moyen de neutraliser celles-ci et même de les mettre à profit ; et celles qui, comme la nôtre, adoptent ce qu'on pourrait appeler l'*anthropémie* (du grec *émein*, vomir) ; placées devant le même problème elles ont choisi la solution inverse consistant à expulser ces êtres redoutables du corps social en les tenant temporairement ou définitivement isolés [...] dans des établissements destinés à cet usage. » Claude Lévi-Strauss, *Tristes tropiques*, Paris, Plon, coll. « Terre humaine », 1955, p. 448.

d'une violence tapie au sein du monstre maternel. Il faudra, c'est l'impératif mélancolique, que Marie se tue dans un rêve du narrateur pour perpétuer la « folie ». Marie doit être un personnage offert, sacrifié, dont la perte — la relique — permettra d'interroger « l'impureté » de la filiation du narrateur. La mort rêvée de Marie offre à ce dernier le secret de la violence des hommes de sa lignée, leur mépris des femmes et la violence solitaire de sa propre mère. Peut-être fallait-il que Marie devienne la « mère indienne » du narrateur de *Ma vie, ma folie* pour introduire cette interrogation lancinante sur le sens de la cohésion de la communauté.

L'indianité dans *Vive le peuple brésilien* est perçue d'une manière tout à fait différente. Le cannibalisme dans ce roman de Ribeiro est associé directement à l'élaboration des interdits alimentaires et sexuels. En somme, il est à l'origine des premières prohibitions. Le fait de manger l'autre implique l'obéissance à des conditions très précises qui correspondent au respect des lois de l'exogamie, qui elles-mêmes déterminent les règles sexuelles d'alliance :

> Vu passa un après-midi joyeux et, le lendemain, elle apprit au Hollandais un nouvel art, celui de manger des lichettes de rate, de saucisse et de viande séchée d'Aquiman, [...] elle montait et descendait, tout attendrie de voir la chose entrer et sortir presque, entrer et sortir presque jusqu'au moment où, toute mouillée et clapotante sur tout le pourtour des aines, sous l'effet de tout ce qui l'incitait à des cris et des sentiments indéfinissables, toute ballottée par des houles qui la rendaient folle, les yeux chavirés, elle retenait son souffle et se mordait les lèvres, serrant très fort en elle la tulipe du Hollandais qui s'ébattait mollement dans ses entrailles, un petit zoizeau moribond et pantelant qui y laissait, mélangé au sien, un jus tiède qui ensuite s'écoulait et, sans savoir pourquoi ni même y prendre garde, elle touillait ces ruisselets laiteux qui dégoulinaient le long de ses cuisses et les étalait sur sa peau[45].

L'exo-cannibalisme pratiqué par la fille du caboco répond à la conjugaison de deux isotopies : manger l'autre (Aquiman le Hollandais) est aussi dévorer sexuellement Sinique. Cette incorporation dévoratrice permet de plus d'opposer les registres de « l'actif » et du « passif ». C'est en effet Vu, la fille cannibale, qui dévore le prisonnier hollandais et qui prend plaisir à l'incorporation d'un corps étranger.

Cet exo-cannibalisme est de plus accompagné d'un endo-cannibalisme qui signifie un métissage radical de la nation brésilienne : incorporation radicale de soi (du même) qui mène à l'annihilation du sujet sous la forme d'une autodévoration. Cet endo-cannibalisme est en effet pratiqué par le Hollandais survivant Sinique. En mangeant son

45. João Ubaldo Ribeiro, *op. cit.*, p. 46.

semblable décédé et délicieusement apprêté et en acceptant, passivement, l'union sexuelle avec la fille cannibale, il témoigne doublement d'une rupture des codes alimentaire et sexuel. Le fait de manger son semblable, par le recours à l'endo-cannibalisme, témoigne en effet d'une transgression des lois qui fondent la distinction entre Nature et Culture. L'acte de manger son semblable (tenu pour tel aux yeux de la communauté) représente l'acceptation d'un paradoxe où la survie de l'un est conditionnelle à la mort de l'autre. Or, la transgression de l'interdit du cannibalisme est d'une certaine manière beaucoup plus lourde de conséquences pour le prisonnier hollandais. Ce dernier accepte d'échanger l'alliance sexuelle (signe de vie) au détriment du sentiment d'appartenance à sa communauté d'origine. Ainsi devons-nous comprendre ce passage de l'autodévoration (du semblable) à l'alliance sexuelle comme première manifestation du métissage de la nation brésilienne.

Une identité métisse

Le cannibalisme, représenté dans *Vive le peuple brésilien*, permet de « fonder » le sens de la communauté à partir de l'institution de règles spécifiques. Jean Pouillon note avec pertinence que le cannibalisme, comme institution, est unanimement partagé car

> [...] le cannibale, dans une société qui ne l'est pas, enfreint la norme d'une manière au contraire irréparable ; on ne peut voir en lui un membre du corps social. C'est pourquoi dans les sociétés où l'on ne mange pas de l'homme mais où les hommes craignent d'être mangés et où l'on attribue les maladies et les morts à des actions cannibales, on impute ces crimes à de mystérieux étrangers ou à des sorciers difficilement identifiables [46].

Le prisonnier hollandais inaugure peut-être de manière exemplaire cette transgression de l'interdit du cannibalisme endogame. En mangeant son semblable, il rompt définitivement avec sa communauté d'origine. Mais l'alliance sexuelle (avec Vu) permet du même coup d'écarter cette crainte de l'autodévoration en privilégiant la fondation d'un lignage où le métissage sera prédominant. Dans *Vive le peuple brésilien*, les personnages de Vu, de Dahinda, de Vévé témoignent de la continuité de cette alliance sexuelle dont un enfant est toujours la promesse :

> Ma grand-mère Vu ne parlait pas une langue, elle parlait des cris. Et quand on l'a amenée à cette maison pour travailler à tout faire, elle a crié et elle a chambardé la cuisine, et alors ces autres-là l'ont

46. Jean Pouillon, « Manières de table, manières de lit », *Nouvelle Revue de psychanalyse*, n° 6, automne 1972, Gallimard, p. 12.

attachée, l'ont fouettée et fouaillée de belle façon avec tous les fouets possibles, étrivière, écourgée [...]. Alors, incapables de contenir cette fureur, tous d'avis que ce chien de Satan la possédait, ils ont attendu qu'elle accouche pour s'emparer de son rejeton, et ils ont décidé de l'enterrer vivante la tête en bas, après avoir creusé une fosse bien profonde pour bien l'enterrer et le curé est venu après l'enterrement pour bénir béni comme il faut, en versant de l'eau bénite dans le trou, pour que Vu ne sorte pas de là pour faire de nouveau du chambard[47].

Cet enfant métis, fils de Sinique et de Vu, est d'une certaine manière la contrepartie nécessaire du cannibalisme originaire dont le grand caboco est la figure mythique. Si ce dernier mange le conquérant européen, sa fille, au contraire, modifiera partiellement la portée de ce cannibalisme de façon à privilégier une rupture d'alliance qui permettra au prisonnier hollandais de manger son semblable et de fonder, par métissage, ce que Ribeiro nomme parodiquement « l'âme brésilienne ». L'anthropophagie culturelle est au cœur de ce processus et la conséquence de cette rupture d'alliance témoigne d'une violence foudroyante : Vu sera enterrée vivante. Quant à Sinique, il est écrit :

[...] Sinique fut conduit chez le maréchal-ferrant qui lima son anneau ; chez le barbier qui le soigna et pansa ses petites blessures, habituelles chez un animal indocile mis au piquet ; dans une famille où on lui donna de l'eau chaude, de la nourriture chrétienne et un lit propre et douillet ; au conseil de guerre qui le condamna à être décemment fusillé ; à un poteau où il fut attaché, prononça quelques derniers mots que personne n'entendit, reçut une salve de balles mal placées et tarda un tantinet à mourir[48].

Cette mort obscure, anonyme, signe d'une certaine manière l'histoire métisse. Car le « Perchoir des Âmes », chez Ribeiro, est ce lieu d'agitation fébrile qui permet aux identités de se mélanger. Nous retrouvons ici, sous un mode carnavalesque, le thème de la migration des âmes qui interdit toute fixité identitaire :

C'est peut-être à ce moment qu'a commencé le concours de circonstances singulières qui finit par faire de l'âme du sous-lieutenant une âme brésilienne. Elle était née femelle indienne lors de l'arrivée des premiers Blancs, puis avait été violentée et assassinée par huit d'entre eux dans sa douzième année. Sans rien y comprendre, à peine était-elle sortie du corps de la fillette et avait-elle amorcée une nouvelle montée au Perchoir des Âmes qu'un autre ventre de personne l'aspira comme un tourbillon et voilà comment la petite âme s'incarna en Indien une deuxième, une troisième, une quatrième fois, on ne peut savoir au juste combien de fois, jusqu'au jour où, après avoir vécu caboco du temps des Hollandais, terré dans les fourrés et les mangroves avec trois ou quatre femmes et une ribambelle de

47. João Ubaldo Ribeiro, *op. cit.*, p. 61-62.
48. *Ibid.*, p. 46.

filles, mangeant de la chair humaine assez souvent, elle passa un moment sur le Perchoir des Âmes, craignant de s'incarner à nouveau en un homme ou une femme[49].

Le métissage correspondrait donc chez Ribeiro à cette migration des âmes dont le caractère parodique est clairement affirmé. Il n'y a pas de transcendance dans ce roman et la quête, illusoire, d'une origine est constamment entravée. L'histoire brésilienne est ici violemment actualisée par le biais de multiples « incarnations », et le fait de (re)prendre corps apparaît significatif. Ainsi :

> C'est pourquoi personne ne put répondre avec précision à Inacia lorsqu'elle sortit des fourrés tout échevelée, les articulations des phalanges écorchées, les vêtements déchirés à deux ou trois endroits et ses gros nichons palpitants, et qu'elle se demanda combien de temps elle avait disparu ailleurs. Elle se plaignit amèrement de ce caboco Sinique qui, une fois de plus, l'avait emmenée dans les fourrés, fonçant à travers les scions et les brisées, sans porter attention aux piqûres d'ortie et de chiendent [...][50].

Vivre l'incarnation dans un autre sujet, telle est la définition métissée de l'identité dans *Vive le peuple brésilien*. Bien sûr, dans ce roman de Ribeiro, le personnage amérindien incarne l'origine de l'histoire brésilienne. Il permet du même coup — c'est l'enjeu de la problématique anthropophage — l'établissement des règles qui déterminent la Nature de la Culture. Mais l'intérêt de ce roman ne provient pas du maintien de cette distinction canonique. Sinique, le Hollandais devenu cannibale, est en effet le personnage qui confond à loisir les interdits de sa communauté d'origine et de sa société d'adoption.

Il n'en reste pas moins que l'Amérindien, dans ce roman de Ribeiro, demeure, comme chez Bigras, un personnage dont l'a-historicité est sans doute le trait déterminant. Ainsi le caboco revient périodiquement hanter les âmes des personnages du roman. Il définit une ancestralité mythique à partir de laquelle l'histoire du peuple brésilien sera fondée. La migration des âmes, par exemple, permet une réintroduction dans l'histoire contemporaine de l'ancestralité amérindienne, dont le cannibalisme est certes la première caractéristique. Car si le caboco de *Vive le peuple brésilien* est cannibale, c'est en fonction de préceptes alimentaires et culturels précis :

> Cette année au début de laquelle le caboco et sa famille toujours plus nombreuse mangèrent leurs premiers Hollandais fut une année faste, car il était parfois plus facile d'attraper un ou deux de ces Flamands dans les forêts que d'atteindre un crabe avec une boulette de boue. [...] le caboco Capiroba s'enflait d'orgueil et de respect à l'égard de sa

49. *Ibid.*, p. 17.
50. *Ibid.*, p. 131-132.

> proie, et fréquemment il reconnaissait, tout en la dégustant, la courtoisie de son comportement et l'honneur que lui conférait le fait de mâcher et d'avaler ce morceau qui avait été auparavant sa jambe, son bras ou ses lombes[51].

On retrouve ici, à peine transposées, les remarques de Jean Léry à propos des Indiens Tupi[52]. Cette incorporation n'est donc pas le fait d'une hostilité à l'égard de l'Autre, mais au contraire d'une appétence qui demande une très grande précision quant aux modalité de consommation. Ainsi dans ce passage, où l'incorporation du conquérant portugais acquiert une dimension carnavalesque puisque l'ingestion de l'autre est le signe d'un démembrement à la fois réel et métaphorique :

> La première année, il mangea le surintendant Nunos Teles Figueiredo et son assistant Baltazar Ribeiro, le père Sérafim de Tavora Azevedo S.J., le hallebardier Bento Lopes da Quinta, le palefrenier Jeronimo Costa Peçanha, deux mousses, quatre enfants en bas âge d'auditeurs de la Sesmaria, quelques métayers, un ou deux officiers espagnols qui passaient par là, au total rien de bien fameux. La deuxième année, il enleva deux femmes de plus et mangea Jacob Ferreira do Monte, chrétien de fraîche date, dont il n'oublia jamais la saveur exemplaire, la saveur de la meilleure des poules qu'il ait goûtées ; Gabriel da Piedade, O.S.B., qui fournit un irréprochable jambon fumé ; Luiz Ventura, Diogo Barros, Custodio Rangel da Veiga, Cosme Soares da Costa, Bartolomeu Cançado et Gregorio Serrão Beleza, tous Minholais aux chairs blanches incomparables[53].

On rappellera que le mot cannibalisme, selon le Petit Robert, provient de l'espagnol *canibal*, lui-même altération de *caribe*, mot indigène qui signifie « hardi ». Dans *Vive le peuple brésilien*, le cannibalisme permet de penser l'altération de l'identité du sujet. Manger l'autre, c'est bien sûr, comme le rappelle Pouillon, mettre un terme à l'existence d'autrui. En ce sens, le cannibalisme ne tolère pas d'exception. L'incorporation doit être totale quoique l'ingestion s'accompagne, très souvent, de l'appropriation des qualités du sujet dévoré. Cette altération de l'identité du sujet, elle me semble qualifier la pertinence d'un métissage fondé sur la confusion des registres alimentaire et sexuel. Le roman de Ribeiro met d'ailleurs en scène ce « fantasme originaire » du métissage sous la forme d'un cannibalisme pour lequel l'altération du sujet (sa dévoration) est totale et jouissive.

Le caractère jouissif de cette incorporation a plusieurs sources. On notera que l'incorporation, perçue comme assimilation totale des qua-

---

51. *Ibid.*, p. 38.
52. Propos rapportés par Jean Pouillon, *op. cit.* : « Tous confessent cette chair humaine être merveilleusement bonne et délicate » (Jean de Léry, *Histoire d'un voyage fait en terre du Brésil*, Lausanne, Bibliothèque romande, 1972, p. 180).
53. João Ubaldo Ribeiro, *op. cit.*, p. 37.

lités de l'objet, associe la relation « orale » cannibalique à l'acte sexuel. De plus, l'incorporation cannibalique mise en scène permet de faire de l'Indien la figure ancestrale d'une identité dont l'inscription sociale est sans cesse déniée. Que l'Indien caboco soit la matrice de la nation brésilienne, à la faveur du thème de l'anthropophagie, lui donne une place singulière dans l'histoire, mais ce statut fondateur est pure répétition. L'anthropophagie fait de l'autre dévoré un sujet altéré, mais le cannibale lui-même n'est que médiateur. Le caboco ne crée pas l'histoire, il ne fonde pas une datation qui aurait une valeur ordonnatrice. Tout au plus répète-t-il un geste mythique (la dévoration du conquérant portugais) dont la valeur réside dans l'incorporation de l'objet.

En fait, l'anthropophagie, dans *Vive le peuple brésilien*, caractérise un mode d'investissement narcissique pour lequel l'appropriation de l'autre ne peut être que totale. À ce titre, l'anthropophagie, selon Pierre Fédida, correspondrait à la survivance d'une détresse mélancolique :

> L'incorporation mélancolique n'est point l'acte symbolique d'une résolution de la perte. Elle est la satisfaction imaginaire de l'angoisse à se nourrir de l'objet perdu — objet dont la « perte » a été en quelque sorte nécessaire pour qu'il reste vivant et présent de sa réalité primitive hallucinatoirement conservée. Le cannibalisme serait alors l'expression mythique d'un deuil mélancolique — sorte de mise à mort — d'un objet sous le *charme* duquel le moi s'est trouvé placé et dont il ne peut se résoudre de se séparer, ainsi qu'en témoigne l'angoisse de *le tenir présent de son absence*[54].

L'incorporation cannibalique, dans *Vive le peuple brésilien*, permet de fonder l'histoire à partir de la crainte de l'absence dont la dévoration est peut-être la figure la plus dramatique. Comment, en somme, créer du sens (une chronologie) à partir d'une activité (le cannibalisme) pour laquelle la perte est la seule conséquence possible. Peut-être seulement en faisant du cannibalisme, comme le remarque pertinemment Pierre Fédida, cette activité qui réactive la mélancolie de l'objet perdu et dont l'incorporation signe le fantasme d'une appropriation définitive… La figure de l'Indien chez Ribeiro représenterait alors ce « cannibale mélancolique » (pour reprendre la belle expression de Fédida), dévorant son semblable pour mieux le garder — activité qui pose la question de l'origine de la communauté.

La détresse mélancolique

La perspective adoptée dans *Ma vie, ma folie* est tout autre. Nulle incorporation qui permettrait de mettre en scène ce fantasme

54. Pierre Fédida, « Le cannibale mélancolique », *Nouvelle Revue de psychanalyse*, n° 6, automne 1972, Gallimard, p. 126.

originaire où l'Indien, par l'anthropophagie pratiquée, révèle le sens du métissage qui caractérise l'altération de la société brésilienne dans le roman de Ribeiro. Dans le roman de Julien Bigras, le personnage amérindien est extrinsèque à la communauté et il est la plupart du temps pensé comme un individu dont la solitude est la caractéristique déterminante. Ribeiro propose une indianité mythique pour laquelle le cannibalisme incarne une dynamique orale où il s'agit de dévorer le monde et d'être dévoré par lui. Dans *Ma vie, ma folie*, cette indianité prend la forme d'un fantôme qui vient hanter la généalogie officielle de la société québécoise. Si la société brésilienne décrite par Ribeiro ingère elle-même l'Indien cannibale (c'est le sens du métissage qui est mis en valeur à la suite de l'union du Hollandais Sinique et de Vu), la société québécoise, elle, ne digère pas l'Indien. Ce dernier est en effet pensé — et avec quelle difficulté — sous la forme d'une altérité radicale qui échappe à toute préhension, à toute catégorisation. Il y a bien sûr une pensée de la perte présente dans le roman de Julien Bigras puisque l'Indien permet de dénouer le secret du « monstre nocturne » maternel habitant l'inconscient du narrateur. Mais le personnage amérindien est surtout un être idéalisé, maléfique ou bénéfique, qui introduit une structure uniforme permettant au narrateur de revendiquer le statut d'Indien.

Dans *Vive le peuple brésilien*, le caboco, cannibale, présent au début du récit, fonde une historicité dont il sera lui-même exclu. Seule sa fille, par l'union avec le Hollandais Sinique, transformera le cannibalisme, perçu comme rupture des codes alimentaires, en relation sexuelle. Le métissage dans le roman de Ribeiro est donc hanté par la figure de l'incorporation. Mais l'Amérindien, sauf lors des pages introductrices, est exclu du roman de Ribeiro. En somme le caboco, dont la présence est réelle au début du roman, devient véritablement, pour reprendre l'expression de Michel de Certeau, un « absent de l'histoire ». L'indianité décrite chez Ribeiro incarne une fondation qu'il faudra par la suite oublier. Et le cannibalisme figure d'une certaine manière, dans ce roman, une interrogation sur le sens de la communauté, le partage du familier et de l'étranger.

Ma vie, ma folie pose de son côté avec justesse quelques jalons qui nous permettent de saisir le rôle de l'étranger psychique à partir du motif de l'indianité dans le contexte québécois. *Vive le peuple brésilien* laisse percevoir de quelle manière l'incorporation cannibalique est nécessaire afin de penser le statut de la « perte » qui, bon gré mal gré, nous rappelle Fédida, hante toute communauté. C'est ainsi que manger l'Autre sans « laisser de traces », dans le roman de Ribeiro, est l'équivalent d'un métissage réussi. Dans une telle perspective, l'Autre (repère de l'altérité) doit être totalement intériorisé afin que nul signifiant du manque n'advienne. On comprend alors que le métissage —

ainsi qu'en atteste le discours de l'anthropophagie culturelle tenu par de Andrade — correspond à un souhait utopique, avatar d'une pensée mélancolique. Assimiler l'autre, à la faveur du croisement que représente le métissage, c'est d'une certaine façon dénier son existence et remettre en question le statut de l'objet perdu — et idéalisé — qui donne sens à la communauté. Ainsi, l'imaginaire social mélancolique prétend fusionner avec l'objet perdu — dont la différence est toujours magnifiée — afin de pouvoir le maîtriser. C'est me semble-t-il la perspective adoptée dans *Vive le peuple brésilien*. La différence est d'autant plus jouissive qu'elle est incorporée.

Le roman de Julien Bigras met en scène lui aussi cette détresse mélancolique. L'Indien est un personnage d'autant plus séduisant qu'inaccessible. Et le cannibalisme, on l'a vu, prend la forme de la morsure superficielle du narrateur à l'égard des membres de sa propre famille. L'Indien, tel le « monstre nocturne » maternel, hante l'imaginaire du narrateur. Il est véritablement ce fantôme qui pourrait soudainement, à la faveur d'un *raptus* mélancolique, dévoiler les secrets de la communauté. Ce qui explique la fascination du narrateur pour Marie, attitude qui permet à celui-ci de clamer sa propre étrangeté. La découverte du secret généalogique honteux (la violence des hommes) dans le récit de Julien Bigras contribue d'ailleurs à accentuer cette détresse mélancolique. Le personnage amérindien devient l'objet d'un investissement narcissique ambivalent, car il représente le modèle d'une identité fortement idéalisée que le narrateur revendique frénétiquement. Chez Bigras, il ne s'agit pas seulement d'incorporer l'Autre, quitte à fonder, comme chez Ribeiro, une société ingérant un corps étranger. Plutôt retrouvons-nous l'alternance de la séduction et de l'abjection puisque le personnage amérindien met en valeur une différence que le narrateur se doit d'incarner, sachant du même coup un tel projet impossible.

Si l'on voulait résumer ce point de vue, il faudrait parler d'une société mélancolique de l'Indien. Le désir de « posséder » cette indianité mythique est en effet une des caractéristiques du roman de Bigras. Ce projet mélancolique est cependant voué à l'échec. Faute d'être l'Autre, on se détestera soi-même. Faute de retrouver dans l'Indien mythique une identité plus forte qu'on pourra s'approprier, on mettra à mort cette différence qui tourmente et qui blesse parce qu'elle conteste l'unicité qui sous-tend tout fantasme originaire. Le roman de Bigras est à cet égard douloureux. Il témoigne, avec beaucoup de retenue, de cette impasse de l'imaginaire québécois où l'indianité est perçue comme une absence.

Au contraire du roman de Ribeiro, il n'y pas d'historicité — même minimale — qui nomme et circonscrit une chronologie dont la figure de l'Indien aurait pu permettre de tracer les premiers jalons. Absent de l'histoire, l'Amérindien réapparaît sous les traits du « monstre nocturne » qu'est Marie, personnage fou ou énigmatique. Être l'Autre, voilà donc l'enjeu. À sa manière le narrateur deviendra lui aussi un Iroquois. Cette incorporation est d'autant plus angoissante — et menaçante — qu'elle sous-tend une identification primaire à la figure de l'Indien. Il ne reste alors qu'une alternative. Soit être cet « Iroquois » mélancolique, à la poursuite de ses origines, qui rêve de nomadisme, de folie et de liberté afin d'échapper au cloisonnement de la société des ancêtres. C'est ce que tentera le narrateur, obsédé, à la suite de la rencontre avec Marie, par la redécouverte du secret de son lignage. Ou encore craindre de devenir ce loup qui mordrait ses semblables, soudainement enragé. Le caboco dans *Vive le peuple brésilien* introduit l'anthropophagie culturelle en fonction d'un précepte où manger l'autre permet à la fois de le faire disparaître et de s'approprier ses qualités. Tout autre est le point de vue adopté dans *Ma vie, ma folie*, car l'indianité est affirmée sur fond de violence. Le désir « d'être » l'Indien est révélé par la morsure du père qui, blessant son fils, reprend à son compte un fantasme de dévoration dont on sait par ailleurs qu'il est un des traits essentiels de la célèbre analyse de Freud que constitue *L'homme aux loups*.

Voilà sans doute le destin de l'indianité dans ce roman de Bigras. L'Indien est celui qui mord, qui déchiquette, qui met en scène une violence inavouable pour la communauté. Fantôme qui revit, sous les traits du narrateur, et qui mord violemment — pour mieux les dévorer — ses enfants. « Monstre nocturne », à l'instar de Marie, qui incarne un personnage à la fois séduisant et angoissant dont la marginalité est figurée par le hurlement solitaire du chien qui pleure sa mort, rêvée par le narrateur. Cet « absent de l'histoire » est donc le fantôme mélancolique qui trouble la généalogie bien quadrillée de la société québécoise. Être l'Indien, serait-ce représenter l'inquiétant étranger qui vient bousculer le fantasme originaire d'une société québécoise incapable de penser l'Autre sauf sous la forme d'une mélancolie à la fois admirative et haineuse...

La loi de l'entendement

Ma vie, ma folie fait aussi intervenir à de nombreuses reprises l'effraction du rêve-cauchemar qui trouble la quiétude du sujet-narrateur. Tout se passe en effet comme si la mise en récit de l'inconscient ne pouvait faire l'économie de la parole rêvée, encore moins de la riche surface sensorielle qui donne sa densité particulière au contenu onirique. Le discours freudien n'est pas étranger à cette fascination pour le rêve. C'est la trame de « Père, ne vois-tu donc pas que je brûle ? », qui met en jeu la faculté de rêver afin de contrer l'horreur de l'oubli. L'œuvre de Bigras partage également cette passion pour le rêve avec une littérature qui fut travaillée par le matériau inconscient. C'est le cas du « travail » autobiographique leirisien, dont les évocations au cours de cet essai ont une valeur instauratrice qui peut contribuer à définir la texture du récit de soi. Chez Bigras, l'espace du rêve caractérise un éprouvé archaïque à partir duquel il sera possible d'imaginer une rêverie ultérieure. Michel Leiris ne formule pas les choses autrement lorsqu'il note dans son *Journal*, mais aussi dans *Nuits sans nuit et quelques jours sans jour*, cette constitution d'un espace onirique qui privilégie les figures de la réversibilité :

> Réveil (avec cri que Z... m'empêche de pousser), ayant rêvé ceci : j'introduis ma tête, comme pour regarder, dans un orifice à peu près semblable à un œil-de-bœuf donnant sur un lieu clos et sombre, analogue aux greniers cylindriques de pisé que j'ai vus en Afrique noire entre 1931 et 1933 [...].Mon angoisse est due à ce que, me penchant sur cet espace claquemuré que je surprends dans son obscurité intérieure, c'est en moi-même que je regarde[55].

Pour Leiris, c'est ce qui le différencie par exemple de Breton, le rêve n'est pas ce contenant qui opère une lecture euphorique des signes de la réalité interne que représente l'inconscient. Chez Leiris, le rêve est la forme même de cet extrême dénuement qui s'impose à l'écrivain, pour le punir, ou à tout le moins pour l'avertir de la futilité de l'acharnement scripturaire. S'affecter par le biais du rêve ne correspond donc plus à une valorisation narcissique de l'imaginaire qui instaurerait l'Auteur roi et maître de sa création. On ne rêve pas à volonté, tout comme l'on ne peut ordonner — c'est la sanction à la fois tyrannique et ludique du rêve — ce qui surgira du plus profond de nos nuits. Leiris, dans *Nuits sans nuit et quelques jours sans jour*, insiste à loisir sur cette construction aléatoire du rêve :

> Le rêve que je suis en train de faire devient comme un état de veille qui va cesser : pris d'un irrésistible sommeil dans le rêve même, je sens que celui-ci est sur le point de s'achever par une nouvelle plongée dans le néant de l'Inconscience et non par un retour à la réalité. Je m'apprête à crier de peur, mais Z... intervient et le malaise prend fin. Mouvement analogue à celui qui, souvent, tend à m'arracher de tels cris à la limite de l'éveil. Mais en l'occurrence, ce mouvement était singulièrement plus angoissant car, au lieu de subir durant un temps qui ne saurait s'évaluer les affres d'une émersion difficile, je quittais le rêve en quelque sorte par en bas, pour m'enfoncer dans un sommeil dont je ne sortirais plus et qui serait la mort[56].

---

55. Michel Leiris, *Nuits sans nuit et quelques jours sans jour*, Paris, Gallimard, coll. « NRF », 1961, p. 132.
56. *Ibid.*, p. 156.

Ce n'est pas tant le temps de l'éveil et de la remémoration subséquente, qui, elle, pourrait tramer l'écriture d'un récit de soi que nous retrouvons dans ces diverses notations, mais quelque chose de beaucoup plus troublant. Rêver permet de sauvegarder cette affectation primaire dont la trace signifiante, sous la forme du processus secondaire, autorise la création d'un univers, celui même de la fabulation, à partir duquel il est possible de vivre, de mourir et de renaître. Il suffit de lire Leiris pour constater avec quelle force le rêve permet d'ignorer ce maintien narcissique que l'on retrouve par ailleurs affiché dans le projet autobiographique subséquent. De *L'âge d'homme*, qui emprunte à une esthétique du trauma, à *La règle du jeu*, qui instaure cette volonté de tout-dire pour mieux avouer l'incomplétude du sujet parlant, la narration se veut décisive puisqu'elle permet de dire le contour des choses, de leur prêter forme, et ainsi de formuler une certaine plausibilité face à un monde qui ne fait pas sens. Le rêve, par contre, est beaucoup plus énigmatique, car il ne loge pas en son sein de signification qui puisse lui octroyer le statut de préentendu. En somme, le rêve se constitue à partir de l'abandon du récit ordonné. Il en figure, non pas seulement l'inachèvement, mais peut-être de façon beaucoup plus radicale la contestation. Le rêve serait alors le moment désarticulé d'une histoire qui ne cesse de se raconter de façon éclatée : histoire qui se pose sur le mode de l'écoute interne comme s'il était possible de tisser, à partir de l'enveloppe du rêve, cette matrice seconde que représente la littérature.

L'écriture de Julien Bigras, elle, prétend rendre compte de l'instantanéité d'un transfert passionnel qui se joue au carrefour de la littérature et de l'inceste. Partager l'espace du rêve, c'est ce que nous indique Bigras, c'est avant tout partager ce lieu violenté qu'est le cauchemar. Formulons les choses de cette manière : si l'entendement est la Loi du récit, ce qui en décrète la réception pour un lecteur autorisé qui est perçu comme distinct et distant du corps du sujet énonciateur, la diégèse reconstitue, c'est sa fonction, une trame narrative permettant de juger le discours à l'aune d'une histoire qui tient lieu de caution. Voilà ce qui définit somme toute la Loi de l'entendement : elle ignore le passage qu'inaugure le rêve ; elle ignore surtout la mise à l'épreuve du bavardage qui est le fait de l'écoute interne, telle que promue par le rêve. Il existe donc une différence réelle entre le statut de l'énonciateur, surtout lorsqu'il prend la forme, comme c'est le cas chez Julien Bigras, de narrateur extradiégétique, et le passeur du rêve, qui ne possède pas vraiment de statut autorisé, sauf à circuler d'une rive à l'autre et à jouer ainsi le rôle d'un exilé du récit.

L'œuvre de Julien Bigras tente de donner « corps » à l'inconscient pour mieux proposer une communication primitive qui recourt à la littérature. Aussi l'écriture de *Ma vie, ma folie* structure-t-elle un projet littéraire où il s'agit pour le narrateur de retourner à la source fantasmatique des origines de la Nouvelle-France :

> Comment se faisait-il que le chant du loup ait été inscrit en nous depuis si longtemps et que ce soit lui qui nous ait fait nous rencontrer, à notre insu, dans la même descendance des coureurs de bois ? Ce rêve de loup, je m'en rendais compte, faisait partie de notre héritage le plus ancien, le plus précieux, à Marie et à moi. (*V*, p. 96)

Ce projet insensé, d'autant qu'il prétend reproduire la fiction d'un inconscient collectif, correspond à la communication primitive que Bigras poursuivait par ailleurs avec ses patients psychotiques. Mais cette communication primitive, et cela Bigras le sait bien puisqu'il s'est interrogé dès *Les images de la mère*[57] sur cette aporie de la signification chez le psychotique, ne peut que rater sa cible indéfiniment. Le psychotique ne pose la question de la signification que pour forclore, sur un mode imaginatif qui fait du langage un objet-corps dont la propriété est énigmatique, tout sens achevé qui pourrait se traduire par une signature. Formulons-le ainsi : le psychotique échoue à signer un projet identificatoire dont il serait l'auteur — ou si l'on veut le locuteur principal — et ne rencontre dans la figure du destinataire qu'un sujet allusif qui ne saurait tolérer aucune dédicace. La littérature ne serait-elle pas dès lors chez Bigras la figure de cette effraction psychotique qui nourrit l'investigation clinique pour faire du sujet-analyste un personnage soumis au plus complet désarroi ? Il n'est pas étranger à notre problématique que le récit de soi, témoignage de l'inscription contre-transférentielle de ce désarroi, bute constamment sur un défaut de symbolisation que la littérature aurait pour tâche de signifier.

L'analyste serait-il alors le messager d'un legs cryptophorique qui le ferait fils ou fille d'une transmission dont il ignorerait, pour l'avoir trop bien refoulée, les conséquences contre-transférentielles ? Il est singulier que l'écriture de Julien Bigras fasse constamment appel à la figure de l'analysant, qui instruit avec une certaine violence le passage à l'acte que représente ici l'entrée dans la fiction. Ainsi dans ce passage de *Ma vie, ma folie* :

> J'avais Marie devant moi. Comme d'habitude, elle m'observait posément avec ses grands yeux verts. Je me perdais dans son visage couleur de terre brûlée à l'indienne. Son regard avait repris possession de mon être. Elle m'interrogeait en silence et elle savait que je perdais mes moyens. Dans cette histoire, qui soignait qui ? Brusquement, j'étais à nouveau rentré dans sa vie, dans son personnage, sans avoir eu le temps de me protéger. Je l'écoutais et j'entendais la « voix-chien » de Marie. (*V*, p. 25-26)

---

57. Julien Bigras, *Les images de la mère*, Paris, Hachette, 1971.

Nous rencontrons à cette occasion la figure d'un transfert passionnel qui met en scène la destitution du Maître-analyste et sa prétention à pouvoir cerner la « vérité » de l'analysant. Seule l'écriture selon Bigras peut faire disparaître le masque voilant cette vérité; seule l'écriture peut dire, par le recours à la Lettre, la « présence » de l'inconscient. À relire l'œuvre de Bigras, il est clair que l'écriture de la fiction hésite entre les paramètres du récit de cure — qui implique un souci de démonstration — et la fabulation du narrateur qui, lui, prétend constituer une œuvre inédite. Du côté du récit de cure, il est en effet entendu que la vérité est incomplète, qu'elle manque de supplément d'âme, qu'elle revendique le statut de « savoir » qui contraint la parole du patient.

Le projet littéraire de Julien Bigras se construit précisément en rupture avec cette contrainte. Il est rêvé en effet que l'écriture rejoue l'archaïque du transfert à la faveur d'une interaction primitive entre la mère et l'enfant dont l'enjeu, grâce à l'affectation autobiographique, est de se redonner un Nom par le recours au récit : « Lorsque je me mettais à écrire, expliquai-je à Aubert, c'était toujours la même chose : à un certain moment, mes rêves entraient dans le bal sans tambour ni trompette. » (*V*, p. 153)

À moins qu'il ne s'agisse de reconquérir la mère et l'espace généalogique dont elle serait le protagoniste principal. Retourner à la source pulsionnelle de l'écriture, ce serait favoriser, sans aucune forme de médiation symbolique, cette communication primitive qui fait abstraction du signe et qui érige le corps maternel au rang d'emblème dont l'Auteur peut alors s'affubler. En somme, le récit de soi dans l'œuvre de Julien Bigras, lorsqu'il se constitue comme protocole identitaire qui recourt au motif autobiographique, fait de l'Auteur un sujet magnifié face à un dédicataire maternel dont la présence intempestive est la source de l'archaïque du transfert :

> *Il fallait que je rende à ma mère ce qui lui revenait de l'histoire que les recherches sur mes ancêtres m'avaient permis de mettre au jour, même si certaines informations demeuraient imprécises. Je désirais lui rendre compte, dans les grandes lignes, des résultats de ces recherches puisqu'ils la touchaient directement.* (*V*, p. 190)

La recherche d'une parole vivante, lorsqu'elle est attribuée à cet archaïque du transfert, dont la figure maternelle devient le dédicataire privilégié, définit la constitution du récit de soi pour lequel le jeu de la vérité est un argument essentiel. C'est ce qu'énonce Bigras dans ses divers ouvrages : la parole du psychotique n'est pas signe de fausseté ou encore de mensonge, tout comme elle ne signifie pas l'effondrement de l'ordre symbolique. Bigras, sur ce point, s'éloigne fortement d'un point de vue canonique qui fait de la psychose le modèle d'une communication contrainte qui transforme le destinataire en leurre imaginaire : figuration d'un double qui est le « répétiteur » du délire, qui représente la caution du délire dans la mesure où il tient lieu d'allocutaire circonstancié. Pour Bigras, la psychose ne se résume pas aux épreuves de la forclusion et du renoncement à l'ordre symbolique. Il est rêvé, c'est le projet littéraire de Julien Bigras, d'une parole vivante, qui puisse par ailleurs être transcrite sous la forme d'un écrit qui ne trahirait pas cet énoncé premier. Il est rêvé que la littérature soit aussi « folle » que la psychose, qu'elle soit fidèle au porte-parole maternel même si c'est à travers ce dernier que le langage perd sa signification.

Si Julien Bigras fut piégé par un récit qui lui imposait avec maladresse un mode de raconter dont on peut douter qu'il coïncida avec ce qu'il désirait véritablement transmettre de l'expérience analytique, c'est peut-être parce que le rêve devenait pour lui ce langage-cocon qui faisait obstacle au récit. À défaut de pouvoir distinguer la fabulation qui détermine le projet littéraire et l'acte de « redire » qui circonscrit les modalités énonciatives du récit de cure, Julien Bigras devenait le double de Marie. Il adopte le langage de sa patiente, dont l'histoire singulière traverse l'écriture de *Ma vie, ma folie*. Pour Marie, l'effraction traumatique du cauchemar que lui fait partager son analyste désigne l'inanité de la transmission narrative lorsqu'il s'agit de raconter ce qui ne peut plus appartenir au monde du langage et que le délire fait miroiter la scintillante surface de l'hallucination.

Bigras fut tenté lui aussi par cette folie : l'archaïque du transfert qui lie le sujet au porte-parole maternel témoigne de cette incarnation brutale du signifiant, qui ne tolère aucune ascendance ni descendance. Il en va de même lorsque le narrateur de *Ma vie, ma folie* prétend connaître de vive voix le délire transmis par la parole des femmes tout en niant par ailleurs la puissance du récit qui orchestre cette narration. Le délire désigne, dans l'œuvre de Julien Bigras, cet affrontement au corps à corps pour lequel toute éthique savamment mise en scène du contre-transfert ne peut être qu'un évitement.

L'écriture face au protocole psychanalytique

Bigras, face à ces patients psychotiques dont il relate le désarroi dans *Le psychanalyste nu* puis *La folie en face*, annonce qu'il ne se contente pas d'écouter le délire. Il ne le restreint pas à une simple opération de forclusion devant laquelle le psychanalyste serait lui-même pétrifié, interdit face à l'énigme d'un langage qu'il ne peut entendre. Bigras aura fait plus qu'interpréter le délire, ce qui est peut-être une façon de tuer sa source perceptive et l'étrange malaise qu'il produit par sa discordance. Il aura plutôt tenté de « redire » autrement ce délire par le recours à un récit dont la trame devait, pensait-il, être respectueuse de la folie des patients. Un tel discours, souvent affirmé dans l'œuvre de Bigras, est certes radical puisqu'il suppose que le délire est un signifiant immédiatement dicible, malgré le secret qui entoure sa diffusion, malgré l'apparente discordance qui le fait échapper à toute forme de mise en récit. On comprend mieux peut-être ce que l'écriture doit à une certaine perception de la folie.

La psychose chez Bigras est l'alliée de la littérature puisqu'elle fait du babil de l'enfant fou décrit dans *L'enfant dans le grenier* un langage qui n'est pas dépossédé par la rigidité du verdict clinique. Il s'agit pour Bigras de renouveler une interrogation sur les statuts de l'identité psychanalytique, cette ouverture se déployant à partir de la figure du récit de soi qu'offre la littérature. L'identité psychanalytique que conteste Bigras avec force se construirait par la répétition d'une filiation : parcours du Livre freudien qui dessine la cartographie du champ psychanalytique, qui néglige comme on sait les pourtours épistolaires et fictionnels d'une rencontre avec la littérature. La littérature correspondrait-elle alors à un art de l'écoute qui évoque la psychanalyse ? C'est ce que laisse entendre l'écriture de Julien Bigras. Il est rêvé que l'écriture soit le truchement d'une écoute interne, en somme que la littérature ne soit pas seulement un artifice ayant valeur de médiation entre l'inconscient et sa mise en récit. Qu'on pense au statut du rêve dans l'œuvre de Bigras, qui laisse entendre un surgissement de cette écoute interne permettant de s'affecter de l'absence de l'objet perdu. Le modèle proposé par Julien Bigras traduit en effet une compréhension métapsychologique qui accorde au narcissisme une place centrale puisque ce plaisir à éprouver ne peut être conçu qu'à partir de la passivité foncière que formule l'empreinte du rêve. Je pourrais poursuive la réflexion de Julien Bigras en ajoutant que les traces verbales qui correspondent à l'entendement du rêve traduisent bien cette désexualisation de la narration dont la « mise en récit » est la forme emblématique.

Si l'empreinte du rêve est pour Julien Bigras la source de la littérature, cette dernière fait de plus appel à la disposition d'une formidable pulsion d'emprise qui lutte et jouit avec le monstre maternel. Celui-ci tient lieu en effet de matrice narrative qui sanctionne la narration puisque le différend avec la figure maternelle ne cesse de justifier la poursuite de l'écriture. Cette figuration du monstre maternel n'est-elle pas cependant l'aveu d'une dérive que l'écriture ne cesse de poursuivre avec un singulier acharnement ? Ne s'agit-il pas, ainsi qu'en témoigne *Ma vie, ma folie*, de sanctionner la quête narrative par « l'image » de la mère qui vient authentifier et pardonner le récit des errances du narrateur qui délire doucement avec Marie ?

> Ma mère s'était enfin calmée.
>
> Ce que ma mère admirait le plus chez Marie, c'était sa capacité à contenir sa haine, ainsi que la mienne. Elle l'enviait pour cela. Contrai-

rement à Marie, il avait fallu beaucoup de temps à ma mère avant de maîtriser sa rage et jamais elle n'avait réussi à calmer celle de son mari. En outre, ma mère était certaine que j'avais bien fait de ne pas faire l'amour avec Marie. C'était même à cause de cela qu'elle et moi avions pu aller aussi loin ensemble.

« Jamais tu n'aurais pu découvrir le secret de ton histoire, ni celle de ton père, si tu avais fait ça avec elle », m'assura-t-elle. (*V*, p. 210)

La mère n'incarne-t-elle pas à cette occasion la figure de la *pièta* : femme qui pleure la disparition d'un fils rebelle pour mieux l'accueillir au retour ? Le fils, tel qu'il apparaît au regard de sa mère, est véritablement un survivant. Il aura conquis le royaume féminin pour mieux s'en faire le porte-parole. Il aura décimé la folie de Marie, folie qui ne tolère pas de Nom, pour mieux s'instituer successeur de cette folie qu'il peut légitimer par le recours à la littérature.

La dépossession

Un tel discours est radical, car l'écriture de Julien Bigras, entièrement consacrée à cette diction du délire, semble méconnaître la représentation de la folie, telle qu'imaginée à travers les stéréotypes qui définissent son apparition. C'est ainsi que *Ma vie, ma folie* de Julien Bigras reprend, avec une exactitude dont le moins qu'on puisse dire est qu'elle reste troublante, les lieux communs qui parcourent notamment *Nadja* d'André Breton[58]. La coïncidence n'est pas si étonnante, à y regarder de près, puisque les deux livres mettent en scène un scénario narratif qui interroge l'émergence de la folie et les conditions de sa « mise en récit ». Breton, à l'encontre du traditionnel « Qui suis-je ? », s'intéresse à cette figure fantomatique d'une femme qui le hante et qui trace pas à pas son destin de narrateur. À la faveur de la déambulation parisienne, le récit met en œuvre une fascination certaine pour la folie qui est ici humorale, passionnelle, qui contient en somme toutes les formes « dites » féminines de la dépossession. Si, pour le narrateur, Nadja est ce fantôme qui hante le récit de soi, il reste que cette folie doit être contenue par la distance narrative qu'introduit la remémoration. Le récit de Breton, ainsi *Nadja*, vaut par la passéité qu'il contribue à fonder. Le projet littéraire vise la création d'un spectre identitaire que représente Nadja : personnage dont la destinée est de fonder une altérité primordiale à partir de laquelle la hantise de la folie est éprouvée. Julien Bigras, dans *Ma vie, ma folie*, reprend un argument semblable. Il n'est pas question chez Bigras de déambulation, de ce « passant considérable » (Rimbaud) qui perd la raison à force de parcours et de dérives incendiaires. Au contraire d'un Breton, qui dans *Nadja*

58. André Breton, *Nadja*, Paris, Gallimard, coll. « NRF », 1928.

interroge la signification d'un univers urbain ouvert aux multiples contraintes qu'induisent déambulations et coïncidences absolues du hasard objectif, Bigras construit un récit qui prend la forme d'un enfermement que l'écriture a pour tâche de libérer. Si Breton abandonne Nadja à son sort, pour mieux fuir, à la faveur d'une mise en récit, le spectre de l'internement, Julien Bigras, dans *Ma vie, ma folie*, retrouve ce spectre identitaire à peine modifié sous la forme de Marie : femme folle, condamnée à la sédentarité alors que ses ascendances iroquoises auraient dû lui permettre d'échapper au vertige de la fixité.

On s'étonnera peut-être, à ce moment du parcours, que je fasse intervenir avec tant d'insistance, autour de la question de l'écriture analytique chez Bigras, la figure de Nadja. Les deux récits n'ont pas la même valeur littéraire puisque la fluidité de l'écriture bretonienne, riche en lacis et en déambulations métaphoriques, se compare mal à la maladresse de Bigras, qui tente de faire récit, qui tente de transformer l'indicible psychotique en langage. On s'étonnera peut-être encore plus de la juxtaposition de ce récit canonique d'André Breton et de l'œuvre, somme toute mineure, de Bigras. La comparaison est troublante, et je ne saurais dire si le discours surréaliste a été d'une quelconque influence dans la genèse du projet d'écriture de Julien Bigras. Ce que je puis avancer par contre, c'est l'étrange similitude qui anime ces deux récits qui posent chacun à leur manière le destin de la féminité face à cette mise en récit qui est proposée par un Maître-narrateur.

Chez Bigras, la question de l'identité analytique se trouve accompagnée d'une interrogation sur la différence sexuelle et la complexité des projets identificatoires que cette dernière noue pour un narrateur qui prétend rencontrer et surtout énoncer l'énigme de la féminité. Ce transfert littéraire qui associe *Nadja* à *Ma vie, ma folie*, au contraire de l'œuvre d'un Jacques Ferron qui pour Bigras faisait office de laboratoire souterrain, est implicite. En somme, *Nadja* de Breton, sous l'aspect d'une écriture stéréotypale de la féminité, aurait constitué le sédiment d'un projet littéraire riches d'influences, de filiations scripturales. Peut-être l'ombre de *Nadja* contribua-t-elle à nourrir le récit de Bigras, à la manière d'un legs cryptophorique qui pose la question, pour tout récit, de ses origines cachées. Jean Broustra a noté dans « Osiris est un Dieu noir[59] » l'ambivalence de l'écriture bretonienne, telle que pratiquée dans *Nadja*, qui fait de la réalité un monde dont la trame enchanteresse est définitivement abolie. Avec Breton, l'écriture prétend parler de la folie sans chercher à lui attribuer de signification. C'est du moins un des enjeux du récit, qui oppose Breton aux aliénistes qui veulent circonscrire la passion délirante. Bien que cela puisse

59. Jean Broustra, « Osiris est un Dieu noir », *L'évolution psychiatrique*, T. XLIV, fasc. 1, 1979.

nous paraître aujourd'hui d'une certaine banalité, il est juste de voir dans *Nadja* un discours qui étreint la folie au risque d'une différence sexuelle qui s'abolit dans la mort ou la passion. *Nadja,* mais aussi *Aurélia* de Nerval sont de ce point de vue autant de jalons qui permettent de saisir ce legs cryptophorique dont Bigras fut sans doute le successeur inconscient. Le narrateur de *Nadja* crée de toutes pièces un récit dont il est l'ordonnateur puisqu'il adopte la posture du Maître à penser, du Maître à interpréter qui scelle le destin de Nadja. Celle-ci n'est plus qu'un témoignage qui permet d'assurer le maintien de la narrativité, qui stimule l'emprise du récit dont l'écriture fonde la commémoration de la folie d'autrui. Broustra note encore que cette narrativité est constamment mise à l'épreuve par le maintien de l'objet-Nadja, qui anticipe la disparition de soi dont la folie est la puissante figure.

Face à cette forêt d'indices qui caractérise l'écriture de *Nadja* et qui suscite, comme cela sera le cas dans *L'amour fou,* le délire d'interprétation, le danger, pressenti par Breton, est que la narration elle-même devienne folle, qu'elle s'éprouve à partager la folie humorale attribuée à Nadja. Il serait désastreux que la folie contamine l'ordre du récit : une telle perspective serait redoutable puisque le signe énigmatique que représente la féminité ne pourrait plus faire l'objet d'un discours rapporté. La narration perdrait sa consistance ; pour tout dire, elle perdrait sa raison d'être et deviendrait un récit posthume. Le narrateur bretonien, face à cette prérogative qu'introduit le récit, n'a plus alors qu'une alternative : soit se fondre avec le personnage dont il est tout à la fois le contemplateur et l'énonciateur discret ; soit maintenir l'ordre du récit en se déclarant narrateur omnipotent, Maître du savoir et détenteur de cette chronologie que fonde la narrativité. Ce qui transparaît dans l'écriture de Breton, de *Nadja* à *L'amour fou,* est précisément la vacuité d'un récit qui tente d'ordonner les signes d'un univers disparate afin de lui donner sa pleine et entière signification. Le monde surréel, tel que le perçoit Breton, n'obéit plus à cette préconception qui attribue au « réel » une signification ordonnée.

Il n'en demeure pas moins que la coïncidence absolue, revendiquée par exemple avec la figure du hasard objectif, témoigne du retour d'une certaine spiritualité qui cherche à tout prix l'union avec l'objet qui est le prétexte obsédant de la surréalité. Chez Breton, ainsi que le note encore Jean Broustra, le vertige suscité par cette folie humorale que représente Nadja est accompagné d'une réelle fascination pour le suicide (en témoigne notamment l'idéalisation de Jacques Vaché) qui crée de toutes pièces un dispositif contra-phobique. Cette folie passionnelle est inductrice d'un *pathos* que l'écriture poursuit et évite tout à la fois. Cette folie thymique, qui est attribuée à l'Autre à la faveur d'un intense mouvement d'identification projective, protège le narrateur et l'entraîne dans un univers dépressif dont la carapace pourrait soudainement s'invertir et révéler la face cachée du drame psychotique : un corps-langage qui échapperait à la signification, qui serait réduit, par implosion, à l'éructation organique d'une douleur sans référent.

Voilà ce que Breton fuit sans cesse, acharné à trouver dans l'écriture automatique un machinisme scriptural qui pose de manière trop achevée la question de l'écriture lorsqu'elle rencontre l'autre scène. Voilà ce que fuit Breton lorsqu'il regarde les yeux de Nadja jusqu'au moment où ce regard se ferme, tel un masque mortuaire que représente l'ordre du récit. Voilà encore ce que fuit Breton lorsqu'il tente d'induire un ordre narratif, celui-là même que la surréalité contribue à instaurer et qui fait naître l'espoir d'un enchantement du monde. La forêt d'indices est la figure magnifiée de cette valse-hésitation que le narrateur soutient avec peine devant un « réel » qui ne possède plus désormais de signification ordonnée. Il demeure impératif de nommer ces indices, de les désigner même si le délire d'interprétation qu'impose un tel projet, et que Breton d'ailleurs perçoit dans *L'amour fou*, peut lever une signification, autrefois forclose, et qui maintenant acquiert droit de cité. La folie thymique, face cachée de l'écriture automatique, est le signe de cette déraison narrative qui tenaille l'écriture de Breton et qui fait vaciller la statuaire du « je ». Ce dispositif contra-phobique a d'ailleurs pour fonction principale de faciliter l'introduction du récit, de poser une trame narrative qui peut réguler et disposer d'une angoisse sans nom. Car l'angoisse n'a pas de nom. Elle échappe à ce règne du surréel tout comme elle fuit, c'est peut-être là aussi ce qui caractérise sa mobilité énergétique, l'objet qui cherche à l'étreindre. La massivité de l'objet — sa présence troublante — est en effet un des traits de l'angoisse.

Mais parler ici de caractéristiques, ainsi que je me plais à le faire, est encore se soumettre à l'ordre du récit, à sa Loi qui impose de nommer et de légiférer afin que le mot « angoisse » puisse s'associer à un référent qui lui attribuerait de fait un Nom. Breton, on peut imaginer un tel protocole à travers une affabulation qui le fait devenir le narrateur de la vie de Nadja, doit nommer cette angoisse et la circonscrire afin qu'elle soit réduite au statut de signifiant. Imposer un nom à l'angoisse, ainsi que le permet le dispositif contra-phobique, c'est reconnaître la nécessité d'un objet dont la permanence est contestée par l'évitement projectif. Le récit, tel que l'entend Breton dans *Nadja*, recule devant la folie thymique parce que cette dernière signifie une narration rompue par la passion, la destruction d'une identité personnelle qui ne suppose plus la permanence du personnage féminin représenté.

Parler la langue des fous...

Bigras aura lui aussi été piégé par un récit dont il méconnaissait la force persuasive. Au contraire d'un Breton plus rusé, qui reculait devant la mort et la folie thymique pour mieux frémir devant le spectre identitaire que figurait Nadja, Bigras prétendait, dans ses divers récits, être un narrateur indiscret laissant place à la langue des femmes, des fous et des enfants. Cette « naïveté » feinte que revendiquait avec puissance Julien Bigras se voulait une « prise de parole », une affirmation de l'écriture de soi ne négligeant pas l'émoi contre-transférentiel. L'archaïque du transfert prenait la forme d'un récit n'oubliant pas cependant cette transmission de bouche à oreille qui est la marque singulière de l'oralité psychanalytique. Il n'en reste pas moins que Bigras fut piégé par ces récits dont il se voulait l'énonciateur déraisonnable. L'acte d'écrire, tel que Bigras le conçut à la suite de l'expérience psychotique ou du traumatisme provoqué par l'inceste, mettait en scène la meurtralité de l'analyste. L'émoi contre-transférentiel, figuré par Bigras dans ses divers récits, se traduisait par un incessant combat que le narrateur rejouait avec ses patients : affrontement au corps à corps qui faisait de la psyché de l'Autre non pas un simple contenant de pensées, mais la matrice d'une pensée non advenue faute d'avoir pu être pensée par un locuteur. Être piégé par un récit fut sans doute le drame qui traduisit chez Bigras la rencontre avec la littérature. Celle-ci, toujours selon Julien Bigras, offrait une surface perceptive plus riche — et combien idéalisée — prenant le relais d'une réflexion clinique soumise à la banalité de la répétition. Mais cette rencontre avec la littérature, quant à l'exercice du métier de psychanalyste, est lourde de contraintes. Julien Bigras, du moins dans *Ma vie, ma folie*, tenta de remplacer le récit piégé d'une cure marquée par la folie thymique. Il chercha inlassablement à réparer, par l'exercice de l'acte d'écrire, les défaillances du cadre analytique :

> Après son départ, je m'enfermai dans ma bibliothèque. Il fallait que je sois seul. Je ne comprenais rien. Je tentais de remettre de l'ordre dans mes idées mais en vain.
>
> Je m'installai à ma table de travail et tentai de reconstituer la vie à deux qui, petit à petit, s'était construite entre Marie et moi. Il me revint d'abord à l'esprit le souvenir des hallucinations auditives de Marie quand elle entendait le bruit de la respiration des poumons, comme le ronron du chat, comme le papier de soie que l'on froisse. J'écrivais et je constatais qu'en perdant Marie, j'avais perdu la partie vibrante de moi-même. (*V*, p. 183)

Le récit permettait d'offrir une seconde vie au psychanalyste tout comme à ses patients puisque l'écriture devenait ce signifiant vitalisé qui ne se contentait plus de répéter l'effraction psychotique ou l'irruption massive d'un transfert passionnel.

Le rêve fou de Julien Bigras fut peut-être d'avoir pensé que la littérature possédait un réel pouvoir réparateur. Ce rêve fou faisait de la littérature un signifiant incarné, au plus près du délire et de la parole « vraie » des analysants. Le récit, tel que Bigras le concevait, rejetait le dispositif contra-phobique bretonien qui envisageait avec suspicion la folie, au profit d'une véritable entrée scripturale dans la psychose. Bigras retrouvait là somme toute l'impensé du projet bretonien qui tentait de nouer l'intertextuation du littéraire et de l'inconscient. En poursuivant l'écriture de la folie sans relâche, il devenait possible pour Breton de reconquérir Nadja sans pour autant que le récit abandonne le dispositif contra-phobique qui justifiait son existence. Bigras, lui, ne se contenta pas de reconquérir Marie. Il devint cette dernière au prix d'un engloutissement dans la folie thymique qui méconnaissait la puissance du récit pour mieux formuler la voix d'une oralité enchanteresse :

> Entre elle et moi, les mots comptaient de moins en moins. Lentement un nouveau langage s'était établi, celui des silences, des mimiques, des gestes, mais aussi celui des frissons et des sanglots, ou encore celui des fuites du regard et de la pensée. Plus que les mots comptait le fait d'être ensemble. L'air, chargé de la puissance de nos émois, circulait de l'un à l'autre et prenait chaque fois une densité nouvelle. (*V*, p. 26)

Marie devenait cette patiente psychotique qui éprouvait le psychanalyste, qui l'arrachait à sa densité impersonnelle, qui le condamnait à l'effraction contre-transférentielle. La folie thymique, redoutée par Breton, réapparaissait sous la forme radicale du délire d'interprétation dont le psychanalyste peut être affecté lorsqu'il ne sait plus d'où ça parle, de quel lieu la folie déraisonne. Bigras contribuait en somme à redonner à l'écriture sa folle densité : le récit de soi, lorsqu'il n'est pas cette affectation narcissique qui donne au sujet la certitude de pouvoir cerner son identité, est peut-être l'espace potentiel du littéraire.

Bigras aura compris, avec maladresse certes, que la communication primitive qu'il voulait nouer avec l'oralité archaïque du rêve ou la déraison du psychotique était rétive à toute narration. Chez Bigras, l'oralité archaïque du rêve comme le délire psychotique sont les formes diverses d'un langage qui ne tolère d'aucune façon une emprise narrative. Le rêve ne possède d'autre énonciateur que la source perceptive qui met à jour les traces mnésiques qui ont cette propriété singulière de receler une écriture sans énonciateur. Le langage du psychotique est cet idiolecte qui ne tolère pas le caractère transactionnel de l'interlocution. Être piégé par un récit, c'est peut-être, pour ce qui concerne l'écriture de Bigras, affronter l'inconscient par le biais d'une mise en récit qui contraint le discours polyphonique à la source de l'archaïque du transfert que représente aussi la littérature.

Le psychanalyste-écrivain, en témoigne l'œuvre de Bigras, serait-il un mélancolique qui s'ignore ? À moins qu'il ne faille généraliser le propos et envisager dans l'acte d'écriture un pourtour mélancolique qui fait du « signe » la trace déchue d'une parole vive qu'il serait impossible de quérir ? On comprendrait mieux alors le caractère indécidable de la parole analytique qui traduit le mouvement paradoxal de l'écriture d'un Bigras. La parole analytique, dès qu'elle quitte l'espace de séance, n'est au mieux qu'un discours rapporté. Quant à l'inconscient, l'analyste sait, pour ce qui a trait à la conduite de la cure, que la précarité du langage est au rendez-vous, qu'on ne trouve pas si facilement les mots pour le dire... L'écriture de l'analyste doit donc composer avec une obligation de réserve et une certaine gêne, puisque l'écriture de soi est souvent un vêtement de circonstance permettant de transposer, à la faveur de l'exercice narratif, ce qui échappe à l'entendement. Qu'il s'agisse de contenu, ou encore de forme pouvant envelopper l'inconscient ainsi protégé de toute violence, ne retrouvons-nous pas, avec un tel discours, une formule étonnamment désuète qui fait du récit un réceptacle pour ces traces mnésiques sans locuteur ? Le récit peut-il réellement tenir lieu de matrice, et l'inconscient devenir l'incarnation langagière d'un projet scripturaire ? À favoriser une telle perspective, que Bigras revendique dans *Ma vie, ma folie* avec cette image du langage-cocon, la discursivité serait la manifestation d'une source pulsionnelle qu'il s'agirait de forcer afin que les mots acquièrent cette immédiateté leur donnant de plein droit accès à l'inconscient.

Nous retrouvons ici la figure de l'effraction, qui traduit l'irruption du récit, dont la pensée du psychanalyste doit réussir à traduire l'avènement. La mélancolie, sous sa forme singulière de magie incorporante, ne traduirait-elle pas « l'ombre » de cette effraction lorsque l'analyste constate, c'est l'échec avoué du projet de Julien Bigras, que le récit piège l'inconscient, plus qu'il ne contribue à le présenter ? Il faut ici évoquer l'échec, somme toute banal, qui consiste à rendre compte de l'analyse, mais plus encore cet affrontement avec un récit non spécularisable qui définit la structure de l'inconscient et dont l'investigation littéraire, chez Bigras, s'acharne à façonner la forme narrative.

Faut-il s'étonner que Julien Bigras ait donné pour titre *Ma vie, ma folie* à l'un de ses textes ? L'insertion du biographique n'est pas chose innocente, d'autant qu'elle peut être saisie sous de nombreuses formes. Que nous dit ce titre, si ce n'est l'emprise du possessif, cet acharnement à trouver résonance de son activité analytique dans la parole de l'Autre ? Que nous dit ce titre, si ce n'est cette volonté démentielle de circonscrire par le biais du contre-transfert ce qui pourrait échapper à l'écoute du psychanalyste ? À moins qu'il ne s'agisse de l'oubli du contre-transfert et de la résurgence d'un délire qui chez l'analyste se trame selon le modèle de la contre-identification projective. À l'encontre du contre-transfert, qui chez l'analyste « éprouve » la passion de la connaissance, ne faut-il pas voir dans le Livre, tel que conçu et éprouvé par Bigras, la mise en place d'un singulier pare-excitations narratif qui a pour fonction de protéger le psychanalyste d'un débordement passionnel ? Que le livre devienne l'objet même de l'amour de transfert, voilà qui fait de la Lettre un enjeu essentiel qui substantifie l'objet psychanalytique, et pour tout dire lui donne corps.

Souci qui n'est autre que celui de l'authenticité : réduire le plus qu'il se peut l'écart entre ce que je suis et moi tel que (alors *toi* directement interpellé ou *lui* mis en cause à distance de fait qu'on observe) j'apparais à travers ce que, parlant ou écrivant, je dis.

Mais être ressemblant quand on devient *toi* ou *lui*, comment pourrait y parvenir ce *moi* qui a déjà bien du mal à se ressembler !

De tous mes reflets, lequel est le bon, dans ce jeu de miroirs indéfiniment répercutés.

Michel Leiris, *À cor et à cri*, Paris, Gallimard, coll. « NRF », 1988, p. 93.

Repères bibliographiques

Divers passages de ce livre ont fait l'objet d'une première publication dans les revues suivantes. Tous les articles ont été remaniés lors de l'écriture de cet essai.

— « L'excessive pudeur », *Le Coq-Héron : Littérature personnelle et psychanalyse*, nº 126, 1992, p. 48-57.

— « La filiation secrète : notes sur le statut littéraire du métissage culturel au Québec et au Brésil », Zilà Bernd et Michel Peterson (dir.), *Littératures québécoise et brésilienne : une approche comparatiste*, Montréal, Éditions Balzac, collection « L'Univers des discours », 1992, p. 37-58.

— « Le récit posthume : psychanalyse et identité narrative », *Psychanalystes*, 1994, p.133-149.

— « L'assourdissement interprétatif », *Discours social/Social Discourse : L'esprit de censure/The Censoring Mind*, vol. VII, nos 1-2, hiver/printemps 1995, p. 107-119.

— « La fidélité psychanalytique », *Texte : L'imaginaire de la théorie*, nos 17-18, 1995, p. 131-158.

— « Parler la langue des fous », Jean-François Chiantaretto (dir.), *Écriture de soi et psychanalyse*, Paris, L'Harmattan, 1996, p. 125-145.

— « Le legs cryptophorique », *Discours social/Social Discourse*, vol. VIII, nos 3-4, été/automne 1996, p. 177-191.

— « La passion du malentendu », *Biffures 1 : la passion*, automne 1997, p. 201-219.

Éléments de bibliographie

ABRAHAM, Nicolas et Maria TOROK, « Introjecter-Incorporer : Deuil ou mélancolie », *Nouvelle Revue de psychanalyse*, nº 6, Gallimard, automne 1972, p. 111-122.

ANZIEU, Didier, *Beckett et le psychanalyste*, Paris, Mentha-Archimbaud, 1992.

———, *L'auto-analyse : son rôle dans la découverte de la psychanalyse par Freud, sa fonction en psychanalyse*, Paris, Presses universitaires de France, 1959, p. 191-194.

———, *Le corps de l'œuvre*, Paris, Gallimard, coll. « Connaissance de l'inconscient », 1981.

———, *Le Moi-peau*, Paris, Dunod, coll.« Psychismes », 1985.

ANZIEU, Didier (dir.), *Les enveloppes psychiques*, Paris, Dunod, 1987.

AULAGNIER, Piera, *Un interprète en quête de sens : du langage pictural au langage de l'interprète*, Paris, Ramsay, coll. « Psychanalyse », 1986.

BELLEMIN-NOËL, Jean, « Lire : Le duo des boucles auto-tranférentielles », *Psychanalyse à l'Université*, Paris, Presses universitaires de France, 1991.

BIGRAS, Julien, *Les images de la mère*, Paris, Hachette, 1971.

———, *Le psychanalyste nu*, Paris, Robert Laffont, 1979.

———, *Kati of course*, Paris/Montréal, Mazarine/L.R.P., 1980.

———, *Ma vie, ma folie*, Montréal/Paris, Mazarine/Boréal Express, 1983.

———, *La folie en face*, Paris, Éditions Robert Laffont, coll. « Réponses », 1986.

———, *L'enfant dans le grenier : le récit comme thérapeutique des terreurs infantiles précoces*, Paris, Aubier, coll. « Écrit sur parole », 1987.

BIGRAS, Julien et Jacques FERRON, *Le désarroi : correspondance*, Montréal, VLB éditeur, 1988.

BION, Wilfred R., *A Memoir of the Future, Book One : The Dream*, Brazil, Imago Editoria, 1975 ; *Book Two : The Past Presented*, Brazil, Imago Editoria, 1977 ; *Book Three : The Dawn of Oblivion*, Pertshire, Clunie Press, 1979.

———, *Attention et interprétation*, Paris, Payot, 1975 [1970].

———, « A Theory of Thinking », *International Journal of Psycho-Analysis*, nº 43, 1962, p. 306-310.

———, « Attacks on Linking » (1959), *Second Thoughts*, Heinemann, p. 93-109.

———, *Elements of Psycho-Analysis*, Heinemann, 1963.

———, *Learning from Experience*, Heinemann, 1962.

BLANCHOT, Maurice, « Regards d'outre-tombe », *La part du feu*, Paris, Gallimard, 1971, p. 247-258.

———, « Rêver, écrire », *L'amitié*, Paris, Gallimard, 1971, p. 162-170.

BRETON, André, *Nadja*, Paris, Gallimard, coll. « NRF », 1928.

———, *L'amour fou*, Paris, Gallimard, coll. « NRF », 1937.

BROOKS, Peter, *Reading for the Plot : Design and Intention in Narrative*, New York, Alfred A. Knopf, 1984.

BROUSTRA, Jean, « Osiris est un Dieu noir », *L'évolution psychiatrique*, t. XLIV, fasc. 1,1979.

CERTEAU, Michel de, « Les Révolutions du croyable », *La culture au pluriel*, Paris, U.G.E., coll. « 10/18 », 1974.

———, « Le Corps ex-folié », *La folie dans la psychanalyse*, Paris, Payot, 1977.

———, *L'écriture de l'histoire*, Paris, Gallimard, coll. « Bibliothèque des Histoires », 1978.

———, *L'invention du quotidien : Arts de Faire 1*, Paris, 10/18, U.G.E., 1980.

———, « Mystique et psychanalyse », *Cahiers pour un temps*, Centre Georges Pompidou, Paris, 1987.

CHIANTARETTO, Jean-François (dir.), *Le Coq-Héron : autobiographie et psychanalyse. De la biographie à l'autobiographie*, nº 118, 1990.

———, « Pour une approche psychanalytique de l'autobiographie », *Psychanalyse à l'université*, Paris, Presses universitaires de France, 15, 60, 1990.

———, « Passages à l'écrit (À propos de l'écriture de la cure par l'analysant) », *Psychanalystes* (Revue du Collège de psychanalystes), Paroles, écritures, nº 38, 1991.

———, *De l'acte autobiographique : Le psychanalyste et l'écriture autobiographique*, Seyssel, Champ Vallon, coll. « L'or d'Atalante », 1995.

DAYAN, Maurice, *L'arbre des styles*, Paris, Aubier, coll. « La psychanalyse prise au mot », 1980.

DE ANDRADE, Oswald, *Anthropophagies*, Paris, Flammarion, coll. « Barroco », 1982.

DE MIJOLLA MELLOR, Sophie, « Rendre compte d'une analyse », *Psychanalyse à l'université*, nº 40, 1985.

———, « Survivre à son passé », *L'autobiographie. VIe Rencontres psychanalytiques d'Aix-en-Provence*, Paris, Société d'éditions Les Belles Lettres, 1988.

DOOLITTLE, Hilda, *Visage de Freud*, avec des lettres inédites de Sigmund Freud (textes réunis par Françoise de Gruson), Paris, Denoël, coll. « Freud en son temps », Paris, 1977.

DOUBROVSKY, Serge, « Écrire sa psychanalyse », *Parcours critique*, Paris, Galilée, 1980.

———, *Fils*, Paris, Éditions Galilée, 1977.

———, « Autobiographie/vérité/psychanalyse », *Autobiographiques. De Corneille à Sartre*, Paris, Presses universitaires de France, coll. « Perspectives critiques », 1988.

EHRENSWEIG, Anton, *L'ordre caché de l'art*, Paris, Gallimard, coll. « Connaissance de l'inconscient », 1974.

FÉDIDA, Pierre, « Le cannibale mélancolique », *Nouvelle Revue de psychanalyse*, nº 6, Gallimard, automne 1972.

———, *Corps du vide et espace de séance*, Paris, Éd. Jean-Pierre Delarge, coll. « Corps et culture », 1977.

———, *L'absence*, Paris, Gallimard, coll. « Connaissance de l'inconscient », 1978.

———, *Crise et contre-transfert*, Paris, Presses universitaires de France, coll. « Psychopathologie », 1992.

FELMAN, Soshana, *La folie et la chose littéraire*, Paris, Seuil, coll. « Pierres vives », 1978.

FINKIELKRAUT, Alain, « L'autobiographie et ses jeux », *Communications*, 1972, n° 19, p. 155-169.

FOUCAULT, Michel, *Histoire de la folie à l'âge classique*, Paris, Gallimard, coll. « Bibliothèque des Histoires », 1978.

———, « L'écriture de soi », *Corps écrit 5 : L'autoportrait*, Paris, Presses universitaires de France, 1983, p. 3-23.

FREUD, Sigmund, *Correspondance 1873-1939*, Paris, Gallimard, coll. « NRF », 1979.

———, *L'interprétation des rêves* (1899), Paris, Presses universitaires de France, 1967.

———, *Trois essais sur la théorie de la sexualité* (1905), Paris, Gallimard, 1962.

———, « Psychopathic Characters on the Stage », *Standard Edition*, VII, 1905-1906, p. 305.

———, « La création littéraire et le rêve éveillé », *Essais de psychanalyse appliquée*, Paris, Gallimard, coll. « Idées », 1971 [1908].

———, « L'homme aux rats : Une névrose obsessionnelle », *Cinq psychanalyses*, Paris, Presses universitaires de France, coll. « Bibliothèque de psychanalyse », 1982 [1909].

———, « Pour introduire le narcissisme », *La vie sexuelle*, Paris, Presses universitaires de France, 1973 [1914].

———, « Complément métapsychologique à la théorie du rêve », *Métapsychologie*, Paris, Gallimard, coll. « Idées », 1968 [1915].

———, « Éphémère destinée », *Résultats, idées, problèmes I (1890-1920)*, Paris, Presses universitaires de France, coll. « Bibliothèque de psychanalyse », 1984 [1915].

———, « Deuil et mélancolie », *Métapsychologie*, Paris, Gallimard, coll. « Idées », 1968 [1917].

———, « L'inquiétante étrangeté », *Essais de psychanalyse appliquée*, Paris, Gallimard, coll. « Idées », 1971 [1919].

———, « Au-delà du principe de plaisir », *Essais de psychanalyse*, Paris, Payot, 1970 [1920].

———, « Notiz über dem "Wunderblock" » (Note sur l'ardoise magique, 1924) *G.W.*, XIV, 3-8 ; S.E. ; XIX, 227-232.

———, *Malaise dans la civilisation*, Paris, Presses universitaires de France, 1971 [1930].

———, « Constructions dans l'analyse », *Psychanalyse à l'université*, Paris, n° 11, 1978 [1937].

———, *Moïse et le monothéisme*, Paris, Gallimard, 1948 [1939].

———, *Nouvelles conférences sur la psychanalyse*, Paris, Gallimard, coll. « Idées », 1971 [1932].

———, *Névrose, psychose et perversion*, Paris, Presses universitaires de France, 1973.

———, *Totem et tabou*, Standard Edition, XIII, 1, [1912-1913].

———, *Abrégé de psychanalyse*, Standard Edition, XXIII, [1940].

———, « Analyse infinie, analyse interminable », Standard Edition XXIII, [1937].

FREUD, Sigmund et Joseph BREUER, *Études sur l'hystérie*, Paris, Presses universitaires de France, coll. « Bibliothèque de psychanalyse et de psychologie clinique », 1971 [1895].

FUSCO, Marie-Claude, « Faire part de son analyse », *Nouvelle Revue de psychanalyse. Écrire la psychanalyse*, nº 16, automne 1977, Gallimard.

GODIN, Jean-Guy, *Jacques Lacan, 5 rue de Lille*, Paris, Seuil, 1990.

GREEN, André, *Narcissisme de vie, narcissisme de mort*, Paris, Minuit, coll. « Critique », 1983.

GUILLAUMIN, Jean, « Les enveloppes psychiques du psychanalyste », Didier Anzieu *et al.*, *Les enveloppes psychiques*, Paris, Dunod, 1987.

JONES, Ernest, *La vie et l'œuvre de Sigmund Freud*, 2 vol., Paris, Presses universitaires de France, coll. « Bibliothèque de psychanalyse et de psychologie clinique », 1958-1961.

KAUFMANN, Érika, *Transfert*, Paris, Éditions des Femmes, 1975.

KLAUBER, John, « Ouverture de la discussion sur l'identité du psychanalyste », Edward D. Joseph et Daniel Widlöcher (dir.), *L'identité du psychanalyste*, Paris, Presses universitaires de France, coll. « Monographies de l'Association psychanalytique internationale », 1979.

KLEIN, Mélanie, « Les situations d'angoisse de l'enfant et leur reflet dans l'œuvre et dans l'élan créateur », *Essais de psychanalyse*, Paris, Payot, 1967.

———, « The Importance of the Symbol-formation in the Development of the Ego », *The Writings of Melanie Klein*, vol. 1, Hogarth, 1930, p. 219-232.

———, « On Identification », *The Writings of Melanie Klein*, vol. 3, Hogarth, 1955, p. 141-175.

———, *Envie et gratitude et autres essais*, Paris, Gallimard, coll. « Tel », 1978.

KLEIN, Mélanie et Joan RIVIÈRE, *L'amour et la haine : le besoin de réparation. Étude psychanalytique*, Paris, Petite Bibliothèque Payot, coll. « Psychologie, psychanalyse, médecine », 1980.

KOFMAN, Sarah, *La mélancolie de l'art*, Paris, Éd. Galilée, 1985.

———, *Un métier impossible : lecture de « constructions en analyse »*, Paris, Éd. Galilée, 1983.

LAPLANCHE, Jean et J.-B. PONTALIS, *Vocabulaire de la psychanalyse*, Paris, Presses universitaires de France, coll. « Bibliothèque de la psychanalyse », 1967.

LECLAIRE, Serge, *On tue un enfant : un essai sur le narcissisme primaire* suivi d'un texte de Nata Minor, Paris, Seuil, 1975.

———, *Rompre les charmes : recueil pour les enchantés de la psychanalyse*, Paris, Inter-Éditions, 1981.

———, *Le Coq-Héron : Autobiographie et psychanalyse*, 118, octobre 1990.

LECOURT, Édith, *Freud et l'univers sonore : le tic-tac du désir*, Paris, L'Harmattan, coll. « Psychanalyse et civilisation », 1992.

LEIRIS, Michel, *L'âge d'homme* précédé de *De la littérature considérée comme une tauromachie*, Paris, Gallimard, coll. « NRF », 1946.

———, *Nuits sans nuit et quelques jours sans jour*, Paris, Gallimard, coll. « NRF », 1961.

———, *Frêle bruit (La règle du jeu IV)*, Paris, Gallimard, coll. « L'imaginaire », 1976.

———, *Journal 1922-1989*, Paris, Gallimard, coll. « NRF », 1992.

LEJEUNE, Philippe, « Bref sur Biffures », *Poétique*, n° 20, p. 1974, 483-500.

———, « De Glossaire à Biffures : la construction du texte », *Le pacte autobiographique*, Paris, Seuil, 1975.

———, « Glossaire », *Sub-Stance*, nos 11-12, 1975, p. 116-130.

———, « Prélude et fugue sur le nom d'Essaü », *Le pacte autobiographique*, Paris, Seuil, 1975.

———, *Lire Leiris*, Paris, Klincksieck, 1975.

———, *Je est un autre : l'autobiographie de la littérature aux médias*, Paris, Seuil, coll. « Poétique », 1980.

———, « Chers cahiers... » Témoignages sur le journal personnel, Paris, Gallimard, 1989.

LÉVI-STRAUSS, Claude, *Tristes tropiques*, Paris, Plon, coll. « Terre humaine », 1955.

LYOTARD, Jean-François, *La condition postmoderne*, Paris, Éditions de Minuit, 1979.

MAHONY, Patrick, *Freud l'écrivain*, Paris, Éditions Les Belles Lettres, 1990.

———, *Freud et l'homme aux rats*, Paris, Presses universitaires de France, 1991.

———, *On Defining Freud's Discourse*, New Haven, Yale University Press, 1989.

MAJOR, René, *Rêver l'autre*, Paris, Aubier, coll. « La Psychanalyse prise au mot », 1977.

MANN, Thomas, *Noblesse de l'esprit. Essais*, Paris, Albin Michel, 1960.

———, *Journal : 1918-1921 : 1933-1939*, Paris, Gallimard, 1985.

———, *L'artiste et la société : portraits, études, souvenirs*, Paris, Bernard Grasset, 1973.

MANNONI, Maud, *La théorie comme fiction*, Paris, Seuil, 1979.

MARIN, Louis, « La voix ex-communiée du texte autobiographique », *Degrés*, nos 26-27, 1981, p. g1-g11.

MASSON, Jeffrey, *Assault on Truth*, New York, Farrar, Strauss & Giroux, 1984.

MELTZER, Donald, *Le monde vivant du rêve : une révision de la théorie et de la technique psychanalytique*, Meyzieu, Éditions Césura Lyon, 1993.

MOREL, George, *Le signe et le singe*, Paris, Aubier, coll. « Présence et pensée », 1985.

Nouvelle Revue de psychanalyse. Écrire la psychanalyse, Paris, Gallimard, nº 16.

Nouvelle Revue de pychanalyse. Histoire de cas, Paris, Gallimard, nº 42.

PASCALY, Josette, « De quelques récits de cure », *Cahiers de sémiotique textuelle*, nos 8-9, 1986.

PEREC, Georges, « Les lieux d'une ruse », *Penser/Classer*, Paris, Hachette, 1985.

POMMIER, Gérard, « Der Nebenmensch » , *Maurice Roche et al.*, L'amitié, Paris, Point hors ligne, coll. « Problèmes actuels de la psychanalyse », 1984.

PONTALIS, J.-B., *L'amour des commencements*, Paris, Gallimard, 1986.

———, *Perdre de vue*, Paris, Gallimard, coll. « Connaissance de l'inconscient », 1988.

———, *La force d'attraction*, Paris, Seuil, coll. « La Librairie du XXe siècle », 1990.

POUILLON, Jean, « Manières de table, manières de lit », *Nouvelle Revue de psychanalyse*, nº 6, Gallimard, automne 1972.

RIBEIRO, João, *Vive le peuple brésilien*, Paris, Pierre Belfond, 1989.

RICŒUR, Paul, *Temps et récit*, 3 volumes, Paris, Seuil, 1991.

ROSOLATO, Guy, *La relation d'inconnu*, Paris, Gallimard, coll. « Connaissance de l'inconscient », 1978.

ROUSSEAU-DUJARDIN, *Ce qui vient à l'esprit en situation psychanalytique*, Paris, L'Harmattan, 1993.

ROUSTANG, François, *Elle ne le lâche plus*, Paris, Minuit, 1980.

SCHAFER, Roy, *L'attitude analytique*, trad. de Michelle Tran Van Khai, Paris, Presses universitaires de France, coll. « Bibliothèque de psychanalyse », 1990.

———, *Retelling a Life : Narration and Dialogue in Psychoanalysis*, New York, Basic Books, 1992.

———, « Reading Freud's Legacies », Joseph H. Smith et Humphrey Morris (dir.), *Telling Facts : History and Narration in Psychoanalysis*, Baltimore et Londres, John Hopkins University Press, 1992.

SCHNEIDER, Michel, *Voleurs de mots : essais sur le plagiat, la psychanalyse et la pensée*, Paris, Gallimard, coll. « Connaissance de l'inconscient », 1985.

SCHNEIDER, Monique, *Don Juan et le procès de la séduction*, Paris, Aubier, 1994.

SCHNITZLER, Arthur, *La pénombre des âmes*, Paris, Stock, 1984.

———, *Thérèse*, Paris, Calmann-Levy, 1981.

———, *Madame Béate et son fils*, Paris, Stock, 1976.

SIMMEL, Georg, « Métropoles et mentalités », *L'école de Chicago : naissance de l'écologie urbaine* (textes traduits et présentés par Yves Grafmeyer et Isaac Joseph), Paris, Éditions du Champ Urbain, coll. « Essais », 1979, p. 61-77.

———, « Digressions sur l'étranger », *L'école de Chicago : naissance de l'écologie urbaine* (textes traduits et présentés par Yves Grafmeyer et Isaac Joseph), Paris, Éditions du Champ Urbain, coll. « Essais », 1979, p. 53-60.

SMITH, Joseph H. et Humphrey MORRIS, *Telling Facts : History and Narration in Psychoanalysis*, Baltimore/Londres, John Hopkins University Press, 1992.

STAROBINSKI, Jean, « Le style de l'autobiographie », *Poétique*, n° 3, 1970.

STEIN, Conrad, *L'enfant imaginaire*, Paris, Denoël, coll. « L'espace analytique », 1987.

STERN, Daniel, *Mère et enfant : les premières relations*, Bruxelles, Pierre Mardaga, coll. « Psychologie et sciences humaines », 1981.

THOMAE, Helmut, « Les dimensions conceptuelles de l'identité des psychanalystes », Edward D. Joseph et Daniel Widlöcher (dir.), *L'identité du psychanalyste*, Paris, Presses universitaires de France, coll. « Monographies de l'Association psychanalytique internationale », 1979.

ZWEIG, Stefan, *Les très riches heures de l'humanité*, Paris, Belfond, 1989.

———, *La guérison par l'esprit*, Paris, Belfond, 1991.

———, *Correspondance Sigmund Freud/Stefan Zweig*, Paris, Rivages, 1991.

———, *Le monde d'hier : souvenirs d'un Européen*, Paris, Belfond, 1982.